校企合作汽车专业系列丛书

互联网+创新型“十四五”精品教材

新能源汽车 电学基础与高压安全

（微课版）

主　编　赵　虔　刘红强　谢林芹

副主编　熊崇杰　田　闯　张来忠　张桥寿　王静静

哈爾濱工程大學出版社
Harbin Engineering University Press

内 容 简 介

本书基于工作任务的方式进行设计，按照工作任务的教学模式，将整本书分为六个教学项目情境，分别介绍了安全用电、电学基础知识、高压电基础知识、汽车电工常用工具的使用、新能源汽车安全技术、高压安全法规要求。

本书既可作为职业院校汽车专业的通用教材，也可作为汽车相关领域专业技术人员的参考用书及培训用书。

图书在版编目（CIP）数据

新能源汽车电学基础与高压安全 ： 微课版 / 赵虔，刘红强，谢林芹主编. -- 哈尔滨 ： 哈尔滨工程大学出版社，2025. 1. -- ISBN 978-7-5661-4615-1

Ⅰ. U469.7

中国国家版本馆 CIP 数据核字第 2024P9Z752 号

新能源汽车电学基础与高压安全（微课版）

XINNENGYUAN QICHE DIANXUE JICHU YU GAOYA ANQUAN （WEIKE BAN）

选题策划 张林峰

责任编辑 张林峰

出版发行 哈尔滨工程大学出版社

社　　址 哈尔滨市南岗区南通大街 145 号

邮政编码 150001

发行电话 0451-82519328

传　　真 0451-82519699

经　　销 新华书店

印　　刷 唐山唐文印刷有限公司

开　　本 889 mm×1 194 mm　1/16

印　　张 12

字　　数 345 千字

版　　次 2025 年 1 月第 1 版

印　　次 2025 年 1 月第 1 次印刷

书　　号 ISBN 978-7-5661-4615-1

定　　价 49.80 元

http://www.hrbeupress.com

E-mail:heupress@hrbeu.edu.cn

前　言

党的二十大报告指出，“坚持尊重劳动、尊重知识、尊重人才、尊重创造，实施更加积极、更加开放、更加有效的人才政策”“着力形成人才国际竞争的比较优势，加快建设国家战略人才力量”“深化人才发展体制机制改革……把各方面优秀人才集聚到党和人民事业中来”。

随着我国新能源汽车市场的迅速发展，如何快速培养新能源汽车前后市场的技术技能人才与新能源汽车技术的发展相适应，已成为刻不容缓的紧迫任务。因此，全国许多职业院校都开设了新能源汽车专业或新能源汽车相关课程以满足行业对人才的需求。

相对传统能源汽车而言，新能源汽车非常核心的技术是“三电”，即电驱动、电池、电控。“三电”的诊断维修需要了解电工及电子线路的设计分析方法，并通过各种专业的诊断仪器来实现。此外，由于新能源汽车具有高电压，涉及人身安全，在进行新能源汽车操作时需要做好相应的个人防护措施。因此，新能源汽车电子、电器、电控元件及高压安全与防护是新能源汽车课程中非常重要的内容，也是学生首先需要掌握的内容。基于此，我们编写了本书。

本书具有以下特点。

（1）思政融合，理念创新。融入课程思政元素，注重政治立场、政治方向、政治标准，大力弘扬劳动光荣、技能宝贵、创造伟大的思想。

（2）体例新颖，实践性强。为了厘清教学思路和帮助读者学习，本书设置了 “任务工单”“课后练习”等模块，坚持“实用为主、够用为度”的基本原则。

（3）资源丰富，方便教学。为满足多媒体教学需要，本书配套开发了微课视频、课件、参考答案、教案等多项数字资源，以方便教学。

本书由赵虔（成都大学机械工程学院）、刘红强（北京劳动保障职业学院）、谢林芹（曲靖职业技术学院）担任主编，由熊崇杰（天府新区通用航空职业学院）、田闯（南阳科技职业学院）、张来忠（北京壹零壹捌汽车修理有限公司）、张桥寿（陆良县职业技术学校）、王静静（湖北东风汽车技师学院）担任副主编。本书的相关资料和售后服务可扫描封底微信二维码或登录网址 www.bjzzwh.com 下载获得。

本书在编写过程中，引用了大量原厂手册及文献资料，在此向这些资料的作者表示衷心的感谢！由于纯电动汽车领域的技术日新月异，同时编者的知识和能力有限，书中难免存在疏漏之处，恳请广大读者批评指正，以便后期修订。

编　者

2024 年 10 月

目　录 CONTENTS

项目一

安全用电

项目导读

本项目旨在提高学生对安全用电的认识和应对能力，包括人体触电与电气灾害的预防和处理、安全用电常识的学习，以及保护接地和保护接零等方面的知识。

学习目标

知识目标

◆掌握触电相关的安全预防知识。

◆了解安全用电常识。

技能目标

◆能够正确使用电气设备。

◆能够熟练运用保护接地和保护接零。

素质目标

◆培养学生掌握耗材的选择技巧，养成勤俭节约的传统美德。

◆培养学生养成规范操作的习惯；深刻理解规范，不仅意味着能把任务做完，更意味着能将任务完成得更好。

◆懂得比较、研究、举一反三，训练养成会拓展延伸的思维方式，养成会类比的学习方法。

思政目标

◆通过本项目的开展，培养学生的安全意识和责任感，增强他们对电气安全的重视，以及正确处理电气事故的能力，从而提升整个社会的安全意识和文明素养。

任务工单

1. 任务描述

某天，身为新能源汽车维修工的蔡旭来检查一辆启动出现问题的车辆，于是他打开机箱，想要查看原因。这时他发现自己没有穿戴防护设备，请你通过学习本项目的任务，来告诉蔡旭需要哪些防护设备。

2. 寻找成员

以 3~5 人为一组，选出组长并进行任务分工，将小组成员及分工情况填入表 1-1 中。

表 1-1　小组成员及分工情况

小组成员	姓名	学号	任务分工
组长			
组员			

3. 制订计划

（1）查阅相关资料，制订工作计划，并将其填入表 1-2 中。

表 1-2　工作计划

序号	工作内容	负责人

（2）将操作过程中所需的工具和耗材等填入表 1-3 中。

表 1-3　操作过程中所需的工具和耗材等清单

序号	名称	型号与规格	单位	数量	备注

3. 进行决策

（1）小组成员针对各自的工作计划展开讨论，并选出最佳工作计划。

（2）指导教师对各小组提交的工作计划做出评价。

（3）各小组成员根据指导教师的评价对工作计划进行调整，调整合格后的工作计划即为最终实施方案。

4. 工作实施

根据最终实施方案，进行新能源汽车电学实训。按实际操作过程，将实施内容、遇到的问题及解决办法等记录于表 1-4 中。

表 1-4　工作实施过程记录表

序号	实施内容	遇到的问题及解决办法	结果

5. 考核评价

各组展示任务完成情况，并完成表 1-5 所示的考核评价表。

表 1-5　考核评价表

评价项目	评价内容	分值	评价分值		
			自评	互评	师评
职业素养考核项目	穿戴规范、整洁	6 分			
	安全意识、责任意识及服从意识强	6 分			
	积极参加教学活动，按时完成任务工单	10 分			
	团队合作、沟通交流能力强	6 分			
	劳动纪律良好	6 分			
	维护场地、设备及工具等干净整洁	6 分			
专业能力考核项目	专业知识查找及时、准确	10 分			
	掌握用电安全常识	20 分			
	操作熟练，工作效率高	10 分			
	正确使用电气设备	20 分			
合计		100 分			
总评	自评(20%)+互评(20%)+师评(60%)=	综合等级	指导教师（签名）：		

任务一　人体触电与电气灾害

新能源汽车大多是以电池为动力，驱动车辆需要较高电压，所以用电安全是新能源汽车设计中的一大重点。如何预防触电和触电后的急救处理同样需要熟知。

一、人体触电

人体触电

触电事故是一种严重的安全隐患，它可能发生在日常生活和各种工作环境中。当电流通过人体时，会对人体组织造成不同程度的伤害，这种伤害取决于电流的强度、持续时间、频率以及通过人体的路径等多种因素。一旦发生人体触电事故，应立即采取正确的急救措施。

1. 人体触电的种类

（1）电击（内伤）。电击是指电流通过人体时所造成的内伤。电击会导致肌肉抽搐，内部组织损伤，造成发热、发麻、神经麻痹等，严重时将引起昏迷、窒息，甚至心脏停搏、血液循环中止等而造成死亡。

（2）电伤（外伤）。电伤是指在电流的热效应、化学效应、机械效应以及电流本身作用下造成的人体外伤，包括灼伤、烙伤、皮肤金属化等。

① 灼伤。灼伤是指由电流热效应（主要是电弧灼伤）造成的皮肤红肿、烧焦或皮下组织损伤。

② 烙伤。烙伤是指由电流热效应或力效应引起，使皮肤被电气发热部分烫伤，或由于人体与带电体紧密接触而留下肿块、硬块使皮肤变色等。

③ 皮肤金属化。皮肤金属化是指由电流热效应和化学效应导致电极金属在高温下熔化与挥发而成的金属颗粒，在电场的作用下沉积于皮肤表面及深部，使受伤部位皮肤带金属颜色且留下硬块。

④ 机械性损伤。机械性损伤是指电流作用于人体时，由于中枢神经反射和肌肉强烈收缩等作用导致的机体组织断裂、骨折等伤害。

⑤ 电光眼。发生弧光放电时会产生大量红外线、可见光、紫外线等有害光线，这些光线会对眼睛产生伤害，使眼睛感到不适、剧烈疼痛、怕光、流泪、红肿等。

2. 人体触电的方式

人体触电的方式主要分为单相触电、两相触电、跨步电压触电和高压电弧触电。

（1）单相触电。单相触电是指人体的一部分接触带电体的同时，另一部分又与大地或零线相接，电流从带电体流经人体到大地（或零线）形成回路（图 1-1）。

（2）两相触电。两相触电是指人体的不同部位同时接触两相导线（两根火线）或带电体，电流由一相通过人体流入另一相导体构成回路造成的触电（图 1-2）。

图 1-1　单相触电

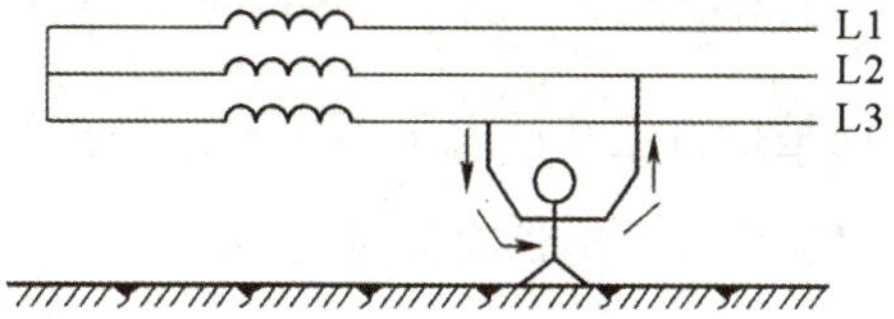

图 1-2　两相触电

（3）跨步电压触电。当架空线路的一根带电导线断落在地上时，落地点与带电导线的电势相同，电流就会从导线落地点向大地流散，于是地面上以导线落地点为中心，形成了一个电势分布区域（图 1-3），离落地点越远，电流越分散，地面电势也越低。如果人或牲畜站在距离电线落地点 8~10 m 的位置，两脚之间承受跨步电压而触电，这种触电叫作跨步电压触电。

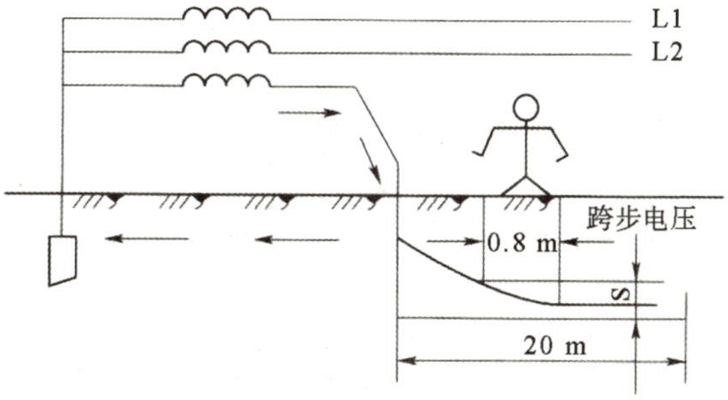

图 1-3　跨步电压触电

（4）高压电弧触电。高压电弧触电是指靠近高压线（高压带电体）造成弧光放电而触电。人体与带电体之间的最小安全距离见表 1-6。

表 1-6　人体与带电体之间的最小安全距离

触点电压	最小安全距离	触电电压	最小安全距离
10 kV 及以下	0. 70 m	330 kV	4. 00 m
20~35 kV	1. 00 m	500 kV	5. 00 m
66~110 kV	1. 50 m	750 kV	6. 00 m
220 kV	3. 00 m	1 000 kV	7. 00 m

3. 常见的人体触电原因

常见的人体触电原因有缺乏安全用电知识、用电设备安装不合格、用电设备没有及时检查修理等。

二、防触电安全措施

防触电安全措施主要包括以下几个方面。

1. 保护接零

将电气设备的外壳与电源的中性线（俗称零线）连接起来，称为保护接零。保护接零适用于低压电系统中变压器中性点接地的情况。

2. 保护接地

保护接地是指将正常情况下不带电，而在绝缘材料损坏后或其他情况下可能带电的电器金属部分（即与带电部分相绝缘的金属结构部分），用导线与接地体可靠连接起来的一种保护接线方式。保护接地适用于三相电源的中性点不接地的情况。

3. 漏电保护

漏电保护是使用漏电保护器（图 1-4）防触电。漏电保护器是一种防止漏电的保护装置。漏电保护器通常分为电压型和电流型两种，主要用于低压供电系统。

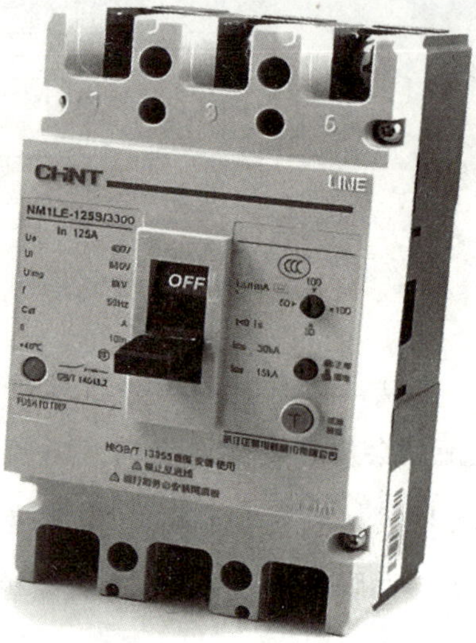

图 1-4　漏电保护器

4. 安全标识

操作人员应能正确识别安全标识，在进行电工操作时一定要悬挂安全标识，以提醒他人注意；悬挂时，要将安全标识设置在光线充足、醒目且稍高于人的视线处。安全标识颜色的含义及实例见表 1-7，部分安全标识如图 1-5 所示。

表 1-7　安全标识颜色的含义及实例

颜色	含义	实例
红色	停止、禁止、消防	停止按钮、灭火器、仪表运行极限
黄色	注意、警告	“当心触电”“注意安全”
绿色	安全、通过、允许、工作	“在此工作”“已接地”
黑色	警告	“当心触电”的黑色闪电符号，“注意安全”的黑色感叹符号
蓝色	强制执行	“必须戴安全帽”

(a)　(b)　(c)　(d)

图 1-5　部分安全标识

5. 屏护

屏护是指将带电体间隔起来，以有效地防止人体触及或靠近带电体，特别是当带电体无明显标识时。常用的屏护方式有遮栏、栅栏（图 1-6）、警戒线（图 1-7）等。

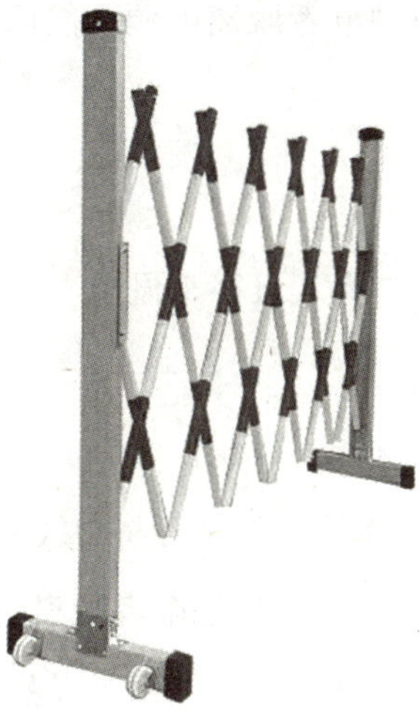

图 1-6　栅栏

图 1-7　警戒线

6. 个人安全防护物品

如图 1-8 所示，个人安全防护物品有绝缘安全帽、绝缘手套、绝缘鞋、绝缘工作服、绝缘垫及高压防护工具等，在进行操作时应正确选用所需防护物品和工具，并注意检查防护物品和工具是否正常，安全等级是否满足要求。

图 1-8　个人安全防护物品

三、触电现场处理

触电急救的要点是动作迅速、救护得法，切不可惊慌失措、束手无策。要贯彻“迅速、就地、正确、坚持”的“触电急救八字方针”。发现有人触电，首先要尽快使触电者脱离电源，然后再根据触电者的具体症状对症施救。触电现场应急处理措施如下。

1. 使触电者迅速脱离电源

使触电者迅速脱离电源的具体方法可用“拉”“切”“挑”“拽”“垫”五字来概括。

（1）“拉”：就近拉下电源开关，使电源断开。

（2）“切”：用带有可靠绝缘柄的电工钳、锹、镐、刀、斧等利器将电源切断。

（3）“挑”：如果导线搭落在触电者身上或压在身下，可用干燥的木棒、竹竿等将导线挑开。

（4）“拽”：用救护人戴上的手套或在手上包缠干燥的衣物等绝缘物品拖拽触电者脱离电源。

（5）“垫”：如果触电人由于痉挛而手指紧握导线或导线缠绕在其身上，可先用干燥的木板或橡胶绝缘垫塞进触电人身下使其与大地绝缘，隔断电流通路。

2. 正确实施现场救护

触电急救必须分秒必争。据统计资料，触电者在 3 min 内被就地实施有效急救，救活率在 90%以上；6 min 后才被实施有效急救，救活率仅为 10%；12 min 后才被实施有效急救，救活率几乎为 0。所以，对救护者的要求是：救护要及时，救护方法要正确。

（1）电击的处理

① 判断触电者是否假死：观察触电者的胸部、腹部有无起伏动作；用耳贴近触电者的口鼻处，听有无呼气声音；用手或小纸条测试口鼻有无呼吸的气流，再用两手指轻压一侧喉结旁凹陷处的颈动脉，感觉有无搏动。

② 若触电者呼吸和心跳均未停止，应立即将触电者放置平躺的姿势，以减轻心脏负担，并严密观察呼吸和心跳的变化。

③ 若触电者心跳停止而呼吸尚存时，应对触电者做胸外按压（人工循环）。

④ 若触电者呼吸停止而心跳尚存时，应对触电者做人工呼吸。

⑤ 若触电者无意识、无呼吸、无心跳，应快速呼救并拨打急救电话。救护者立即并持续进行心肺复苏。成人心肺复苏流程如下。

◆将触电者仰卧置于平地或硬板上，暴露胸部。救护者于触电者身体一侧，两腿自然分开与肩同宽，使救护者的中线对齐触电者胸骨中下段 1/3。

◆人工呼吸（此处讲述口对口吹气）。救护者双手托住触电者脸颊，用两拇指同时下压下颏，使触电者张嘴，侧头观看口腔内是否有异物，如发现固体异物，应用一手食指弯曲托住下颏，同时大拇指压住触电者的下唇使其张嘴，用另一手指将固体异物钩出或用两手指交叉从口角处插入，取出固体异物，操作中应注意防止将固体异物推到喉咙深部。通过仰头抬颏法、双手举颏法等打开气道。开放气道后，保持触电者气道通畅，救护者用拇指和食指捏紧触电者鼻翼，平静吸气后，用嘴严密包合触电者口周，缓慢吹气，持续 1 s 以上，观察触电者胸廓起伏，吹气结束，口唇离开并放开捏住的鼻孔，让气体被动呼出（图 1-9）。救护者在吹气时应避免过快、过强。吹气频率为 8~10 次/min（被触电者年龄>1 岁）。

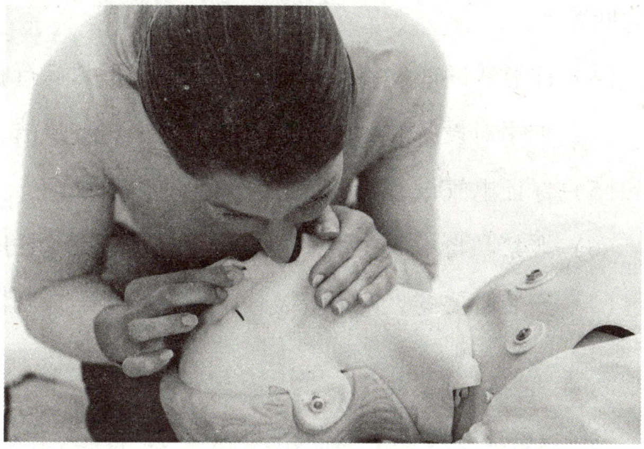
图 1-9 口对口人工呼吸

◆胸外按压（触电者年龄为含 8 岁以上）。迅速确定按压的部位，胸骨中线与胸骨中下段 1/3 交会点或胸骨下半部即为按压位置（图 1-10）。救护者一只手掌跟放在按压部位上，另一只手重叠在前一只手上，两手掌根相重叠，手指翘起，上体前倾，两肩位于触电者胸骨正上方，两臂伸直，以髋关节为支点，利用上身的重力垂直用力向下按压（图 1-11）。按压深度为 5~6 cm，频率为 100~120 次/min。每次按压后应使胸廓充分回弹，尽量减少胸外按压的中断，同时应避免过度通气。

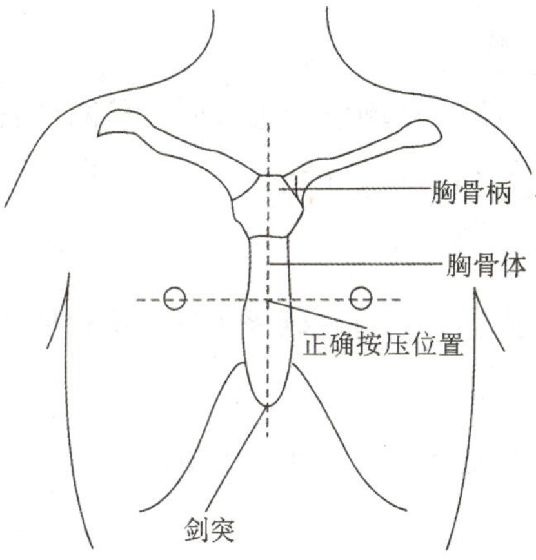

图 1-10 胸外按压定位图

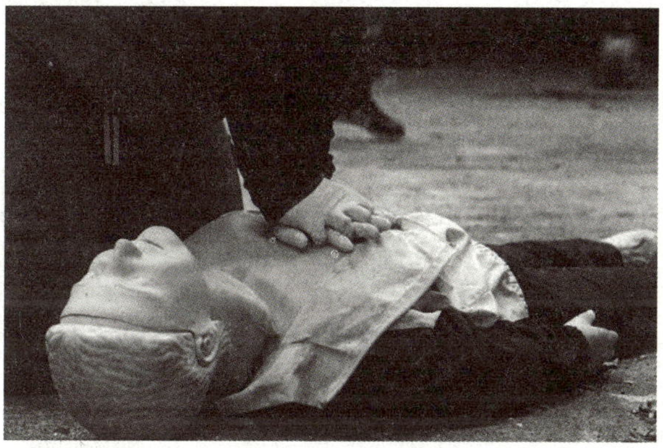
图 1-11 胸外按压法示意图

注意：开放气道后，救护者应立即进行两次人工呼吸，人工呼吸时应暂停实施胸外按压。在不中断实施心肺复苏的同时，应尽快就近获取自动体外心脏除颤仪（AED）进行心脏除颤。

（2）电伤的处理

① 一般性的外伤创面，有条件者可以用生理盐水清洗伤口后，用消毒纱布或干净的布包扎，然后送医院治疗。

② 伤口大出血时应立即设法止血，同时火速送医院治疗。

四、电气火灾的防范及扑救

1. 电气火灾的防范

（1）合理选用电气设备和导线，不要使其超负载运行，不得使其超过使用年限。

（2）选择合适的保护装置，并在安装开关、熔断器或架线时，避开易燃物，与易燃物保持必要的防火间距。

（3）注意线路或设备连接处的接触保持正常运行状态，以避免因连接不牢或接触不良使设备过热。

（4）加强对设备的运行管理。要定期检修、清洁、维护，防止绝缘损坏、电线老化等造成短路。

（5）保证电气设备通风良好，确保散热效果。

（6）严禁私自更改线路，严禁非专业人士更改插座。

（7）安装必要的火灾报警装置，如无线感烟探测器等。

2. 电气火灾的扑救

电气设备发生火灾或引燃周围可燃物时，首先应设法切断电源，如果无法及时切断电源，需要带电灭火。

（1）切断电源的注意事项

① 火灾发生后，由于受潮或烟熏，开关设备绝缘能力下降，因此，拉闸时最好用绝缘工具操作。

② 对于高压电源，应先操作断路器而不应该先操作隔离开关切断电源；对于低压电源，应先操作磁力启动物而不应先操作闸刀开关切断电源，以免引起弧光短路。

③ 切断电源的地点要选择适当，防止切断电源后影响灭火工作。

④ 剪断电线时，不同相电线应在不同部位剪断，以免造成短路；剪断空中电线时，剪断位置应选择在电源方向的支持物附近，以防止电线剪断后掉落下来造成接地短路和触电事故。

（2）带电灭火的注意事项

① 应选用不导电的灭火器材灭火，如1211灭火器、干粉灭火器、二氧化碳灭火器，不得使用泡沫灭火器或水基型灭火器扑救。

② 要保持人及所使用的导电消防器材与带电体之间有足够的安全距离，扑救人员应穿戴绝缘手套和绝缘靴。

③ 如遇带电导线断开，掉落在地面上，要划出一定的警戒区，防止跨步电压伤人。

④ 若不能及时灭火，应立即拨打“119”报警电话。

任务二　安全用电常识

在21世纪的今天，生活中到处都在用电。电作为一种能源被我们所利用、所普及并与人们的生活及设备的运转息息相关。然而一个事物总是有两面性，电在造福人类的同时，也存在着诸多隐患，用电不当就会造成灾难。例如，当电流通过人体内部（即所谓的电击）时，它会对人体造成伤害，一般来说是使人体的心脏、呼吸系统和神经系统不能正常工作，严重时危及人的生命。当用电设备发生故障时，有时不仅会损坏电气设备而且往往会发生火灾。因此，我们在使用电时不仅要提高安全意识，更要预防它给我们带来的负面影响。

一、电工实训室安全操作规程及安全电流

1. 电工实训室安全操作规程

（1）学生进入实训室后，要服从指导教师的安排，进入指定的工位，不得私自调换工位。未经同意，学生不得擅自动用设备与工具。

（2）实训期间，学生必须认真学习实训指导书，掌握电路或设备的工作原理，明确实训目的、实训步骤和安全注意事项。

（3）严格遵守安全操作规程，禁止违规操作（如带电接线、用力压线路板、私自拔出线路板上的元器件、短接电路等）。实训中途断电，应立刻关闭仪器开关，等候指导教师或实训室管理人员的安排。

（4）爱护实训设备、设施和软件配置，不得动用与实训内容无关的仪器设备，不得私自打开实训室内的柜子拿取器材，不准剪下仪器引线及接线夹，不准将实训器材带出室外。

（5）室内的任何电气设备，未经验电，一般视为有电，不得用手触及。接通电源前，对设备要认真检查，要注意工具或仪表引线有无破损、漏电、短路等现象，以免发生事故，发现损坏或其他故障应停止使用并立即报告指导教师。

（6）实践操作时，注意力要高度集中，不做任何与实训无关的事；严禁擅自用总闸与其他用电设备。

（7）主电控柜电源不许学生合闸，待线路接完并仔细检查后由指导教师合闸；严禁带电接线，严禁用手和工具接触带电部分，必须遵守先接线、后合电源的规定；拆线前要先切断电源，避免违规操作。

（8）如果发现异常现象（声响、发热、发臭）应立即切断电源，报告指导教师。

（9）测量直流电压时，要注意表笔的极性不能接反，否则将烧坏表头。当不能估计电流和电压约数时，要用最大量程测量一次，再使用准确量程进行测量。

（10）取用仪器、仪表要轻拿轻放，以免损坏。在使用仪器、仪表测量或调试过程中不得随意扳动开关和旋钮，以免损坏仪器。

（11）焊接过程中所用的烙铁等发热工具不能随意摆放，以免发生烫伤或酿成火灾；拆焊操作时，热风枪温度不能过高，不用时立刻关闭或调低温度待用。

（12）实训完成后，应先切断电源。仪器、仪表使用完毕后，一切按钮、按键、开关、挡位等都要按有关要求恢复原位。

2. 安全电流

电流对人体的危害程度与电流大小、通电时间长短、电流通过人体的部位等有关。电流强度越大，致命危险越大；持续时间越长，造成人员死亡的可能性越大。

（1）感知电流。能引起人感觉到的最小电流值称为感知电流，交流为 1 mA，直流为 5 mA。

（2）摆脱电流。人触电后能自己摆脱的最大电流称为摆脱电流，交流为 10 mA，直流为 50 mA。人体触电后最大的摆脱电流称为安全电流。

（3）致命电流。在较短的时间内危及生命的电流称为致命电流，致命电流为 50 mA。

在有防止触电保护装置的情况下，人体允许通过的电流一般可按 30 mA 考虑，我国规定的安全电流为 10 mA。

二、电气安全操作规程

（1）正确穿戴劳动保护用品，特别是对电工特殊要求的劳动保护用品，要认真做好交接班工作。

（2）严禁无证上岗，操作人员应熟练掌握电工基本知识和所负责工段的电气设备情况，严格按照用电、停电及其他因设备要求所规定的程序作业，不得任意违规作业，防止操作不当造成人员伤亡、设备损坏。

（3）进行停电检修、带电抢修及登高作业时，一定要按规定的操作方法做好挂牌、专人监护等作业前的计划准备工作，做到分工明确、责任到人，有始有终完成每一项任务。

（4）对供电设备、配电设备、仪表屏、电线电缆沟及各种电气运转设备，要严格按工艺规定时间检查并认真记录，发现问题及时汇报处理。

（5）落实防护措施，特别是对电气控制室等关键场地应做好防护工作，无关人员严禁入内。

（6）杜绝火种，对电气设备有异声、跳火现象要立即检修，防止发生火灾事故。

（7）正确使用各类电工专用工具，特别是在带电作业情况下，不能有麻痹思想，防止发生触电事故。

（8）认真学习安全、消防知识，特别是在发生触电情况下的救护工作和发生电气火灾的扑救工作；熟悉救护业务和消防知识，能在应急情况下正确处理好各类事故，做到安全、文明生产。

三、电工材料

常用的电工材料主要有导电材料、绝缘材料、磁性材料和电碳材料，以及各种线、管等。

1. 导电材料

（1）导电材料的作用。导电材料是指专门用于输送和传导电流的材料，是电气元器件和电路中应用最广泛的一种材料，包括用来制造传输电能的电线电缆，传导电信息的导线、引线和布线等，其主要功能是传输电能和电信号。导电材料最主要的性质是良好的导电性能。

（2）导电材料的类型。导电材料一般分为良导体材料和高电阻材料。

① 良导体材料。良导体材料主要是铜（图 1-12）、铝（图 1-13）、铁等。磁悬浮列车的轨道就常采用铁、铝板或铝导线，部分为铁芯导线。我国湖南省长沙市磁悬浮列车轨道的 F 轨采用的材料就是 Q235 钢。其他如金、银，其导电性能很好但价格较贵，只用于特殊场合。

② 高电阻材料。高电阻材料主要有镍铬合金、铬镍铁合金、康铜（图 1-14）、锰钢及铁铬铝合金等，可用作加热元件，将电能转化为热能，或用于制造精密电阻器。

图 1-12　铜导线

图 1-13　铝导线

图 1-14　康铜丝

2. 绝缘材料

（1）绝缘材料的作用。绝缘材料又称电介质材料，在直流电压作用下仅有微弱的泄漏电流通过，一般认为是不导电的，其电阻率为 $10^{9}\sim10^{22}\ \Omega\cdot cm$，是电气设备维修中应用极为广泛的一种材料。其主要作用有如下几个方面。

① 使导电体与其他部分相互绝缘。

② 把不同电位的导体分隔开。

③ 提供电容器储能的条件。

④ 改善高压电场中的电位梯度。

⑤ 某些绝缘材料还起着机械支撑、导体防护、散热、防潮防霉、灭弧等作用。

因此，绝缘材料应具有较高的绝缘电阻和耐压强度、较好的耐热性和导热性、机械强度高而且耐潮、方便加工等特点。

（2）常见绝缘材料的类型。常见绝缘材料主要有气体绝缘材料、液体绝缘材料和固体绝缘材料三种。

① 气体绝缘材料。气体绝缘材料指能使有电位差的电极间保持绝缘的气体，其特点是电导率、介电常数和介质损耗均低，击穿强度一般比液体和固体绝缘材料也低得多，但击穿后能自行恢复绝缘状态，具有自愈性。常用的有空气、氮气、氢气、六氟化硫（图 1-15）、二氧化碳、氟利昂等，其中六氟化硫具有较高的击穿强度，广泛用作封闭式电器的绝缘材料。

图 1-15　六氟化硫

② 液体绝缘材料。液体绝缘材料指用以隔绝不同电位导电体的液体，又称绝缘油。它主要替代空气，填充电气设备中的空间，或浸渍设备绝缘结构中的孔隙。除了绝缘作用，它还可以起散热或灭弧作用。例如，在油浸纸绝缘电力电缆中，它不仅能显著地提高绝缘性能，还能增强散热作用；在电容器中提高其介电性能，增大每单位体积的储能量；在开关中除绝缘作用外，更主要的是起灭弧作用。常用的液体绝缘材料有矿物质油、合成油和蓖麻油等，其中应用最多的是矿物绝缘油。

③ 固体绝缘材料。固体绝缘材料指用以隔绝不同电位导电体的固体，一般还要求其兼具支撑作用。固体绝缘材料可以分成天然固体绝缘材料和合成固体绝缘材料。天然固体绝缘材料主要有胶、纸板、木材、塑料、橡胶、云母等；合成固体绝缘材料有聚乙烯、聚苯乙烯、聚丙烯、聚四氯乙烯、聚酯和不饱和聚酯、环氧树脂、有机硅树脂，以及以聚酰亚胺为代表的芳杂环高分子材料等。

（3）绝缘材料的耐热等级。绝缘材料的绝缘性能与温度密切相关，温度升高，绝缘性能随之下降。为保证绝缘强度，绝缘材料都有一个最高允许工作温度，在此温度下，可以长期安全地使用，超过这个温度将会迅速老化。通常按照耐热程度，把绝缘材料分为 Y、A、E、B、F、H、C 等级（表 1-8）。

表 1-8　绝缘材料耐热等级

耐热等级	极限温度/℃	绝缘材料类型
Y 级	90	面纱、丝、纸、木材等材料及其组合物，如布
A 级	105	用漆、胶浸渍过的面纱、丝、纸等材料，如油性漆包线、黄漆布、黄漆绸
E 级	120	合成有机薄膜、合成有机磁漆等材料及其组合物，如环氧树脂、油性玻璃漆布
B 级	130	用树脂胶剂黏合或浸渍、涂覆过的云母、石棉、玻璃纤维，如聚酯漆包线
F 级	155	用耐热性好的有机胶剂黏合或浸渍、涂覆过的云母、石棉、玻璃纤维，如云母带、层压玻璃布板
H 级	180	用有机硅树脂黏合或浸渍、涂覆过的云母、石棉、玻璃纤维及其组合物，如硅有机漆、复合薄膜
C 级	>180	不采用任何有机黏合剂及浸渍剂的无机物，如云母、石棉、石英、玻璃、陶瓷及聚四氟乙烯塑料

3. 磁性材料

（1）磁性材料的作用。能对磁场做出某种方式反应的材料称为磁性材料，其主要特点是具有高的磁导率，一般用来制造电气设备的铁芯。磁性材料是生产、生活、国防科学技术中广泛使用的材料。如制造电力技术中的各种发电机、变压器，电子技术中的各种磁性元件和微波电子管，通信技术中的滤波器和增感器，国防技术中的磁性水雷、电磁炮，以及各种家用电器等。此外，磁性材料在地矿探测、海洋探测，以及信息、能源、生物、空间新技术中也获得了广泛的应用。

（2）磁性材料的类型可根据不同条件进行如下分类。

① 根据性质，磁性材料可分为金属磁性材料和非金属磁性材料两类。

◆金属磁性材料。金属磁性材料主要有电工钢、镍基合金和稀土合金等。

◆非金属磁性材料。非金属磁性材料主要指铁氧体磁性材料，铁的氧化物和一种或几种其他金属氧化物组成的复合氧化物，如磁铁矿的主要成分 $FeO \cdot Fe_2O_3$（Fe_3O_4）。

② 根据使用类型，磁性材料可分为软磁材料、永磁材料和功能磁性材料三类。

◆软磁材料。磁化后容易去掉磁性的物质称为软磁材料。软磁材料大体上可分为四类：合金薄带或薄片；非晶态合金薄带，又称磁性玻璃；磁介质（铁粉芯）；铁氧体。软磁材料主要用于磁性天线、电感器、变压器、磁头、耳机、继电器、电磁铁、电磁吸盘等。

◆永磁材料，又称硬磁材料。永磁材料经外磁场磁化以后，即使在相当大的反向磁场作用下，仍能保持一部分或大部分原磁化方向的磁性。常用的永磁材料有铝镍钴系永磁合金、铁铬钴系永磁合金、永磁铁氧体、稀土永磁材料和复合永磁材料，其中最常用、用量最大的是永磁铁氧体和钕铁硼稀土永磁。

◆功能磁性材料。功能磁性材料主要有磁致伸缩材料、磁记录材料、磁电阻材料、磁泡材料、磁光材料、旋磁材料以及磁性薄膜材料等。

磁悬浮列车（图 1-16）是一种新型的轨道交通工具。它采用常导磁吸式悬浮技术，利用车载磁体与轨道磁体间产生的排斥力和吸引力共同作用，从而产生向上悬浮力，达到使列车浮起来的效果。其中使用的材料就有磁性材料，比如 F 轨使用的 Q235 钢、推进线圈和引导线圈，车体中采用了稀土永磁材料钕铁硼，永磁调速器、永磁联轴器、永磁悬浮轴承、永磁制动器等都用到了稀土永磁材料。

4. 电碳材料

电碳材料是以碳和石墨为基体的一种特殊功能的电工材料，是具有良好的导电性及优越的电接触性能的特殊导电材料。电碳材料主要用于制造电工设备的固定电接触或转动电接触的零部件等电碳制品，例如，用于发电机的电刷（图 1-17）、电力开关和继电器的石墨触头，材料以石墨为主。此外，电碳材料还用于弧光放电的石墨电极，光谱分析用的碳棒、碳膜，以及碳电阻、碳和石墨电热元件、干电池碳棒、大型电子管石墨阳极和栅极等。

图 1-16　磁悬浮列车

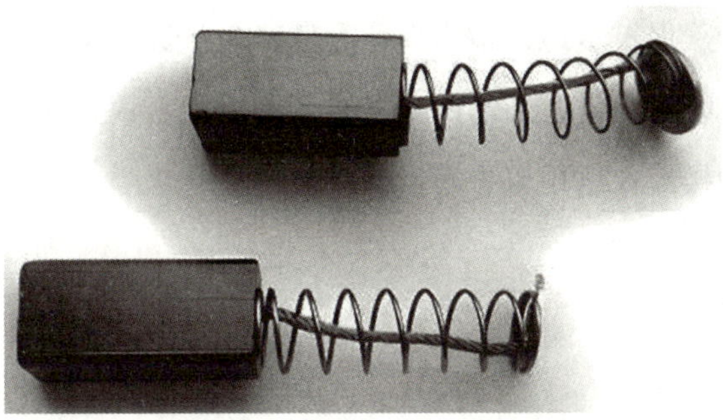

图 1-17　发电机的电刷

电碳制品有广泛的用途是因为其组分中的碳和石墨有以下优良特性。

（1）是良导体且导电能力具有很大的各向异性。

（2）具有较高的导热能力，热导率介于铝和软钢之间。

（3）耐高温，在无氧化性气体中能在 3 000 ℃左右高温下工作。

（4）机械强度高，在 2 500 ℃内机械强度随温度升高而增大。

（5）密度小，介于铝和镁之间。

（6）不与液态金属粘连。

（7）化学稳定性好，仅与氧化剂作用。

（8）自润滑性好。

（9）热发射电流随温度升高而增大。

任务三　保护接地和保护接零

接地是指电力系统和电气装置的中性点、电气设备的外露导电部分和装置外壳等导电部分经由导体与大地相连。接地主要包括工作接地和保护接地，此外还有屏蔽接地、防静电接地、防蚀接地等。

工作接地是指正常情况下有电流流过，利用大地代替导线的接地，用以维持系统安全运行的接地，如三相发电机或变压器的中性点接地等（图 1-18）。

一、保护接地

保护接地是指为保证人身安全，防止人体接触设备外露部分触电的一种接地形式。在中性点不接地系统中，设备外露部分（金属外壳或金属构架）与大地进行可靠电气连接即保护接地（图 1-19）。保护接地仅适用于中性点不接地的系统。

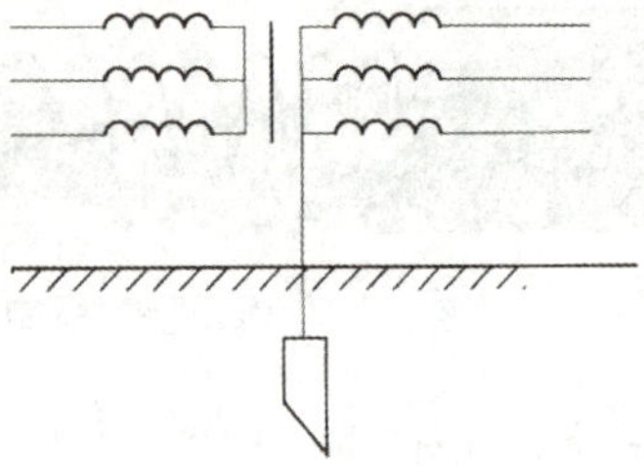

图 1-18　工作接地示意图

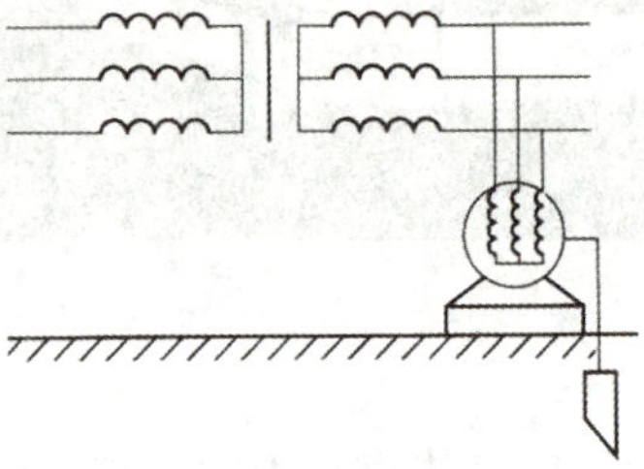

图 1-19　保护接地示意图

屏蔽接地和防静电接地用于各种仪器仪表，目的是使仪器和仪表测量得更精准些；防蚀接地主要是在通信设备中牺牲阳极保护，避免设备电化腐蚀。

接地装置由接地体和接地线组成。埋入地下直接与大地接触的金属导体称为接地体，连接接地体和电气设备接地螺栓的金属导体称为接地线。接地体的对地电阻和接地线电阻的总和，称为接地装置的接地电阻。

1. 保护接地的原理

保护接地是将电气设备在故障情况下可能出现危险的金属部分（如外壳）用导线与大地进行电气连接。配电系统的保护接地有 IT 系统（图 1-20）和 TT 系统（图 1-21）两种。

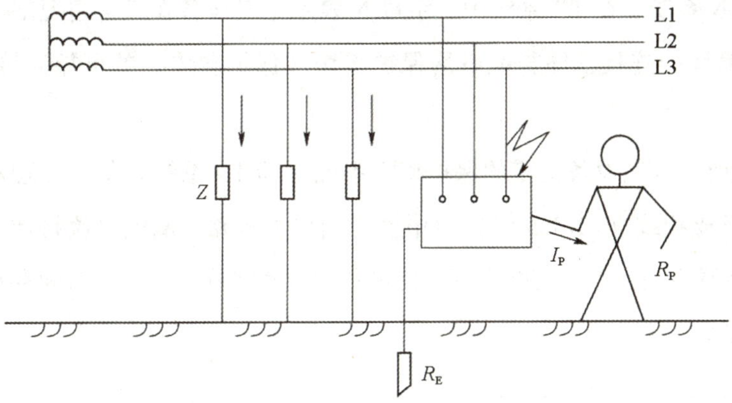

图 1-20　IT 系统保护原理示意图

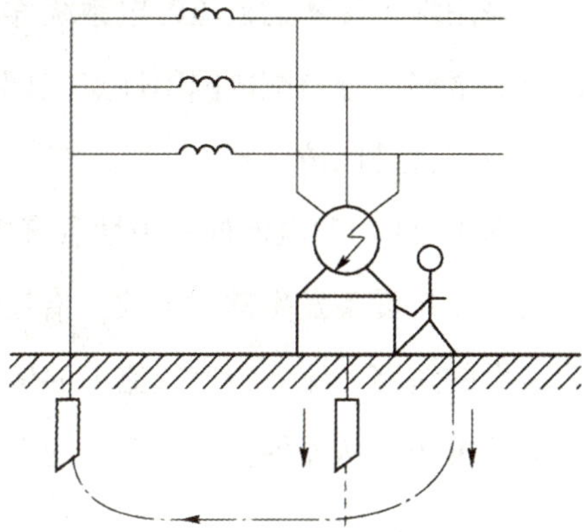

图 1-21　TT 系统保护原理示意图

以 TT 系统为例，如图 1-21 所示。在 TT 系统中人体与接地体相当于电阻并联。一旦发生设备碰壳短路（漏电），则短路电流将同时通过设备接地装置和人体与系统的接地点形成通路，并联电路中流过每一通路的电流与其电阻大小成反比，人体电阻比接地体电阻大得多（一般人体的电阻大于 1 000 Ω，接地电阻通常小于 4 Ω），故流经人体的电流很小，而流经接地装置的电流很大。这样就减小了电气设备漏电后人体触电的危险。

保护接地在中性点接地的系统中使用不能完全保证安全，必须限制接触电压值，此时一般可采用漏电保护器或过电流保护器作为附加保护。

二、保护接零

由于保护接零和保护接地都是防止间接接触电击的安全措施，做法上又有一些相似之处，因此，大多数情况下没有严格区分这两种措施。保护接零有利于明确区分不接地配电网中的保护接地，有利于区分中性线和零线，有利于区分工作零线和保护零线。

1. 保护接零原理

保护接零是将电气设备在正常情况下不带电的金属部分与电网的零线或中性线紧密连接起来，多用于中性点接地的低压系统中，如图 1-22 所示。

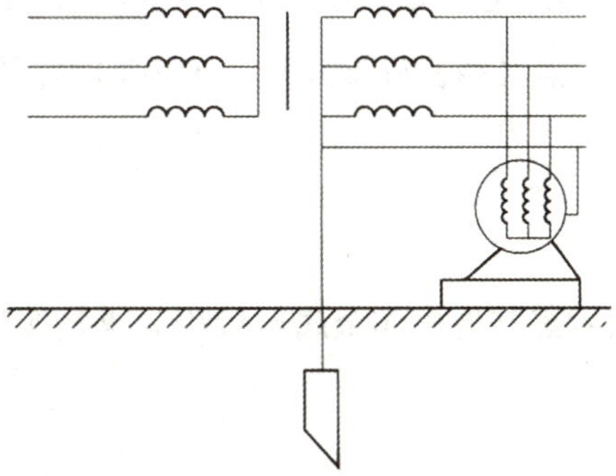

图 1-22　保护接零示意图

采用保护接零的低压配电系统称为TN系统。在TN系统中，字母N表示电气设备在正常情况下不带电的金属部分与配电网中性点之间金属性的连接，即与配电网保护零线（保护导体）的可靠连接，这种做法就是保护接零。

图1-23为配电网低压中性点直接接地、电气设备接零的保护接零系统（即TN系统）保护原理示意图。一旦设备发生碰壳事故，借零线形成相线（L1/L2/L3）对中性线的单相短路，漏电电流将增大为很大的短路电流，迫使线路上的保护装置迅速动作，切断电源，使设备的金属部分不至于长时间存在危险的电压，从而保证操作人员的人身安全。

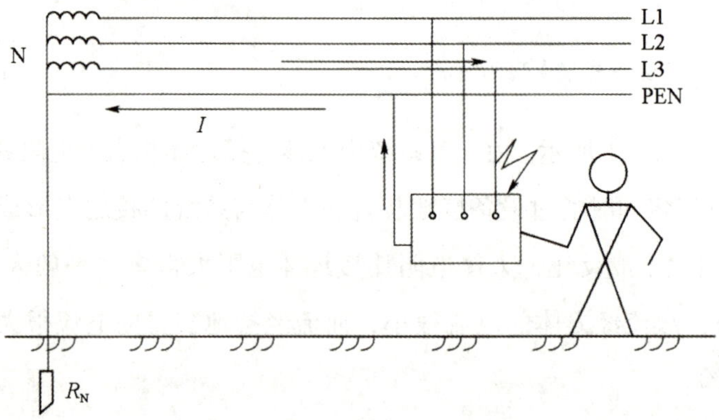

图1-23　TN系统保护原理示意图

TN系统的动作为：漏电→单相短路→单相短路电流上升→短路保护元件动作→迅速切断电源→实现保护。

2. 保护接零的要求

（1）在同一低压系统中，不允许将一部分电气设备采用保护接地，而另一部分设备采用保护接零。否则，当保护接地的用电设备发生碰壳短路时，接零设备的外壳上将产生危险的对地电压，这样将会使故障范围扩大。

（2）零线上不能安装熔断器和断路器，以防止零线回路断开时，零线出现相线电压而引起触电事故。

（3）在接三孔插座时，不允许将插座上接电源中性线的孔同保护线的孔串联。

（4）在TN系统中，除系统中性点必须良好接地外，还必须将零线重复接地。

三、重复接地

中性线或接零保护线的一点或数点与地再作金属连接称为重复接地，如图1-24所示。重复接地是提高TN系统安全性能的重要措施。

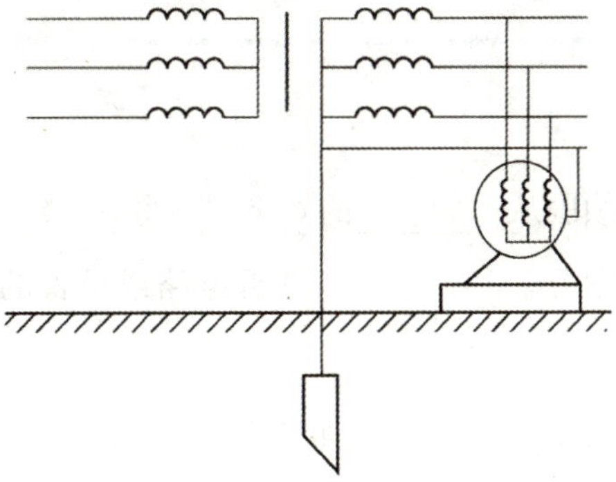

图 1-24　重复接地示意图

1. 重复接地的作用

（1）减轻零线断开或接触不良时电击的危险性。

（2）降低漏电设备的对地电压。

（3）缩短漏电故障持续时间。因为重复接地和工作接地构成零线的并联分支，所以当发生短路时，能增大单相短路电流，而且线路越长，效果越显著，这就加速了线路保护装置的动作，缩短了漏电故障持续时间。

（4）改善架空线路的防雷性能。重复接地对雷电流有分流作用，有利于限制雷电过电压。

2. 重复接地的要求

（1）应充分利用自然接地体，当自然接地体电阻符合要求时，可不设人工接地体。危险环境不允许利用自然接地体作为重复接地装置。当无自然接地体可利用时，应采用人工接地体。

（2）变配电所和生产车间的重复接地装置，应采用环形布置，以降低电气设备漏电时周围地面的电位梯度，减少接触电压和跨步电压。

（3）每一组重复接地装置的接地电阻应不大于 10 Ω。

（4）同一保护接零系统中，规程规定重复接地点不少于三处。

项目小结

本项目主要介绍了安全用电的相关知识，首先介绍了人体触电与电气灾害的防范和处理技能；其次介绍了安全用电常识及电工实训室的安全操作规程；最后介绍了保护接地和保护接零。通过本项目的学习，读者能了解安全用电方面的知识，为日常生活和工作中的电气安全问题提供了有效的解决方案。

课 后 练 习

一、填空题

1. 在电工实训室中，学生必须服从________的安排，不得________工位。

2. 实训期间，学生必须认真学习__________，掌握电路或设备的________，明确实训目的、实训步骤和安全________。

3. 严格遵守____________，禁止________，如带电接线、用力压线路板、私自拔出线路板上的元器件、短接电路等。

4. 在进行操作时，注意力要________，不做任何与实训无关的事；严禁擅自用________与其他用电设备。

5. 测量直流电压时，要注意表笔的________不能接反，否则将________表头。

二、简答题

1. 如何正确使用防护设备和检测工具？
2. 如何预防电气火灾？
3. 如何正确实施现场救护？
4. 如何防止电击事故的发生？
5. 如何正确使用电工材料？

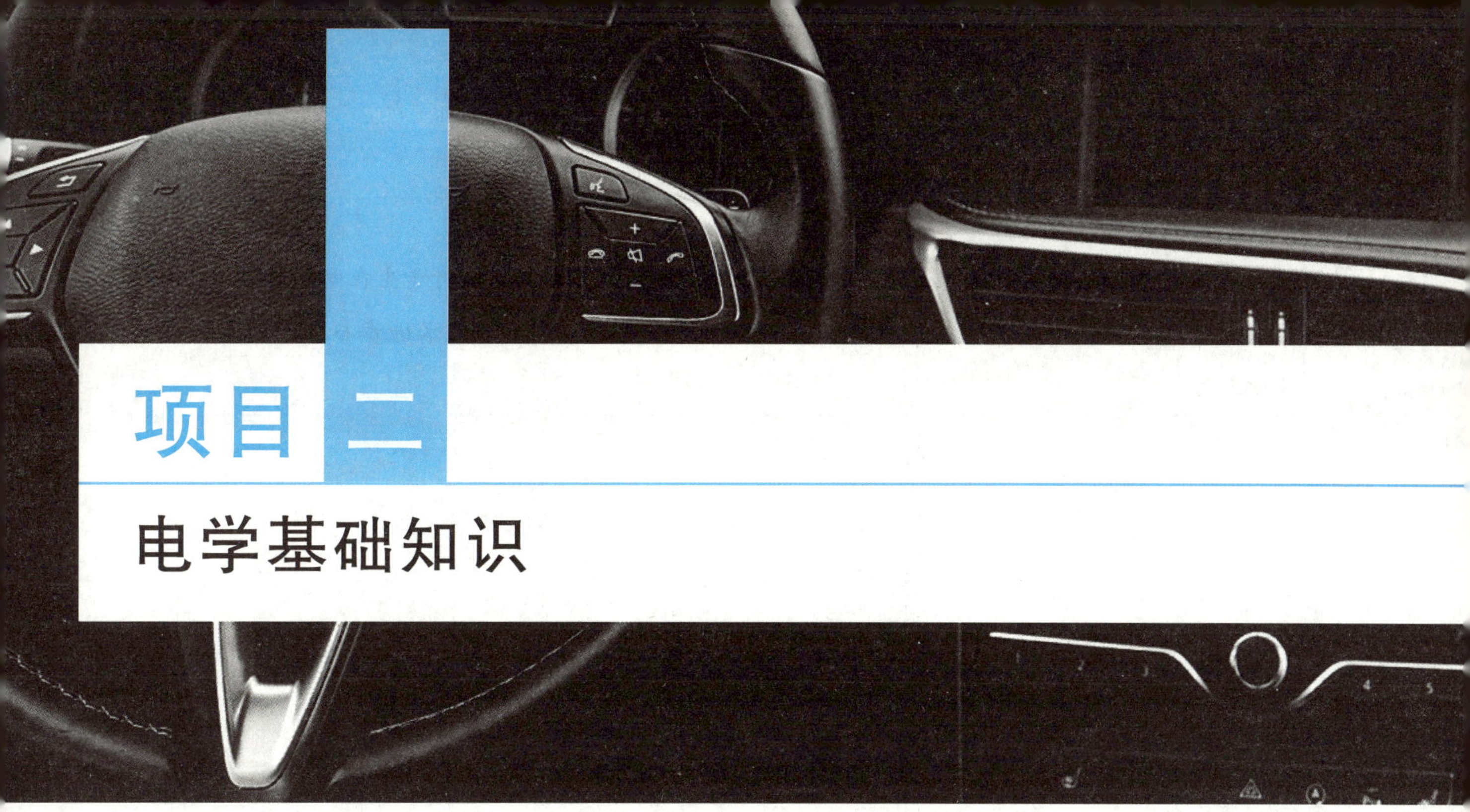

项目二

电学基础知识

项目导读

本项目旨在系统学习和掌握电学基础知识，涵盖常用电学参数概念、电路基础元件与电控基础元件的识别，以及常见电动机的基本原理和应用。

学习目标

知识目标

◆掌握电路与电路图的识别方法。

◆熟悉电流、电压、电阻等电学参数概念。

◆熟悉电阻器、电感器、电容、二极管、三极管等基础元件。

技能目标

◆能够对电流、电压、电阻等电学参数进行计算。

◆能够对电阻器、电感器、电容、二极管、三极管等基础元件进行识别与区分。

◆能够对 PCB 板、电流传感器、接触器、变压器和继电器进行识别与区分。

素质目标

◆认真读数、严谨记录、规范操作，培养学生养成认真细致的职业素养。

◆学会类比和分析，培养学生养成自学习惯和培养创新意识。

◆培养学生养成一定的逻辑分析和推算能力，勇于接受与挑战工作中的困难。

思政目标

◆通过本项目的学习，加强学生对电学基础的理解和应用能力，提升学生在电气领域中的科学素养和工程伦理，增强技术操作中的安全意识和责任感，从而推动技术进步与社会发展的可持续性。

任务工单

1. 任务描述

王峰在实训场地发现有一台直流电动机在通电后无法正常工作，于是他打算进行检查维修，但是由于自己电学基础知识不充足，请你通过学习本项目的任务，来帮助王峰一起检修。

2. 寻找成员

以 3~5 人为一组，选出组长并进行任务分工，将小组成员及分工情况填入表 2-1 中。

表 2-1　小组成员及分工情况

小组成员	姓名	学号	任务分工
组长			
组员			

3. 制订计划

（1）查阅相关资料，制订工作计划，并将其填入表 2-2 中。

表 2-2　工作计划

序号	工作内容	负责人

（2）将操作过程中所需的工具和耗材等填入表 2-3 中。

表 2-3　操作过程中所需的工具和耗材等清单

序号	名称	型号与规格	单位	数量	备注

4. 进行决策

（1）小组成员针对各自的工作计划展开讨论，并选出最佳工作计划。

（2）指导教师对各小组提交的工作计划做出评价。

（3）各小组成员根据指导教师的评价对工作计划进行调整，调整合格后的工作计划即为最终实施方案。

5. 工作实施

根据最终实施方案，进行新能源汽车电学实训。按实际操作过程，将实施内容、遇到的问题及解决办法等记录于表 2-4 中。

表 2-4　工作实施过程记录表

序号	实施内容	遇到的问题及解决办法	结果

6. 考核评价

各组展示任务完成情况，并完成表 2-5 所示的考核评价表。

表 2-5　考核评价表

评价项目	评价内容	分值	评价分值		
			自评	互评	师评
职业素养考核项目	穿戴规范、整洁	6 分			
	安全意识、责任意识及服从意识强	6 分			
	积极参加教学活动，按时完成任务工单	10 分			
	团队合作、沟通交流能力强	6 分			
	劳动纪律良好	6 分			
	维护场地、设备及工具等干净整洁	6 分			
专业能力考核项目	专业知识查找及时、准确	10 分			
	掌握电学相关概念	20 分			
	操作熟练，工作效率高	10 分			
	正确识别电路、电控元件	20 分			
合计		100 分			
总评	自评(20%)+互评(20%)+师评(60%)=	综合等级	指导教师（签名）：		

任务一　常用电学参数概念

新能源汽车在使用过程中，所有部件都需要通过电来驱动，但是动力系统、灯光系统、控制系统等所需电压都是不相同的，这就需要通过电路系统来调节。

一、电路与电路图

电路的组成

电路就是电流通过的路径。电路示意图如图 2-1（a）所示采用画实物外形的方法来表示电路，这种方法较为复杂而且不能够清晰地表达电路原理。

每个电路不论其作用如何、结构多么复杂，都是由以下几个基本部分组成的。

（1）电源：供给电能的装置，它把其他形式的能转换为电能。例如，铅酸蓄电池把化学能转换为电能，发电机把机械能转换为电能。

（2）负载：指用电的装置或设备，它把电能转换为其他形式的能量。例如，汽车启动机把电能转换为机械能，汽车灯泡把电能转换为光能和热能，汽车电喇叭把电能转换为声能。

（3）连接导线：导线是由电阻率很小的金属材料制成的，并且大多数都有绝缘材料作为外包装，用以将电路中的各种装置连接起来形成电路。导线一般都是铜线，可按其横截面积的不同分为多种规格。

（4）控制器件：用以控制电路工作状态的器件或设备，如汽车中的手动开关、压力开关、温控开关、继电器、电子模块。

为方便快捷地绘制和阅读电路，按照国家规定，各种电器元件都采用特定的图形符号和文字符号来表示，见表 2-6。将实际电路中各个元件用规定的简单图形符号来表示，画出的电路图形称为电路原理图，简称电路图。例如，图 2-1（a）的简单电路可用图 2-1（b）的电路图表示。

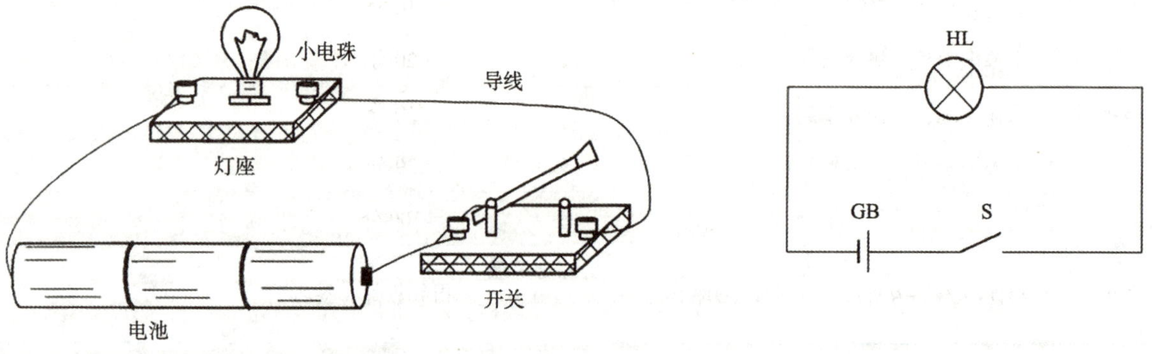

图 2-1　简单电路示意图及其电路图

表 2-6 常用的电器元件符号

图形符号	文字符号	名称	图形符号	文字符号	名称	图形符号	文字符号	名称
	GB	电池			电池组		PA	电流表
		接机壳或接底板		S 或 SA	开关		PV	电压表
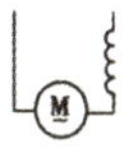		串联直励电动机		FU	熔断器		HL	照明灯指示灯
		并联直励电动机			可调变阻器			搭铁
		示波器		RP	滑动触点电位器		L	铁芯线圈
		转速表	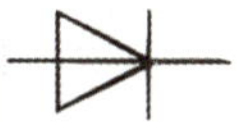	V 或 VD	二极管			不相连接的交叉导线

汽车维修手册中包含接线图、插接器位置图、电路图、控制原理图等。通常很少使用实物图或示意图的形式表示车辆电路，而采用电路图的形式表达车辆某一系统或某一部分的电路。图 2-2 为某车辆倒车灯电路图。

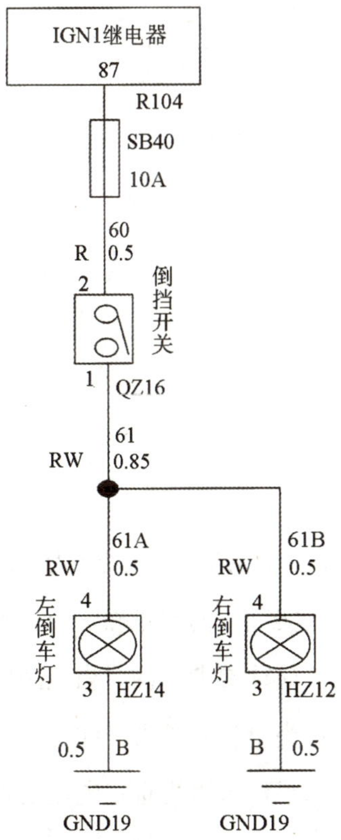

图 2-2 某车辆倒车灯电路图

二、电流

带电粒子在电场力的作用下会定向移动形成电流。将正电荷运动的方向定义为电流的实际方向。电流的大小用电流强度表示，定义为单位时间内流过某一导体横截面的电荷量，简称为电流。

1. 电流产生的条件

金属导体中的自由电子是运动的，并且在做无序不规则的运动。当存在外电场时，金属导体中的自由电子在电场力作用下就会发生定向移动，这就形成了电流，如图 2-3 所示，即电荷在电路中有规则地定向移动就形成了电流。此外，电解液中正负离子在电场力作用下的移动，阴极射线管中的电子流等，都能够形成电流。

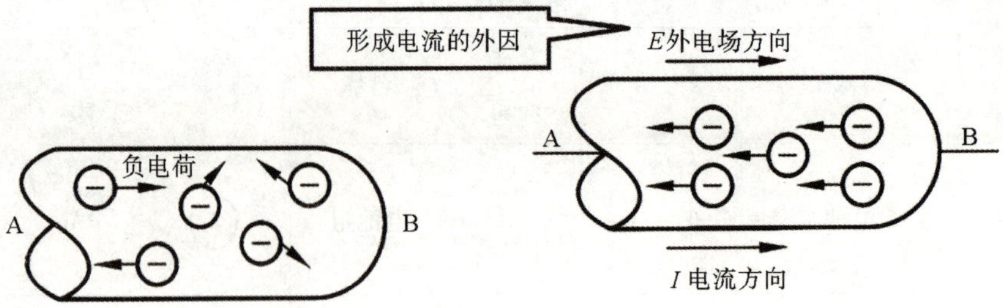

（a）金属导体中自由电子的无序运动　　（b）金属导体中的电流

图 2-3　电流形成示意图

因此，产生电流必须具备两个条件。

（1）导体内要有做定向移动的自由电荷，这是形成电流的内因。

（2）要有使自由电荷做定向移动的电场，这是形成电流的外因。

2. 电流的大小

表征电流强弱的物理量叫作电流强度，简称电流，用字母 I 表示。实验结果证明：单位时间内通过导体横截面的电荷越多，流过导体的电流越强；反之，电流就越弱。电流的大小等于单位时间内通过导体截面的电荷量，用公式表示为

$$I = \frac{q}{t}$$

式中　I——电流，A；

q——电量，C；

t——时间，s。

如果在 1 s 内通过导体横截面的电荷是 1 C，则导体中的电流即为 1 A。

常用的电流单位还有千安（kA）、毫安（mA）、微安（μA）等，它们之间的换算关系为

$$1\ \text{kA} = 10^{3}\ \text{A}$$

$$1\ \text{mA} = 10^{-3}\ \text{A}$$

$$1\ \mu\text{A} = 10^{-3}\ \text{mA} = 10^{-6}\ \text{A}$$

3. 电流的方向

电流的实际方向规定为正电荷的运动方向或负电荷运动的相反方向。在进行复杂电路的分析时，若电流的实际方向很难确定或在电流的实际方向变化的情况下，则需要假定一个电流正方向，称为参考正方向，简称参考方向。当电路中电流的参考方向与实际方向一致时，电流为正，即 $I>0$，如图 2-4（a）所示；当电流的参考方向与实际方向相反时电流为负，即 $I<0$，如图 2-4（b）所示。在进行电路分析时，如果没有事先选定电流的参考方向，电流的正负就是无意义的。

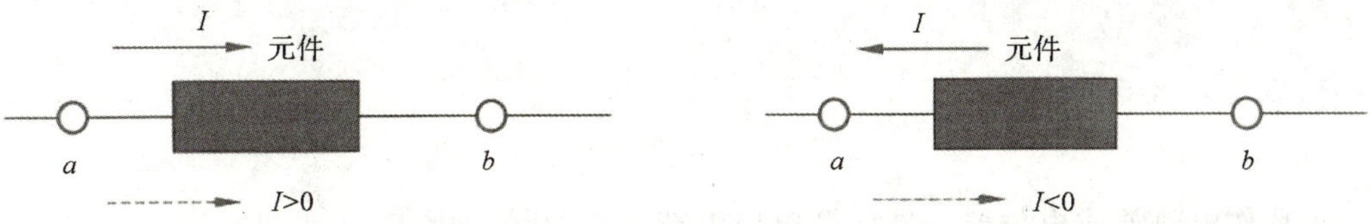

（a）电流参考方向与实际方向相同　　（b）电流参考方向与实际方向相反

图 2-4　电流的参考方向

电流的参考方向除了可以用箭头表示，还可以用双下标表示，如 I_{ab} 表示电流的参考方向由 *a* 指向 *b*，而 I_{ba} 表示电流的参考方向由 *b* 指向 *a*。

4. 电流的分类

按照随时间变化的情况，电流可以分为直流电流和交流电流。

（1）直流电流

如果电流的大小和方向都不随时间变化，则称为直流电流，记作 DC，用 *I* 表示，如图 2-5 所示。

直流电一般被广泛应用于手电筒（干电池）、手机（锂电池）等各类生活小电器干电池（1.5 V）、锂电池、蓄电池等，被称为直流电源。因为这些电源电压都不会超过 24 V，所以属于安全电源。

（2）交流电流

如果电流的大小和方向都随时间变化，则称为交流电流，记作 AC，用 *i* 表示，如图 2-6 所示。

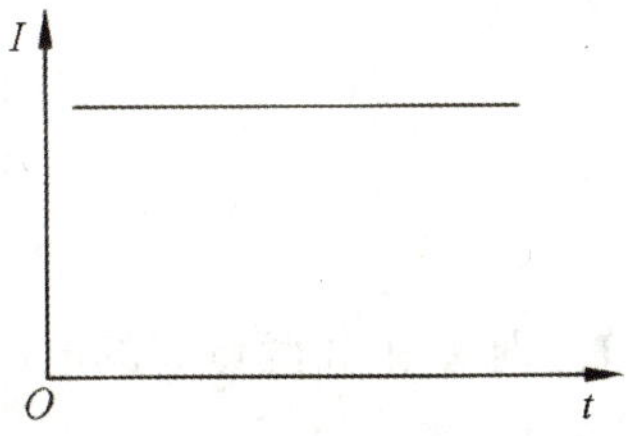

图 2-5　直流电流

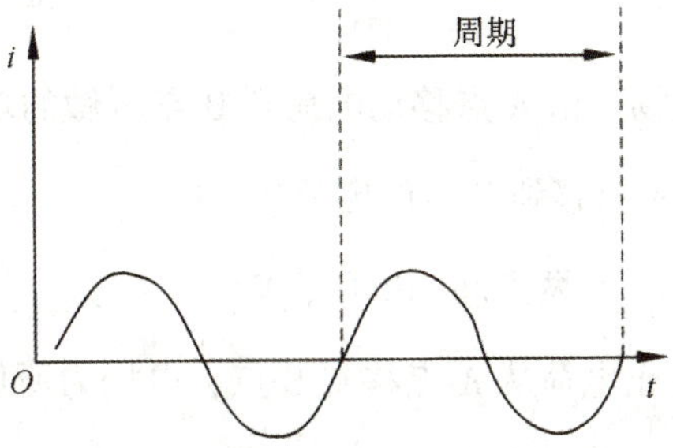

图 2-6　交流电流

交流电广泛应用于电力传输和零线火线等，生活民用电压 220 V、通用工业电压 380 V，都属于危险电压。交流电有频率，由于其符合正弦函数的数学特征，因此通常使用一个正弦波来表示一个循环。一个循环就是形成完整波形的过程。使用赫兹（Hz）来计量每秒的循环次数。通常电网接入供电为 50 Hz 或 60 Hz，电压有 110 V 和 220 V。交流电在我国以 220 V/50 Hz 接入送电。

三、电压

电压，也称作电势差或电位差，是衡量单位电荷在静电场中由于电势不同所产生的能量差的物理量，如图 2-7 所示。电压大小等于单位正电荷因受电场力作用从 A 点移动到 B 点所做的功，电压的方向规定为从高电位指向低电位的方向，即电位降低的方向。

A、B 是两个电极，A 带正电，B 带负电，这样在 A 和 B 之间产生电场，方向由 A 指向 B。如果用导线将 A 和 B 两极通过灯泡连接起来，灯泡就会发光，这说明灯丝中有电流通过。

在电场力的作用下，电荷从 A 点经过导线流向 B 点，从而形成了电流，对电荷做了功。

图 2-7　电压

1. 电压的大小

为了衡量电场力对电荷做功的能力，引入了电压这个物理量。电压有大小之分，其大小等于单位正电荷因受电场力作用从 A 点移动到 B 点所做的功，电压的国际单位为伏特，简称伏，符号是 V，用 U 表示。计算公式为

$$U_{AB}=\frac{W}{q}$$

式中　W——电场力由 A 点移动电荷到 B 点所做的功，J；

q——由 A 点移到 B 点的电荷量，C；

U_{AB}——A、B 两点间的电压，V。

如果将 1 C 正电荷从 A 点移到 B 点，电场力所做的功为 1 J，则 A 和 B 两点间的电压为 1 V。

常用的电压单位还有千伏（kV）、毫伏（mV）、微伏（μV），它们之间的换算关系为

$$1\ \text{kV}=10^{3}\ \text{V}$$

$$1\ \text{mV}=10^{-3}\ \text{V}$$

$$1\ \mu\text{V}=10^{-3}\ \text{mV}=10^{-6}\ \text{V}$$

2. 电压的方向

电压同电流一样，不但有大小，还有方向。电压的方向总是对电路中的两点而言的，如果正电荷从 A 点移动到 B 点是释放能量，则 A 点为高电位，B 点为低电位。

规定电压的实际方向是由高电位指向低电位的方向。电压方向可以用箭头来表示，也可以用双下标表示，双下标中前一个字母代表正电荷运动的起点，后一个字母代表正电荷运动的终点，电压的方向则

由起点指向终点。除此之外还可以用“+”“-”符号来表示电压的方向。图 2-8 为电压方向的三种表示方法。

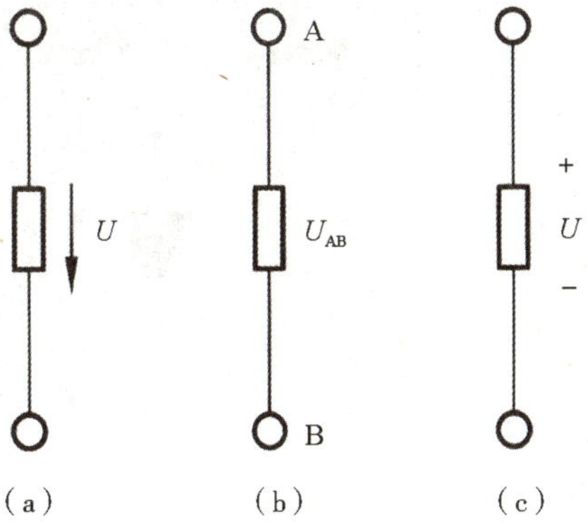

图 2-8 电压方向的三种表示方法

3. 电压的分类

(1) 根据电压变化与否，电压可分为直流电压和交流电压。

如果电压的大小和方向都不随时间变化，则称为直流电压，用 U 表示，如图 2-9 所示。手电筒电池两端和灯泡两端的电压都是直流电压。

如果电压的大小和方向都随时间变化，则称为交流电压，用 u 表示，如图 2-10 所示。民用 220 V 电、工业用 380 V 电都是交流电。

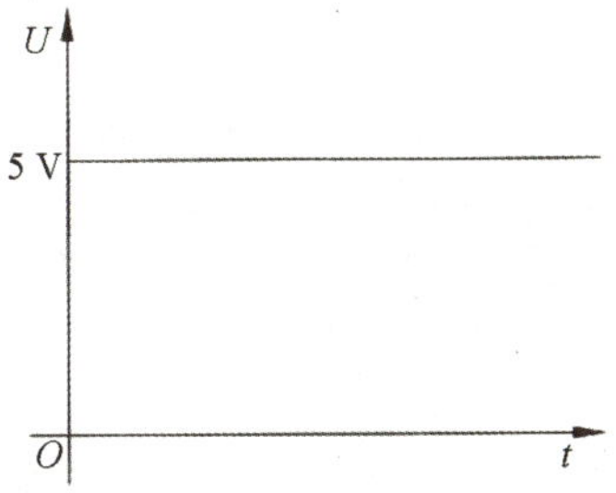

图 2-9 直流电压

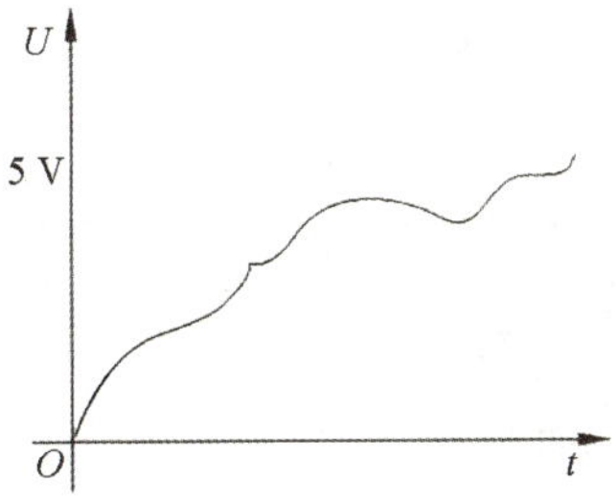

图 2-10 交流电压

(2) 根据大小，电压可以分为高电压、低电压和安全电压。

高、低压的区分是以电气设备的对地电压值为依据的，对地电压高于或等于 1 000 V 的为高电压，对地电压小于 1 000 V 的为低电压。

安全电压是指人体较长时间接触而不发生触电危险的电压。《特低电压（ELV）限值》（GB/T 3805—2008）规定：安全电压是防止触电事故而采用的特定电源供电的电压系列。我国规定的安全电压等级有 42 V、36 V、24 V、12 V、6 V（工频有效值）五个等级。

四、电阻

1. 电阻基本知识

当电流流过导体时，导体对电流的阻力作用称为电阻。在电路中起电阻作用的元件称为电阻器，简称电阻。电阻是电子线路中应用很广的电子元件之一，电阻没有极性。电阻是耗能元件，它吸收电能并将电能转换成其他形式的能量。电阻的主用作用是限流、分压、作为负载使用、与电容配合作为滤波器及阻抗匹配等。电阻元件是从实际电阻器中抽象出来的，如灯、电炉。电阻器及其在电路中的图形符号如图 2-11 所示。

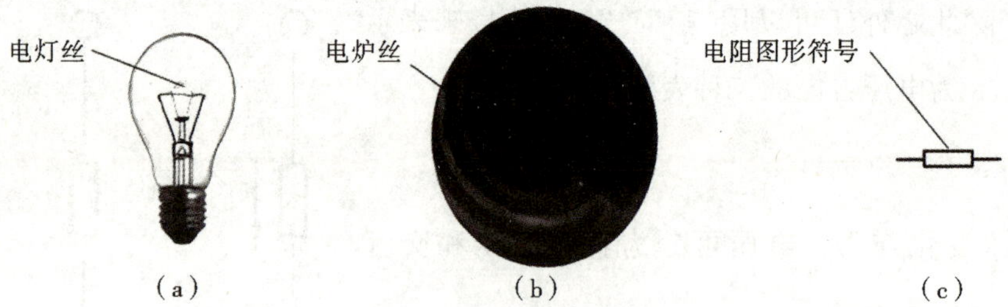

图 2-11　电阻器及其在电路中的图形符号

2. 电阻值

电阻是导体的一种基本性质，反映了导体的导电能力，它的大小与导体的材料、长度，以及横截面面积有关，还与导体所处的环境温度有关。电阻用字母 R 表示。实验结果表明，在保持温度不变的条件下，导体的电阻跟导体的长度成正比，跟导体的横截面积成反比，并与导体的材料性质有关。电阻计算公式为

$$R=\rho\frac{l}{S}$$

式中　ρ——导体电阻率，$\Omega \cdot m$；

l——导体长度，m；

S——导体横截面面积，m^2。

电阻 R 的单位是欧［姆］，通常用希腊字母 Ω 表示。常用的电阻单位有千欧（$k\Omega$）、兆欧（$M\Omega$）等，其换算关系为

$$1\ M\Omega=10^3\ k\Omega=10^6\ \Omega$$

除此以外，导体的电阻值还可以用欧姆定律计算和利用万用表测量得出。

任务二　电路基础元件

电路基础元件主要包括电阻器、电感器、电容、二极管、三极管。

一、电阻器

1. 电阻器的分类

电阻器的种类有很多，按阻值特性可分为固定电阻器、可调电阻器和特殊电阻器（敏感电阻器）；按制造材料可分为碳膜电阻器、金属膜电阻器、线绕电阻器等；按安装方式可分为插件电阻器、贴片电阻器。阻值是出厂固定、不能调节的，称为固定电阻器；阻值可以调节的，称为可调电阻器。主要应用于电压分配的可调电阻器，称为电位器。部分电阻器的分类见表 2-7。

表 2-7 部分电阻器的分类

电阻器类型		电阻器的结构和特点	实物图片
固定电阻器	碳膜电阻器 RT	碳膜电阻器是碳沉积在瓷棒或者瓷管上，形成一层结晶碳膜。改变碳膜厚度和用刻槽的方法变更碳膜的长度，可以得到不同的阻值。碳膜电阻器成本较低，性能一般	
	金属膜电阻器 RJ	金属膜电阻器是用真空蒸发的方法将合金材料蒸镀于陶瓷棒骨架表面。金属膜电阻比碳膜电阻的精度高，稳定性好，噪声小，温度系数小	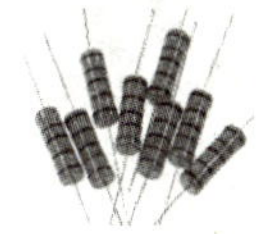
	线绕电阻器 RX	线绕电阻器是用高阻合金线绕在绝缘骨架上制成的，外面涂有耐热的釉绝缘层或绝缘漆。其具有较低的温度系数，阻值精度高，稳定性好，耐热，耐腐蚀，主要作精密大功率电阻器使用	
	水泥电阻器	水泥电阻器是采用陶瓷材料封装，内部为电阻丝绕制，电阻丝与引脚采用压接方式，在负载短路时可以在压接处迅速熔断，在电路中起限流保护作用。它广泛应用于计算机、电视机、仪器、仪表音箱	
	熔断电阻器	熔断电阻器又称保险丝电阻器。在正常情况下，和普通电阻器具有一样的功能。在电流过大时，它的阻值变得很大或者断路，使设备不过载	
	排阻器	排阻器又分并阻器和串阻器，是若干个参数完全相同的电阻器，它们的一个引脚连到一起，作为公共引脚，其余引脚正常引出。如果一个排阻器是由 n 个电阻器构成的，那么它就有 n+1 只引脚，公共引脚在排阻器上一般用一个色点标出来，用于上拉、限流。和普通电阻器一样，其简化了印刷电路板的设计、安装，减小了空间，保证了焊接质量	
	贴片电阻器 (SMD Resistance)	贴片电阻器的电阻体采用玻璃铀材料经过高温烧结而成，电极采用银钯合金浆料。其特点是：体积小、精度高、稳定性好、高频性能好	
可调电阻器	普通电阻器	普通电阻器是阻值可以调整的电阻器，用于需要调节电路电流或需要改变电路阻值的场合	
	电位器	电位器是一种可调电阻器，其中，1、3 两端为固定端，2 为中心抽头。调节电位器转轴，可以改变电路的输出电压与电流的大小	

（续表）

电阻器类型		电阻器的结构和特点	实物图片
特殊电阻器	光敏电阻器	光敏电阻器又称光导管，常用的制作材料为硫化镉等。这些制作材料具有在特定波长的光照射下阻值迅速减小的特性	
	压敏电阻器	压敏电阻器是一种以氧化锌为材料，对电压敏感的片状电阻器。当电阻器两端的电压到达某压敏电压值时，电阻器迅速导通。常用于防雷击电路和晶闸管过压保护等	
	热敏电阻器	热敏电阻器由半导体陶瓷材料组成，其阻值随温度变化的曲线呈非线性	

2. 普通电阻器和普通电位器的型号命名

普通电阻器和普通电位器的命名方法如图 2-12 所示。

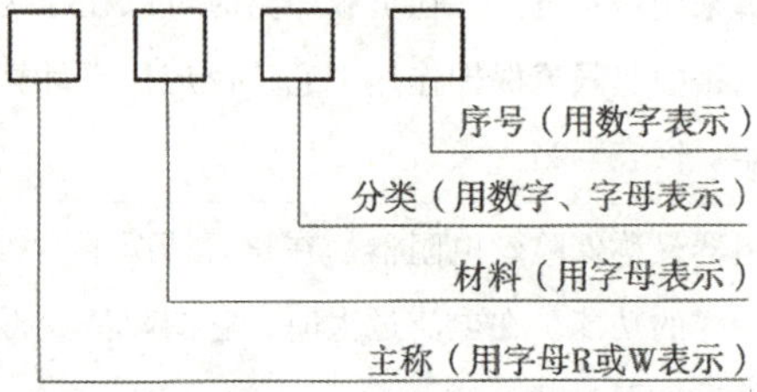

图 2-12　普通电阻器和普通电位器的命名

普通电阻器的型号、意义见表 2-8。

表 2-8　普通电阻器的型号、意义

主称		材料		分类		序号
符号	含义	符号	含义	符号	含义	数字表示
R	电阻器	T	碳膜	1、2	普通型	常用一位阿拉伯数字或无数字表示
		H	合成膜	3	超高频	
		S	有机实芯	4	高阻	
		N	无机实芯	5	高温	
		J	金属膜	6、7	精密型	
		Y	金属氧化膜	8	高压型	
		C	化学沉积膜	9	特殊型	
		I	玻璃釉膜	G	高功率	
		X	线绕	W	微调	
		-	-	T	可调	
		-	-	D	多圈	

普通电位器的型号、意义见表2-9。

表2-9　普通电位器的型号、意义

主称		材料		用途或特性		序号
字母	含义	字母	含义	字母	含义	
W	电位器	D	导电材料	B	片式	用数字表示
		F	复合膜	D	多圈旋转精密型	
		H	合成膜	G	高压式	
		I	玻璃釉膜	H	组合式	
		J	金属膜	J	单圈旋转精密型	
		N	无机实芯	M	直滑精密型	
		S	有机实芯	P	旋转功率型	
		X	线绕	T	特殊型	
		Y	氧化膜	W	螺杆驱动预调型	
		-	-	X	旋转低功率型	
		-	-	Y	旋转预调型	
		-	-	Z	直滑式低功率型	

3. 电阻器的主要参数

（1）标称阻值：电阻器的阻值，可以用直标法、色标法或者数字表示法标注。

（2）允许偏差：常见误差为5%、10%、20%，精密电阻器的误差比较小。

（3）额定功率：电阻器长时间正常工作时允许耗散的最大功率。

（4）最高工作电压：允许连续工作的最大电压。

（5）噪声：电阻器中不规则的电压起伏引起的电流变化。

（6）温度系数：温度每变化1 ℃，电阻器阻值的相对变化。

4. 电阻器规格标注方法

电阻器的标称阻值和允许偏差直接标在电阻体上。常用的标注方法有直标法、数码法和色标法三种。

（1）直标法

直标法用阿拉伯数字和单位符号在电阻器表面直接标出标称阻值，有的还直接用百分数标出允许偏差，如图2-13所示。

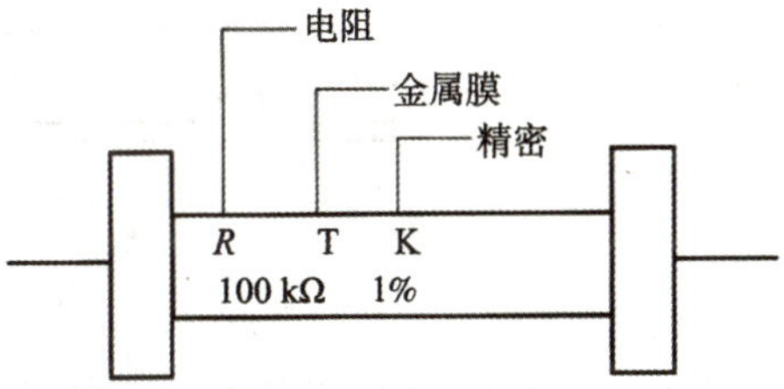

图2-13　直标法

阻值单位符号规定：欧姆用“Ω”表示；千欧姆用“kΩ”表示；兆欧姆用“MΩ”表示。误差也可用F、G、J、K、M表示，允许误差范围分别是±1%、±2%、±5%、±10%、±20%。

（2）数码法

数码法将文字、数字有规律地结合起来表示电阻的阻值和误差具体格式如下。

3R6→3. 6 Ω

4K7→4. 7 kΩ

R5→0. 5 Ω

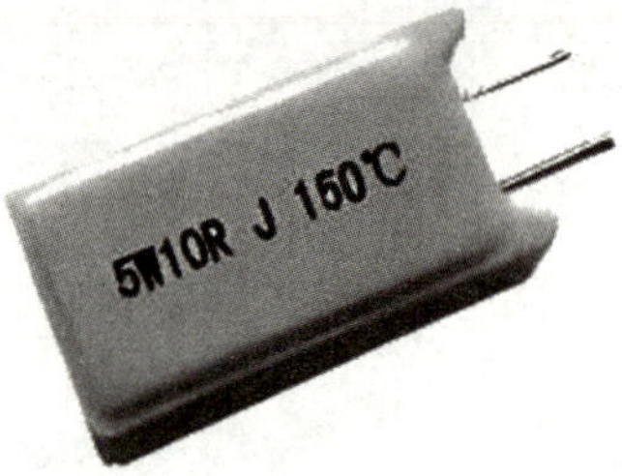

图 2-14　数码法

图 2-14 上字母表示的含义为：金属膜电阻，标称阻值和允许偏差为 10 Ω±5%，额定功率为 5 W。

（3）色标法

色标法是指用不同颜色的色带或色点标志在电阻器表面上，以表示电阻器的标称阻值和允许误差。色标法具有颜色醒目、标志清晰、无方向性的优点，小型化的电阻器都采用色标法。图 2-15 为色标所代表的意义。色环电阻器有四环、五环两种标法。

数值的读取方法

颜色	第一段	第二段	第三段	乘数	误差	
黑色	0	0	0	1		
棕色	1	1	1	10	±1%	F
红色	2	2	2	100	±2%	G
橙色	3	3	3	1 K		
黄色	4	4	4	10 K		
绿色	5	5	5	100 K	±10.5%	D
蓝色	6	6	6	1 M	±0.25%	C
紫色	7	7	7	10 M	±0.10%	B
灰色	8	8	8		±0.05%	A
白色	9	9	9			
金色				0.1	±5%	J
银色				0.01	±10%	K
无					±20%	M

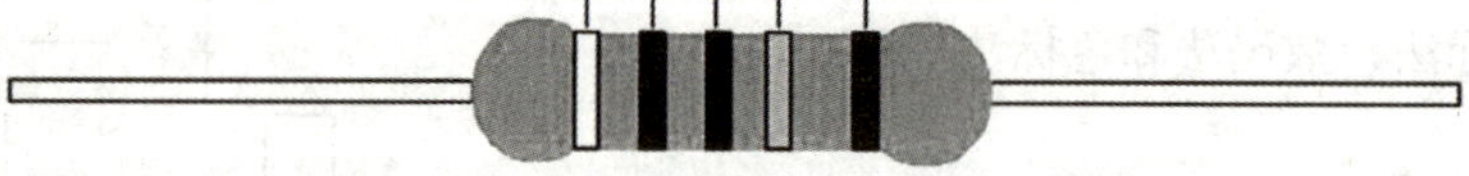

图 2-15　色标所代表的意义

例如，如图 2-16 所示的四色环电阻器颜色分别为棕-绿-红-银，代表的电阻值为

$$R=15\times100\ \Omega=1\ 500\ \Omega=1.5\ \text{k}\Omega\quad 误差为\pm10\%$$

如图 2-17 所示的五色环电阻器颜色分别为：棕-黑-黑-橙-棕，代表的电阻值为

$$R=100\times1\ \text{k}\Omega=100\ \text{k}\Omega=0.1\ \text{M}\Omega\quad 误差为\pm1\%$$

图 2-16 四色环电阻器

图 2-17 五色环电阻器

5. 电阻器选用常识

（1）根据电子设备的技术指标和电路的具体要求选用电阻器的型号与误差等级。

（2）额定功率应大于实际消耗功率的 1.5~2.0 倍。

（3）电阻器装接前要测量核对，尤其是要求较高时，还要人工老化处理，提高稳定性。

（4）根据电路工作频率选择不同类型的电阻器。电阻器在使用前，最好用万用表测量一下阻值，查对无误，方可使用。用文字直接标志的电阻器，装配时应使其有标志的一面向上，以便查对。

6. 电阻值的测量

使用电阻器前应先用万用表检查阻值是否与标称值相符。用万用表测量电路中的电阻时，首先应把电路中的电源切断，然后将电阻器的一端与电路断开，以免电路元件的并联影响测量的准确性。测量电阻时，不允许两只手同时接触电笔的两端，否则会将人体电阻并联于被测电阻器上而影响测量的准确性。要精确测量某些电阻值时需用电阻电桥。测量方法见表 2-10。

表 2-10 电阻值的测量方法

操作步骤	注意事项
① 红表笔插入“VΩ”孔，黑表笔插入“COM”孔	当检查被测线路的电阻时，要保证移开被测线路中的所有电源，所有电容放电。在被测线路中，如有电源和储能元件，会影响线路电阻测试的正确性
② 按下 POWER 键，打开万用表电源，检查 9 V 电池。如果电池电压不足，将显示在显示器上，这时则需更换电池	当显示“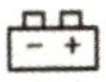”“BATT”或“LOW BAT”时，表示电池电压低于工作电压
③ 将万用表调至欧姆挡，选择合适的挡位	为了提高测量精度，应根据电阻器标称值的大小来选择挡位。量程选小了，显示屏上会显示“1.”，此时应换用较大的量程；反之，量程选大了，显示屏上会显示一个接近于“0”的数
④ 分别用红、黑表笔接到电阻器两端的金属部分（测量电阻不分正负）	双手不要同时触及电阻器两端引脚，以免在被测电阻器上并联人体电阻而造成测量误差

（续表）

操作步骤	注意事项
⑤ 读数	测量时，待表针停稳后再读取读数，然后乘以倍率，就是所测的电阻值。注意："200"挡时单位是"Ω"，在"2～200 k"挡时单位是"kΩ"，在"2～2 000 M"挡时单位是"MΩ"
⑥ 测量完毕，按 POWER 键，关闭电源	如果长期不使用，还应将万用表内部的电池取出来，以免电池腐蚀表内其他器件

二、电感器

当线圈通过电流后，线圈中便会形成磁场感应，感应磁场又会产生感应电流来抵制通过线圈中的电流。电流与线圈的相互作用关系称为电的感抗，也就是电感，利用此性质制成的元件称为电感器。

1. 电感器的组成

电感器（简称电感）是由漆包线、纱包线或塑皮线等在绝缘骨架或磁芯、铁芯上绕制成的一组串联的同轴线匝，如图 2-18 所示。电感器是一种可以存储磁场能的电路元件，电感器储存磁场的能力用自感系数 L 表示，其国际单位是亨利（H），常用的单位还有毫亨（mH）、微亨（μH）。

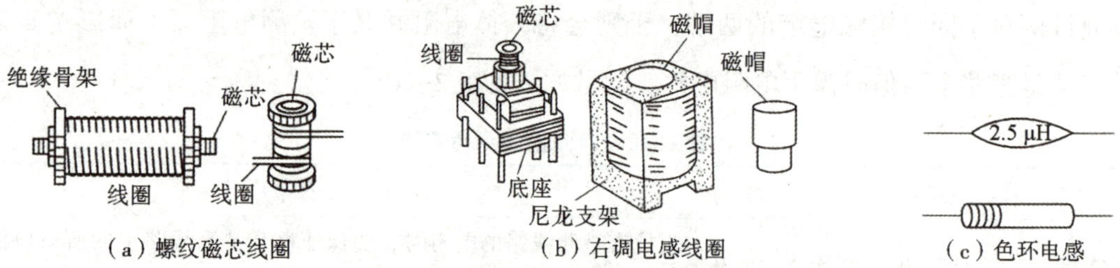

图 2-18　电感器的组成

电感器在电路中用字母"L"表示。图 2-19 为常用电感器电路图形符号。

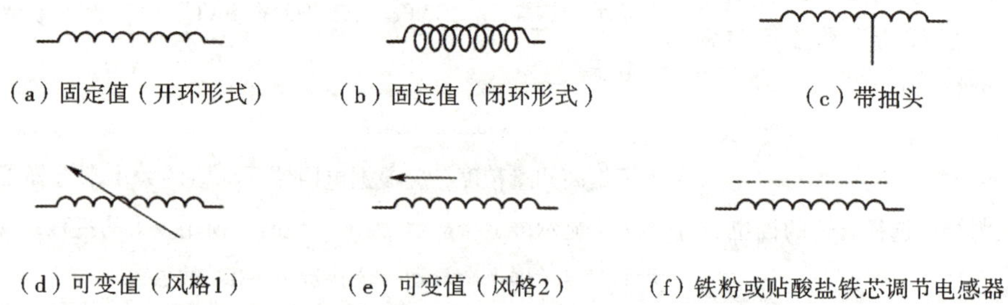

图 2-19　常用电感器电路图形符号

自感系数 L 是电感器的固有特性，其大小由电感器本身的因素决定，即与电感线圈的匝数、几何尺寸、有无铁芯及铁芯的导磁性质等因数有关，而与电感线圈中有无电流及电流的大小无关。

2. 电感器的作用

电生磁、磁生电，两者相辅相成，总是随同发生。当一根导线中有恒定电流流过时，总会在导线四周激起恒定的磁场。当把这根导线弯曲成螺旋线圈时，根据电磁感应原理就能断定，螺旋线圈中产生了磁场。如果将螺旋线圈放在某个电流回路中，当这个回路中的直流电变化时，电感中的磁场也应该会发生变化，变化的磁场会带来变化的“新电流”，由电磁感应定律，这个“新电流”一定和原来的直流电方向相反，从而在短时间内对直流电的变化构成一定的抵抗力。

在实际电路中，电感器具有通直流、阻交流的作用。直流电流通过时，电感器相当于一根无电阻的导线；交流电流通过时，电感器就对电流产生了阻碍作用。电感器的主要作用是对交流信号进行隔离、滤波，或与电容器、电阻器等组成振电路。

在汽车电路中，通常把导线绕成线圈的形状以增强线圈内部的磁场，发电机、启动机、点火模块、继电器、变压器中的线圈均可看作电感器的应用。电感器最广泛的应用是作为电磁继电器使用。

3. 电感器的检测

使用万用表无法直接测量电感器的电感量和品质因数，只能定性判断电感线圈的好坏。因为大多数电感线圈的直流电阻不会超过 1 Ω，所以可用万用表测试。如图 2-20 所示，使用万用表“R×1 Ω”挡测量电感线圈两端的电阻应小于 1 Ω，如果读数大于 1 Ω，则表明电感线圈已断路；如果指示不稳定，说明电感线圈内部接触不良。

图 2-20 电感测试

三、电容器

电容器是储存电能量的一种容器。两个相互靠近的导体，中间夹一层不导电的绝缘介质，就构成了电容器。组成电容器的两个导体称为极板，中间的绝缘材料称为电介质。电容器在电路中用于滤波、耦合、旁路、调谐、能量转换、延时等。电容器是一种静态电荷存储介质，它储存的是电场能量。

不同电容器储存电荷能力不同，用电容量（简称电容）表示。电容器的两极板间的电势差增加 1 V 所需的电量，称为电容器的电容，其等于电容器储存的电荷量与两极板间电压的比值

$$C = \frac{Q}{U}$$

式中 C——电容，F；

Q——电量，C；

U——电势差，V。

在国际单位制中，电容的单位是法拉，简称法，符号是 F。常用的电容单位有毫法（mF）、微法（μF）、纳法（nF）和皮法（ρF）等。

1. 电容器的类型

电容器的种类很多，常见分类如下。

（1）电容器按结构分类，可分为固定电容器、可变电容器和微调电容器。

（2）电容器按电介质分类，可分为有机介质电容器、无机介质电容器、电解电容器、电热电容器和空气介质电容器等。

（3）电容器按用途分类，可分为高频旁路电容器、低频旁路电容器、滤波电容器、调谐电容器、高频耦合电容器、低频耦合电容器和小型电容器。

（4）电容器按制造材料分类，可分为瓷介电容器、涤纶电容器、电解电容器和钽电容器，还有先进的聚丙烯电容器等。

图 2-21 为常见的电容器。图 2-22 为常见电容器在电路中的符号。

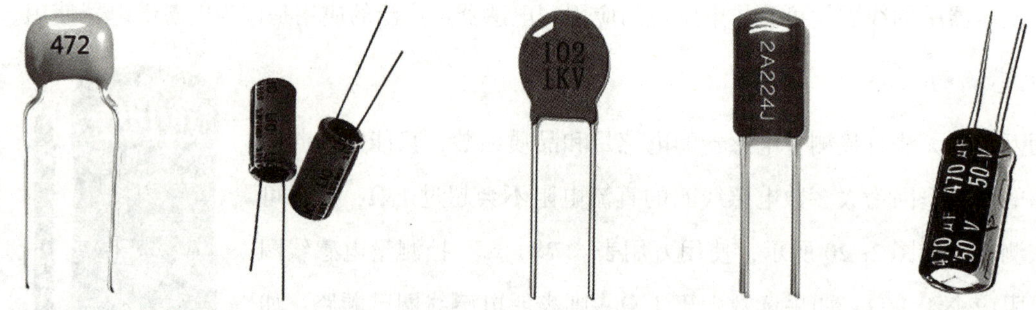

（a）独石电容器　（b）钽质电容器　（c）陶瓷电容器　（d）聚酯电容器　（e）电解电容器

图 2-21　常见的电容器

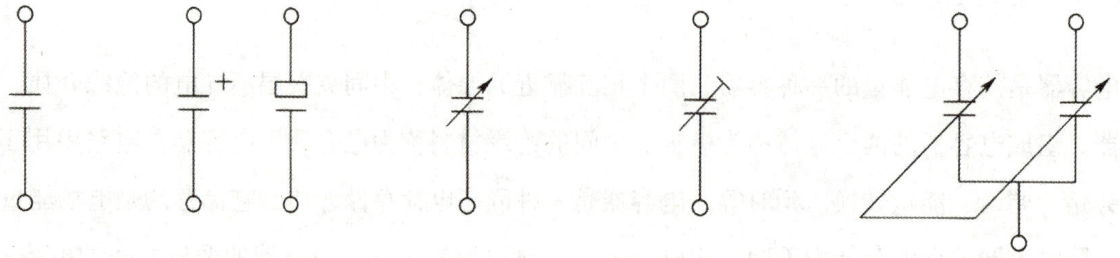

（a）一般符号　（b）电解电容器　（c）可变电容器　（d）半可变电容器　（e）双联可变电容器

图 2-22　常见电容器在电路中的符号

2. 电容器的充放电

（1）电容器的充放电实验

如图 2-23（a）所示，电路由电源 E、电流表与电压表、电阻（R_1、R_2）与灯泡 HL、双掷开关 S 及电容器 C 组成。当开关处于 1 位置时，构成了电容器充电电路如图 2-23（b）所示。外部电源 E 与电容器 C 的两极连接，在电源作用下电荷由电源转移到电容器上，电容器极板间建立起电压、积蓄起电能，这个过程称为电容器的充电。从电流表上可以观察到，电流（充电电流）由大到小变化；而从电压表上可观察到，电压（电容器的电压）由小到大变化。经过一定时间，当电容器充电结束时，电流表指示值回到零，电压表的指示值几乎等于电源电压，电容器上建立等于电源的电压。灯泡 HL 一开始较亮，然后逐渐变暗。

此时，将开关 S 由“1”合向“2”，则构成了电容器放电电路，如图 2-23（c）所示。电容器和电阻形成闭合回路，此时，存储有电荷的电容器 C 可等效于一个电源，其储存的电荷向电路进行放电。从电流表上观察到，电流由大到小变化（表明电路中有电流流过），最后下降为零。从电压表上可观察到，电容器的电压由大到小逐渐下降，经过一定时间后下降为零（表示放点结束）。随着电容器 C 电量的变化，灯泡 HL 由亮变暗，最后熄灭。

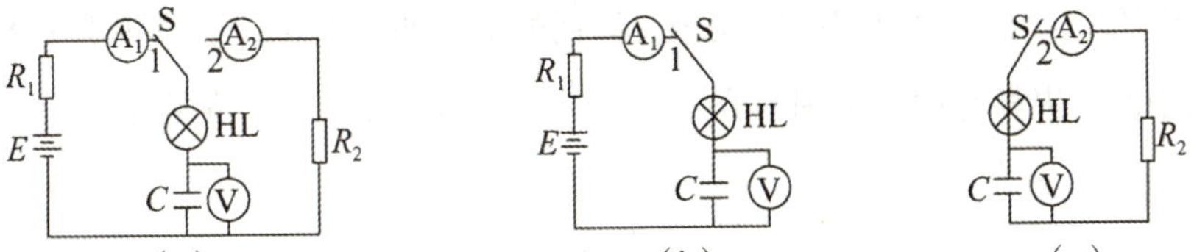

图 2-23　电容器充放电

（2）电容器的工作特性

电容器接在直流电路中，只有在接换电路时，由于电容器充电或放电，电路中才有电流通过（电荷的移动）。当电容器充电或放电结束后，电路中不会再有电流通过。所以，电容器对直流电有“隔直”的工作特性。

电容器接在交流电路中，随着交流电的不断变化，电容器将不断反复充放电，从而在电路中形成不断变化的电流（电荷不停地来回移动）。所以，电容器对交流电有“容易通过”的工作特性。

电容器在电路中工作时，只是实现能量的转换，并不消耗能量。所以，电容器实质上是一种储能元件，它所储存的是电场能量。电容器储存能量的多少与电容器的电容 C 成正比，与电容器两极板间电压的平方成正比。

3. 电容器的主要参数

（1）标称容量和允许偏差

电容器上所标明的电容值称为标称容量。

电容器实际电容量与标称电容量在允许范围内的误差称为允许偏差，也就是电容器的准确度等级，分别用 B（±0.1%）、C（±0.25%）、D（±0.5%）、F（±1%）、G（±2%）、J（±5%）、K（±10%）、M（±20%）和 N（±30%）表示。

（2）额定电压

额定电压也称电容器的耐压值，是指电容器在规定的温度范围内，能够长期连续、稳定正常工作时所承受的最高电压。如果工作电压超过电容器的耐压，电容器将被击穿，造成损坏。在实际中，随着温度的升高，耐压值将变低。

（3）漏电流

电容器的介质对直流电流具有很大的阻碍作用，但介质材料不是绝对的绝缘体，在一定的工作温度及电压条件下，会有电流通过，此电流即为漏电流。通常漏电流会随着温度和电压的升高而增大。

（4）绝缘电阻

直流电压加在电容器上，会产生漏电电流，两者之比称为绝缘电阻。像陶瓷电容器、薄膜电容器，绝缘电阻越大越好，而铝电解电容器的绝缘电阻越小越好。

（5）损耗

电容器在电场作用下，在单位时间内因发热所消耗的能量叫作损耗。各类电容器都规定了其在某频率范围内的损耗允许值，损耗与频率范围、介质、电导、电容器金属部分的电阻等有关。

4. 电容器的串联和并联

（1）电容器的串联

如图 2-24 所示，当电容器 C_1、C_2 串联时，其等效电容值为 C。通过实验可知，该等效电容值 C 的倒数等于 C_1、C_2 电容倒数之和，即

$$\frac{1}{C}=\frac{1}{C_1}+\frac{1}{C_2} \tag{2-1}$$

此外，电容器串联时，每个电容器分得的电压与其电容量成反比，即

$$U_1 : U_2=C_2 : C_1 \tag{2-2}$$

（2）电容器并联

如图 2-25 所示，当电容器 C_1、C_2 并联时，其等效电容值为 C。通过实验可知，每个电容器两端的电压相等，该等效电容值 C 等于 C_1、C_2 电容之和，总电荷等于各电容器上电荷量之和，即

$$C=C_1+C_2 \tag{2-3}$$

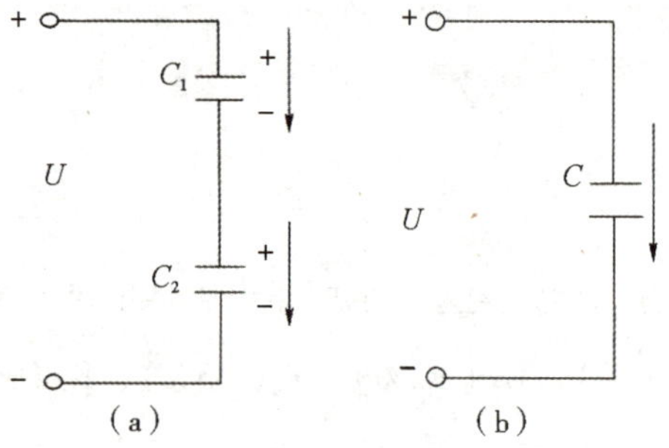

图 2-24　电容器的串联电路

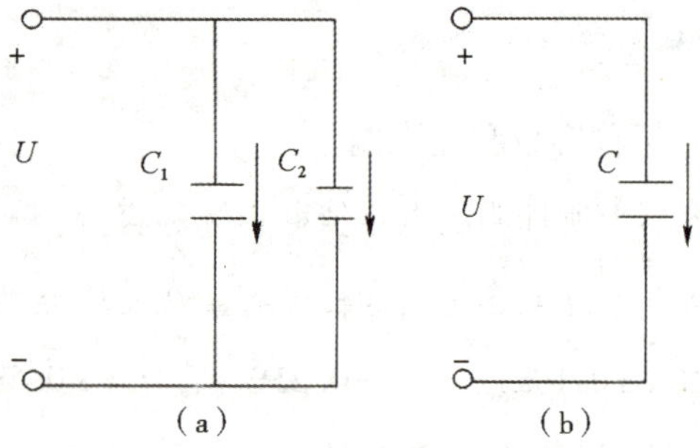

图 2-25　电容器的并联电路

为了使各个电容器都能够安全工作，工作电压不得超过它们中的最低耐压值。电容器并联后，等效电容量增大。因此，当电路中单个电容器的容量不够时，可以通过并联来增加电容量。

5. 电容器在电路中的作用

由于电容器具有通交流、隔直流的特性，在电路中，需要将交流电输入下一级而又不让直流电通过

时，可以用电容器进行输送。而在电子线路中，电容器用来通过交流电而阻隔直流电，也用来储存和释放电荷以充当滤波器，平滑输出脉动信号。小容量的电容器通常在高频电路中使用，如收音机、发射机和振荡器中。大容量的电容器往往是作为滤波和储存电荷用。电容器在汽车上也有使用，如蓄电池，蓄电池在汽车不启动和发电机不发电时对外放电，而发电机发电后，可对蓄电池进行充电。

6. 电容的检测

测量电容器的电容量要用电容表，有的万用表也带有电容挡。在通常情况下，电容器用来滤波或隔直流，电路中对电容量的精确度要求不高，故很少要测量实际电容量，但是应掌握电容的检测方法，以判断其技术状况。

（1）漏电阻的测试

对于0.1 μF 以上容量的电容，可使用指针式万用表进行检测。将万用表的电阻挡调到“R×1 k”或“R×10 k”，用表笔接触电容器的两端，表针先向 0 Ω 方向摆动，当达到一个很小的电阻读数后便开始反向摆动，最后慢慢停留在某一个大阻值读数上，则表明电容器性能良好（电容量越大，表针偏转的角度应当越大，指针返回的也应当越慢）。

如果指针不摆动，则说明电容器内部已开路；如果指针摆向 0 Ω 或靠近 0 Ω 的数值，并且不向无穷大的方向回摆，则表明电容器内部已击穿；如果指针指向 0 Ω 后能慢慢返回，但不能回摆到接近无穷大的读数，则表明电容器存在较严重的漏电情况，且回摆指示的电阻越小，漏电量就越大。

由于电解电容器本身就存在漏电现象，所以表针不能完全指向无穷大，而是接近无穷大的读数，这是正常的。

（2）电解电容器的极性检测

电解电容器的正、负极性不得接错。当极性接反时，可能引起电解电容器的爆裂。当无法辨认极性时，可根据正向连接时漏电阻大、反向连接时漏电阻相对小的特点判断极性。交换表笔前后两次测量漏电阻，阻值大的一次，黑表笔接触的是正极，因为黑表笔与万用表内电池正极相接（采用数字式万用表时，红表笔接电池正极）。

四、二极管

1. 导体、半导体和绝缘体

（1）导体

很容易导电的物质称为导体。金属一般都是导体，如图 2-26 所示。

（2）绝缘体

有的物质几乎不导电，称为绝缘体，如橡皮、陶瓷、塑料和石英，如图 2-27 所示。

图 2-26　导体材料

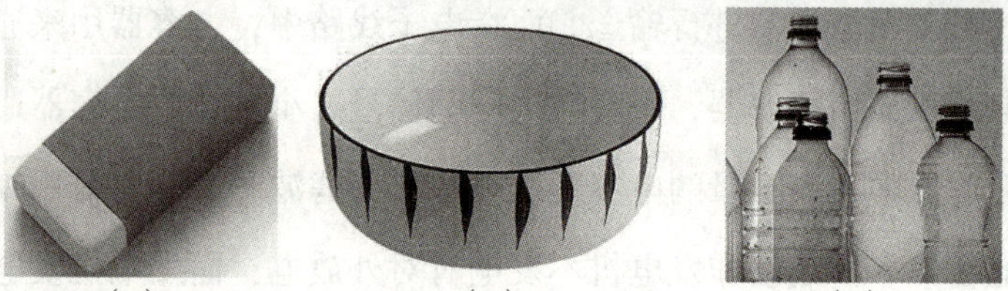

（a）　（b）　（c）

图 2-27　绝缘体材料

（3）半导体

有一类物质的导电性处于导体和绝缘体之间，称为半导体，如锗、硅、砷化镓等，如图 2-28 所示。

纯净半导体不导电，掺入杂质的半导体才可导电。掺入杂质的半导体分 P 型和 N 型。用特定的制造工艺将 P 型和 N 型半导体相结合，在其交界面便形成特殊的薄层，称为 PN 结，如图 2-29 所示。

图 2-28　半导体材料

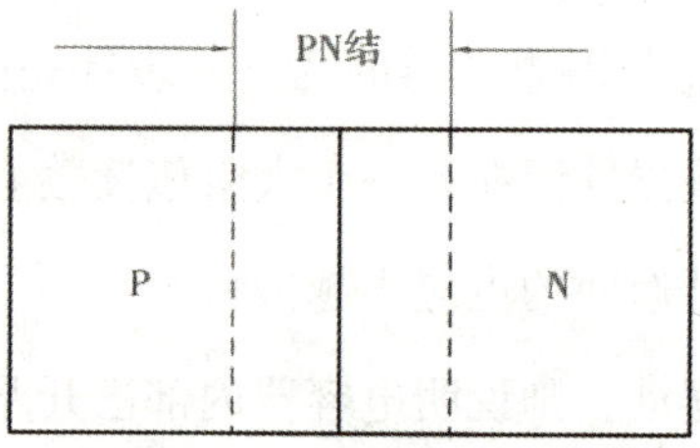

图 2-29　PN 结的形成

2. 二极管特点

（1）二极管的结构

PN 结加上引出线和管壳就构成半导体二极管，简称二极管，如图 2-30 所示。

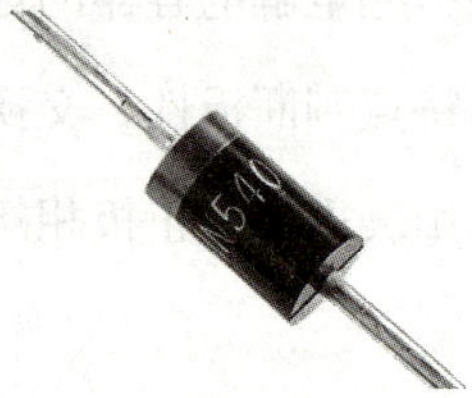

（a）实物

（b）符号

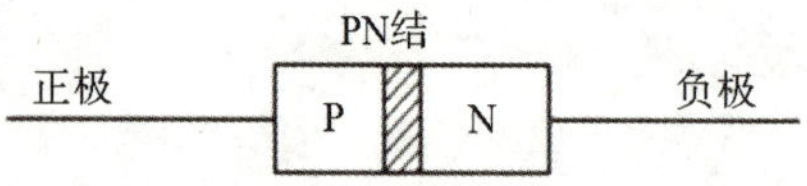

（c）结构示意图

（d）极性

图 2-30　二极管结构与符号

（2）二极管的特性

二极管是最常用的半导体器件之一，它具有单向导电性。二极管加上正向电压便能导通；加上反向电压，则不能导通，即正向导通、反向截止，如图 2-31 所示。

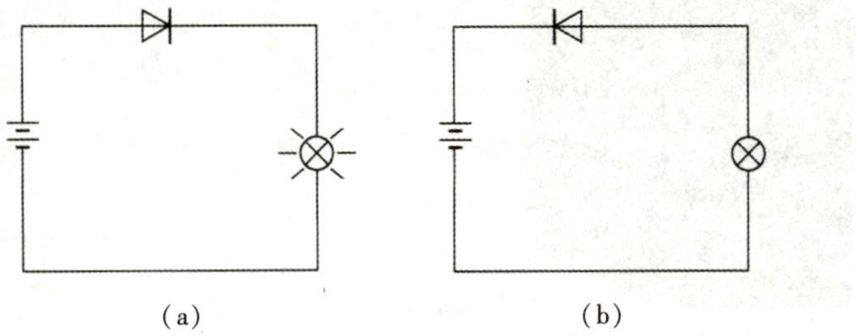

图 2-31　二极管的单向导电性

(3) 二极管的主要性能和参数

① 最大整流电流。最大整流电流是二极管能够允许通过的最大平均电流值，由半导体材料和 PN 结的面积决定。

② 最大反向（峰值）工作电压。最大反向工作电压为允许承受的最大反向电压，由半导体材料和掺杂浓度决定。

③ 反向电流。反向电流大说明二极管的单向导电性能差，且受温度的影响也大。

(4) 二极管的应用

二极管在电路中的作用有整流、开关、限幅、续流、钳位、检波及元件保护等，在汽车电路中整流、开关电路用得比较多。

① 整流电路。利用二极管的单向导电性可以将交流电转变为直流电，如图 2-32 所示。

② 开关电路。利用二极管正向导通、反向截止的特性，可组成开关电路，如图 2-33 所示。

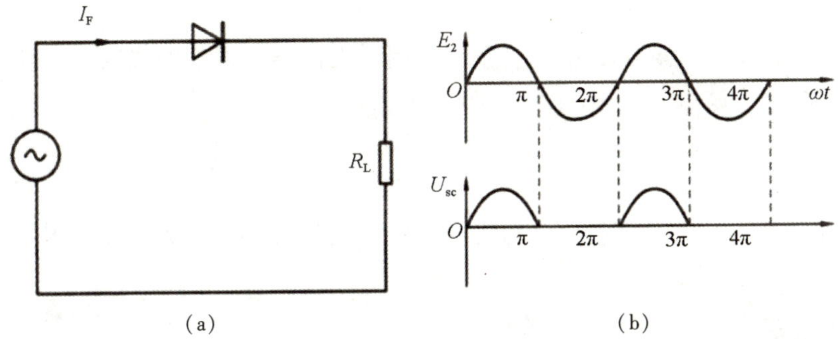

图 2-32　整流电路图

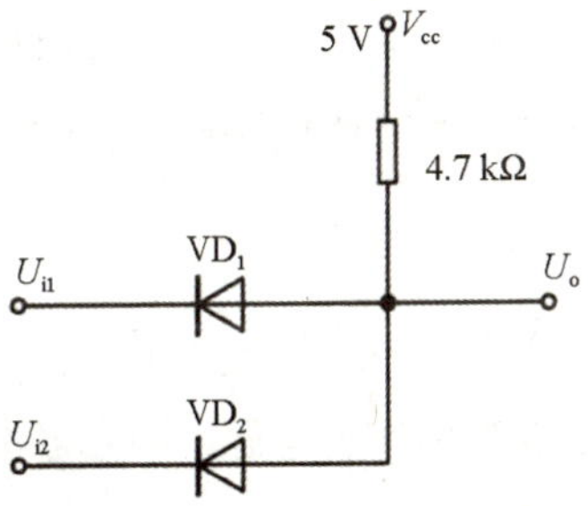

图 2-33　开关电路图

当 U_{i1} 和 U_{i2} 在 0 V 与 5 V 的不同组合下，输出电压 U_o 的变化见表 2-11。

表 2-11　二极管开关电路工作情况

U_{i1}	U_{i2}	VD_1	VD_2	U_o
0 V	0 V	通	通	0 V
0 V	5 V	通	止	0 V
5 V	0 V	止	通	0 V
5 V	5 V	止	止	5 V

(5) 特殊二极管

① 稳压二极管。稳压二极管是一种特殊的硅二极管，工作在反向击穿区，如图 2-34 所示。

（a）实物　　　（b）符号

图 2-34　稳压二极管

图 2-35 为稳压电路图，稳压管工作必须加反向电压。若 U_i 增加，则 U_o 有增加的趋势，即 U_z 增大，I_z 大大增加，使 I_R 也大大增加，但限制了 U_o 的增加，维持不变；反之亦然。

② 发光二极管（LED）。发光二极管是将电能变成光能的半导体器件，如图 2-36 所示。

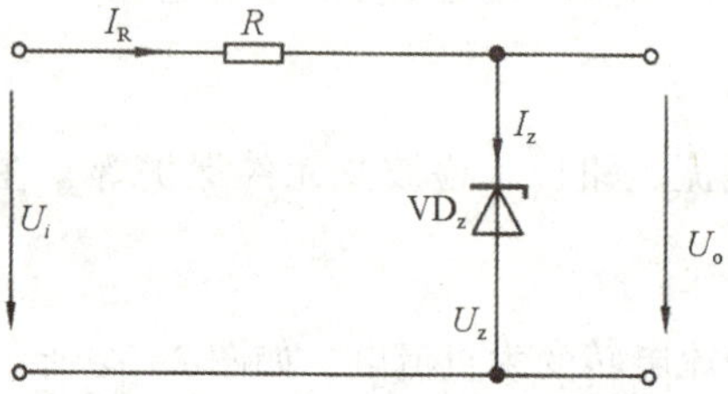

图 2-35　稳压电路

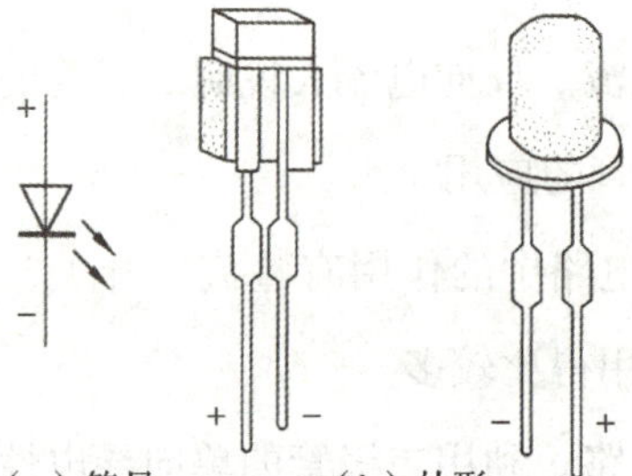

（a）符号　　（b）外形

图 2-36　发光二极管

发光二极管的特点为直流供电、高节能、无频闪；抗震、坚固耐用、无污染、无紫外线辐射；使用寿命长，广泛应用于照明。汽车上有很多 LED 灯。

（6）光电二极管

光电二极管也称光敏二极管，如图 2-37 所示。它是将光信号转变为电信号的 PN 结。大面积的光电二极管可作为电源，即光电池。

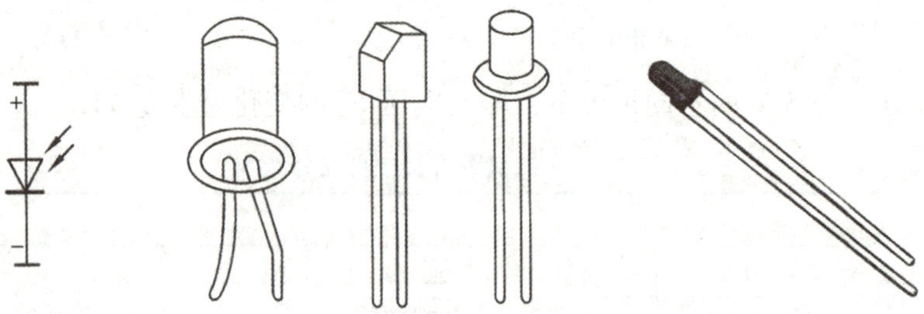

（a）符号　　（b）外形　　（c）实物

图 2-37　光电二极管

3. 二极管的极性识别

二极管的极性识别方法见表 2-12。

表 2-12　二极管极性识别方法

识别方法	图示
从外壳的形状上识别	
从色环标志电极识别	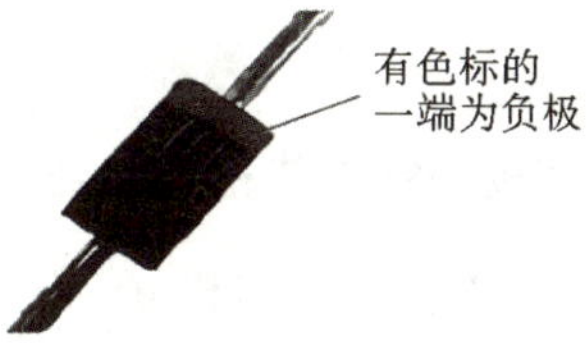
从外形上识别	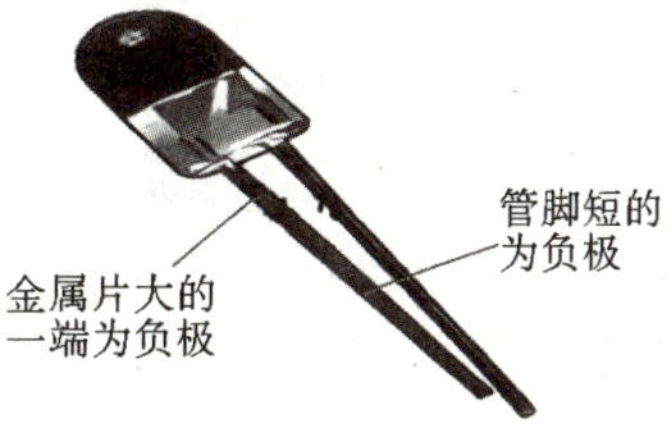

4. 二极管极性的检测

二极管极性的检测见表 2-13。

表 2-13　二极管极性的检测

检测方法	检测步骤及注意事项
用万用表二极管挡识别极性	将数字万用表拨至二极管测试挡，用两支表笔分别接触二极管的两个电极，若万用表有读数，说明二极管处于正向导通状态，这时红表笔接的是正极，黑表笔接的是负极（因为红表笔连表内电池正极，黑表笔连表内电池负极）；若万用表显示溢出符号“1”，说明二极管处于反向截止状态，这时黑表笔接的是正极，红表笔接的是负极
用万用表电阻挡识别极性	将万用表拨在 $R\times200$ 或 $R\times2$ k 电阻挡上，两支表笔分别接触二极管的两个电极并测其阻值，正、反向各测一次。两次测量结果中，阻值小的那一次，测出的是二极管的正向电阻，红表笔接的是二极管的正极，黑表笔接的是二极管的负极。测发光二极管，应使用万用表欧姆挡的高挡位（$R\times20$ k）

五、三极管

三极管是一种利用输入电流控制输出电流的半导体电流控制型器件，对电流有放大作用，也可作为开关应用在电路中。

1. 外形

三极管的外形如图 2-38 所示。

（a）塑封三极管　（b）金属三极管　（c）大功率三极管　（d）片状三极管

图 2-38　三极管的外形

2. 内部结构

三极管由两个 PN 结按一定工艺相互联结，形成三个区（基区、集电区、发射区）、两个结（集电结、发射结）、三个极（基极 b、集电极 c、发射极 e）。三极管在工艺上要保证基区较薄，掺杂浓度低；集电区面积较大；发射区掺杂浓度较高。按 PN 结的组合方式不同，三极管分为 NPN 型和 PNP 型，如图 2-39 所示。

3. 电路符号

三极管的电路符号如图 2-40 所示。符号中箭头表示发射结加正向电压时的电流方向。

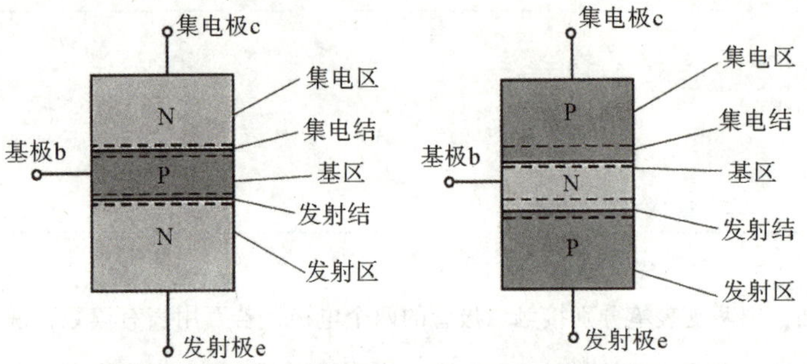

（a）NPN型　（b）PNP型

图 2-39　三极管结构示意图

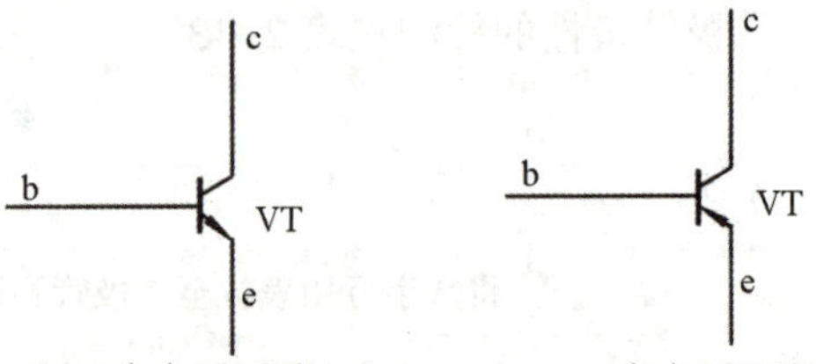

（a）NPN型　（b）PNP型

图 2-40　三极管的电路符号

4. 常见的三极管种类

三极管的种类很多，常见的三极管如图 2-41 所示。

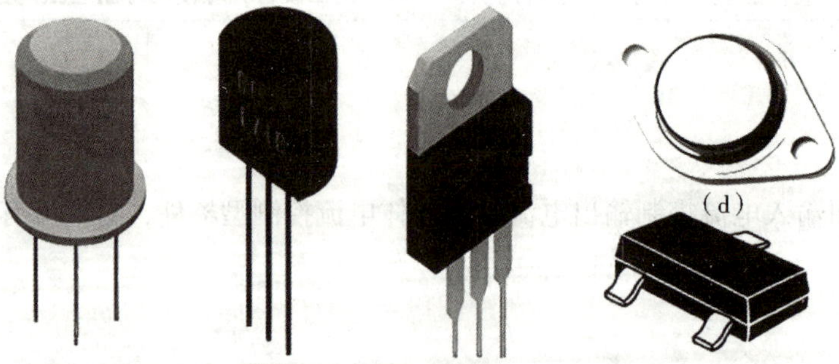

（a）　（b）　（c）　（d）　（e）

图 2-41　常见的三极管

5. 三极管的极性识别

三极管引脚的排列方式具有一定规律。对于国产小功率金属封装的三极管按图 2-42 所示的位置放置，使三个引脚构成等腰三角形，等腰三角形的顶点为基极 b，从左向右依次为 c、b、e。

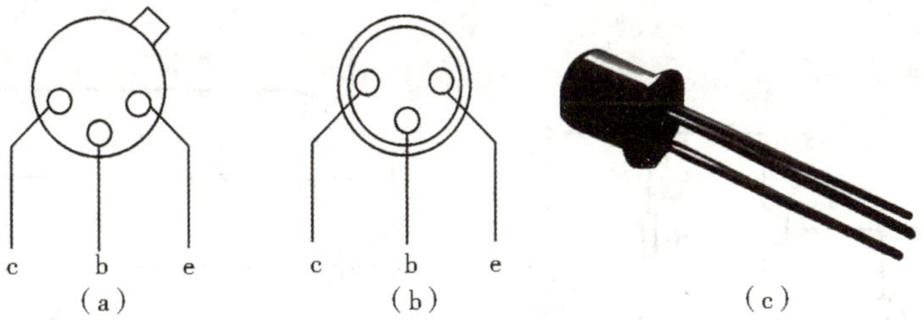

图 2-42　国产小功率金属封装三极管的极性识别

对于国产中小功率塑封装的三极管，将其半圆形向外、平面朝内、三个引脚朝里放置，从左向右依次为 e、b、c，如图 2-43 所示。

对于片状三极管，从顶端往下看有两边，上边只有一脚的为集电极 c、另外一边两个分别为基极 b、发射极 e。如图 2-44 所示，1 为基极 b，2 为发射极 e，3 为集电极 c。

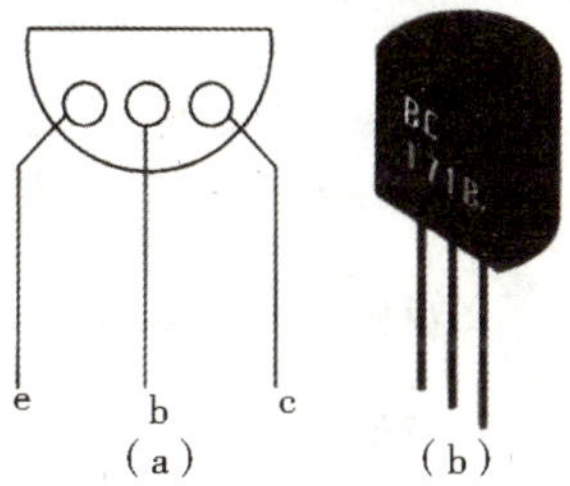

图 2-43　国产中小功率塑封装三极管的极性识别

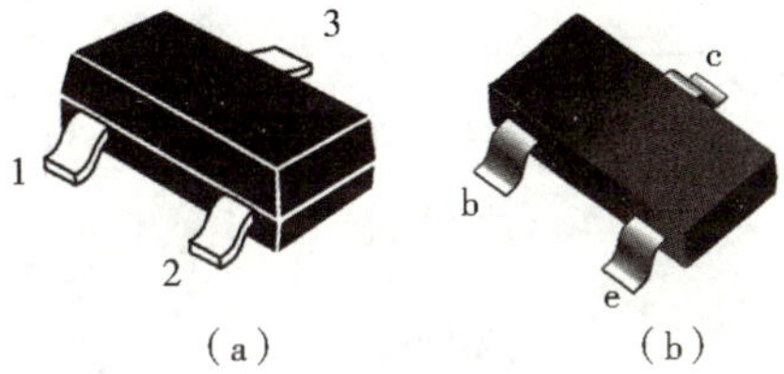

图 2-44　片状三极管的极性识别

6. 三极管的检测

三极管的引脚还可以用万用表进行检测确定，见表 2-14。

表 2-14　三极管的检测

内容	操作步骤	操作及注意事项
三极管的极性识别	① 识别三极管的基极和管型。把万用表转换开关转至电阻挡，选用 $R\times100$ 或$R\times1$ k 挡。用红、黑表笔测三极管任意两管脚间的阻值	测得某个管脚与其余两管脚间的阻值都很小，则该管脚为三极管的基极，若此时是黑表笔接该管脚，则该管类型为 NPN 型；若为红表笔接该管脚，则该管类型为 PNP 型
	② 识别三极管集电极和发射极	首先假定一个管脚是集电极，另一个管脚是发射极。对 PNP 型三极管，红表笔接假定是集电极的管脚，黑表笔接假定是发射极的管脚（对于 NPN 型管，万用表的红、黑表笔对调），其次用大拇指和食指将基极与假定的集电极捏紧（注意两管脚不能短接），记录万用表的读数；最后把原先假定的管脚对调，重新记录万用表的读数。两次测量值较小的红表笔所接的管脚是集电极（对于 NPN 型管，则黑表笔所接的是集电极）

7. 三极管的工作状态及应用

图 2-45 为三极管的输出特性。从三极管的输出特性可以看出，三极管有三个工作区，即饱和区、截止区和放大区。放大区输出回路 I_c 的大小只决定于输入回路 I_b 的大小，与其他因素关系不大。

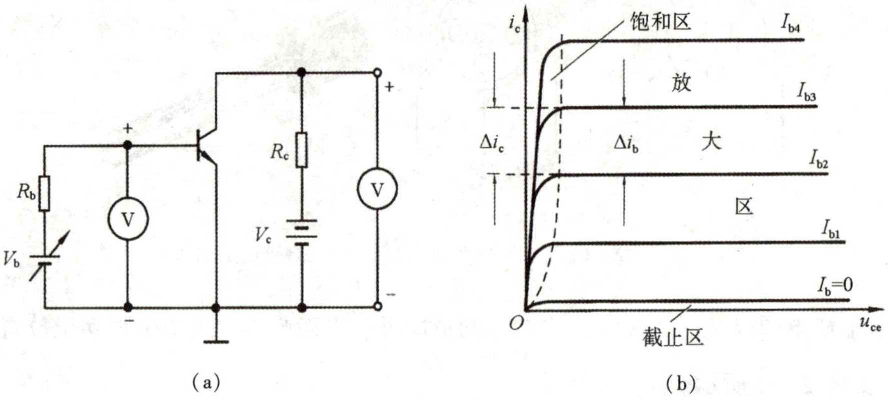

图 2-45　三极管的输出特性

三个工作区决定了三极管具有三种工作状态。三极管的工作状态及应用见表 2-15。

表 2-15　三极管的工作状态及应用

序号	工作状态	发射结	集电结	应用
1	放大状态	正偏	反偏	信号的放大
2	截止状态	反偏	反偏	电子开关
3	饱和导通状态	正偏	正偏	

三极管处于放大状态时的电位关系如图 2-46 所示。

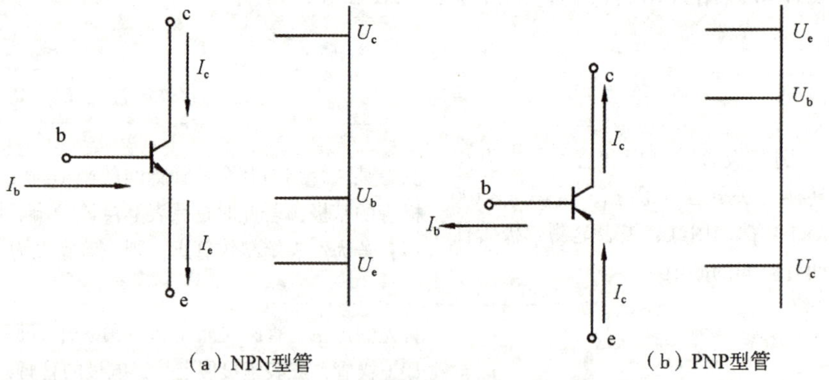

图 2-46　三极管处于放大状态时的电位关系

三极管处于饱和状态时的电位关系如图 2-47 所示。

三极管处于截止状态时，U_{be} 小于死区电压。

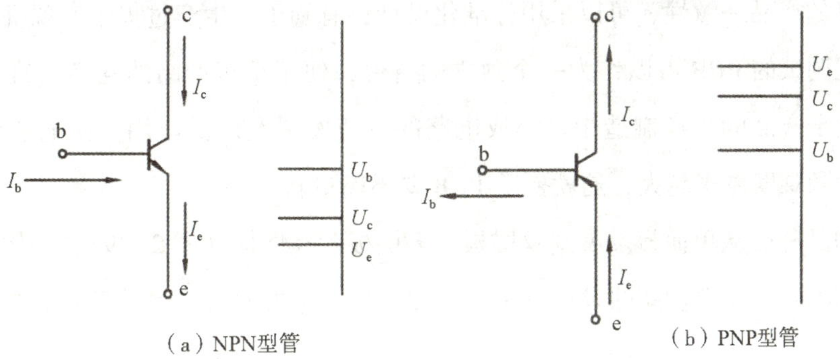

（a）NPN型管　（b）PNP型管

图 2-47　三极管处于饱和状态时的电位关系

任务三　电控基础元件

电控元件是电子控制系统中不可或缺的组成部分，它们负责接收、处理和执行各种控制指令，以确保系统的正常运行。

一、PCB 板

印制电路板，常使用英文缩写 PCB（printed circuit board）或 PWB（printed wire board）表示，以绝缘板为基材，切成一定尺寸，其上至少附有一个导电图形，并布有孔（如元件孔、紧固孔、金属化孔等），用来代替以往装置电子元器件的底盘，并实现电子元器件之间的相互连接，如图 2-48 所示。由于这种板是采用电子印刷术制作的，故又被称为印刷电路板、印刷线路板。

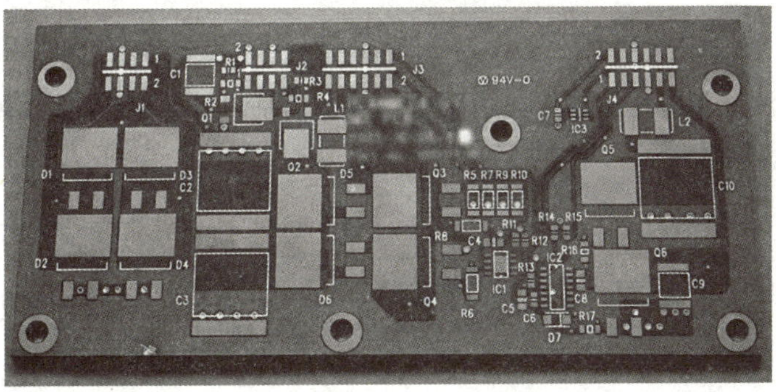

图 2-48　PCB

几乎每种电子设备，小到电子手表、计算器，大到计算机、通信电子设备、军用武器系统，只要有集成电路等电子元件，而为了使各个元件之间的电气互连，都要使用 PCB。PCB 由绝缘底板、连接导线和装配焊接电子元件的焊盘组成，具有导电线路和绝缘底板的双重作用。它可以代替复杂的布线，实现电路中各元件之间的电气连接，不仅简化了电子产品的装配、焊接工作，减少了传统方式下的接线工作量，大大减轻了工人的劳动强度；而且缩小了整机体积，降低了产品成本，提高了电子设备的质量和可靠性。

PCB 具有良好的产品一致性，可以采用标准化设计，有利于在生产过程中实现机械化和自动化。同时，整块经过装配调试的 PCB 可以作为一个独立的备件，便于整机产品的互换与维修。目前，PCB 已经广泛地应用在电子产品的生产制造中。集成电路的迅速发展及广泛应用，使电子设备的体积越来越小，电路布线密度和难度越来越大，这就要求 PCB 要不断更新。

目前，PCB 的品种已从单面板发展到双层板、多层板和挠性板（图 2-49）；结构和质量也已发展到超高密度、微型化和高可靠性。新的设计方法、设计用品、制板材料、制板工艺不断涌现。

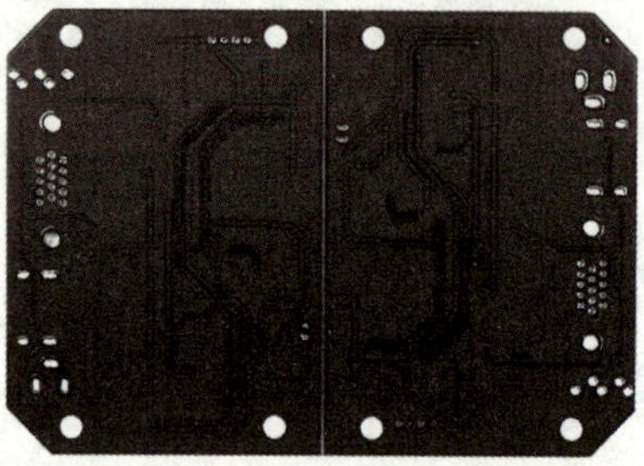

（a）双层板

（b）挠性板

图 2-49　PCB 双层板和 PCB 挠性板

近年来，各种计算机辅助设计（CAD）的应用软件已经在行业内普及与推广，在专门化的 PCB 生产厂家中，机械化、自动化生产已经完全取代了手工操作。

1. 特点

PCB 之所以能得到越来越广泛的应用，是因为它有以下独特的优点。

（1）可高密度化

多年来，PCB 的高密度一直能够随着集成电路集成度的提高和安装技术的进步而相应发展。

（2）高可靠性

通过一系列检查、测试和老化试验等技术手段，可以保证 PCB 长期（使用期一般为 20 年）可靠地工作。

（3）可设计性

对 PCB 各种性能的电气、物理、化学、机械等要求，可以通过设计标准化、规范化等来实现。这样设计时间短、效率高。

（4）可生产性

PCB 采用现代化管理，可实现标准化、规模（量）化、自动化生产，从而保证产品质量的一致性。

（5）可测试性

建立了比较完整的测试方法、测试标准，可以通过各种测试设备与仪器等来检测并鉴定 PCB 产品的合格性和使用寿命。

（6）可组装性

PCB 产品既便于各种元件进行标准化组装，又可以进行自动化、规模化的批量生产。另外，将 PCB 与其他各种元件进行整体组装，还可形成更大的部件、系统，直至整机。

（7）可维护性

PCB 产品与各种元件整体组装的部件是以标准化设计与规模化生产的，因而，这些部件也是标准化的。所以，一旦系统发生故障，可以快速、方便、灵活地进行更换，迅速恢复系统的工作。

PCB 还有其他一些优点，如使系统小型化、轻量化，信号传输高速化等。

2. 功能

PCB 在电子设备中具有如下功能。

（1）提供集成电路等各种电子元器件固定、装配的机械支承，实现集成电路等各种电子元器件之间的布线和电气连接或电绝缘，提供所要求的电气特性。

（2）为自动焊接提供组焊图形，为元器件插装、检查、维修提供识别字符和图形。

（3）电子设备采用 PCB 后，由于同类 PCB 的一致性，避免了人工接线的差错，并可实现电子元器件自动插装或贴装、自动焊锡、自动检测，保证了电子产品的质量，提高了劳动生产率，降低了成本，并便于维修。

（4）在高速或高频电路中为电路提供所需的电气特性、特性阻抗和电磁兼容特性。

（5）内部嵌入无源元器件的 PCB，提供了一定的电气功能，简化了电子安装程序，提高了产品的可靠性。

（6）在大规模和超大规模的电子封装元器件中，为电子元器件小型化的芯片封装提供了有效的芯片载体。

二、霍尔电流传感器

霍尔电流传感器（图 2-50）是基于磁平衡式霍尔原理制成的。根据霍尔效应原理从霍尔元件的控制电流端通入电流 I_c，并在霍尔元件平面的法线方向上施加磁感应强度为 B 的磁场，那么在垂直于电流和磁场方向（即霍尔输出端之间），将产生一个电势 V_H，称为霍尔电势，其大小正比于控制电流 I 与磁感应强度 B 的乘积。即有

图 2-50　霍尔电流传感器

$$V_H = KIB \tag{2-4}$$

式中　K——霍尔系数，由霍尔元件的材料决定；

I——控制电流；

B——磁感应强度；

V_H——霍尔电势。

通过测量霍尔电势的大小间接测量载流导体电流的大小。因此，电流传感器经过了电-磁-电的绝缘隔离转换。

霍尔电流传感器是根据霍尔效应制作的一种磁场传感器。它有两种工作方式，即开环（直放式）和闭环（磁平衡式）。开环式霍尔传感器的优点是电路形式简单，成本相对较低；缺点是精度、线性度较差，响应时间较慢，温度漂移较大。为了克服它的缺点，人们发明了闭环式霍尔电流传感器。闭环式霍尔电流传感器又称零磁通式霍尔电流传感器，如图 2-51 所示，它是由原边电路、聚磁环、霍尔元件次级线圈、放大器等组成。当原边电流 I_p 产生的磁通通过高品质磁芯集中在磁路中，霍尔元件固定在气隙中检测磁通，通过绕在磁芯上的多匝线圈输出反向的补偿电流，用于抵消原边电流 I 产生的磁通，使得磁路中磁通始终保持为零。经过特殊电路的处理，传感器的输出端能够输出精确反映原边电流的电流变化。

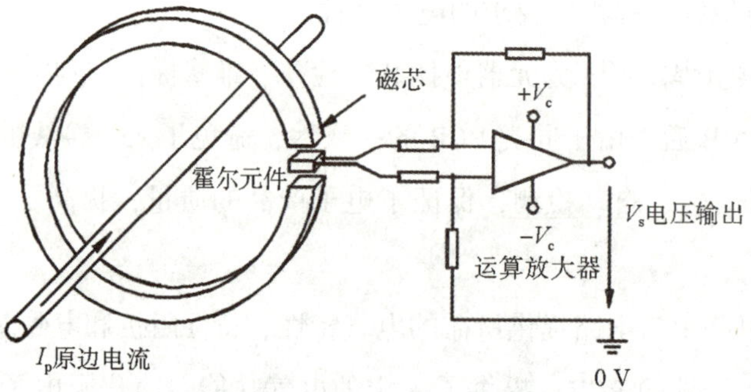

图 2-51　霍尔电流传感器基本原理

三、接触器

接触器（图 2-52）分为交流接触器和直流接触器，它应用于电力、配电与用电场合。接触器广义上是指工业电中利用线圈流过电流产生磁场，使触头闭合，以达到控制负载的电器。

图 2-52　接触器

1. 装置作用

在电工学上，接触器可快速切断交流、直流主回路，以及可频繁地接通、关断大电流（达 800 A）控制电路的装置，它经常以电动机为控制对象，也可用作控制工厂设备、电热器、工作母机和各种电力机组等电力负载。接触器不仅能接通和切断电路，而且还具有低电压释放保护作用。接触器控制容量大，适用于频繁操作和远距离控制，是自动控制系统中的重要元件之一。

在工业电气中，接触器的型号很多，工作电流在 5~1 000 A 不等，其用途相当广泛。

2. 工作原理

接触器结构，如图 2-53 所示。接触器的工作原理是当接触器线圈通电后，线圈电流会产生磁场，产生的磁场使静铁芯产生电磁吸力吸引动铁芯，并带动交流接触器点动作，常闭触点断开，常开触点闭合，两者是联动的。当线圈断电时，电磁吸力消失，衔铁在释放弹簧的作用下释放，使触点复原，常开触点断开，常闭触点闭合。直流接触器的工作原理跟温度开关类似。

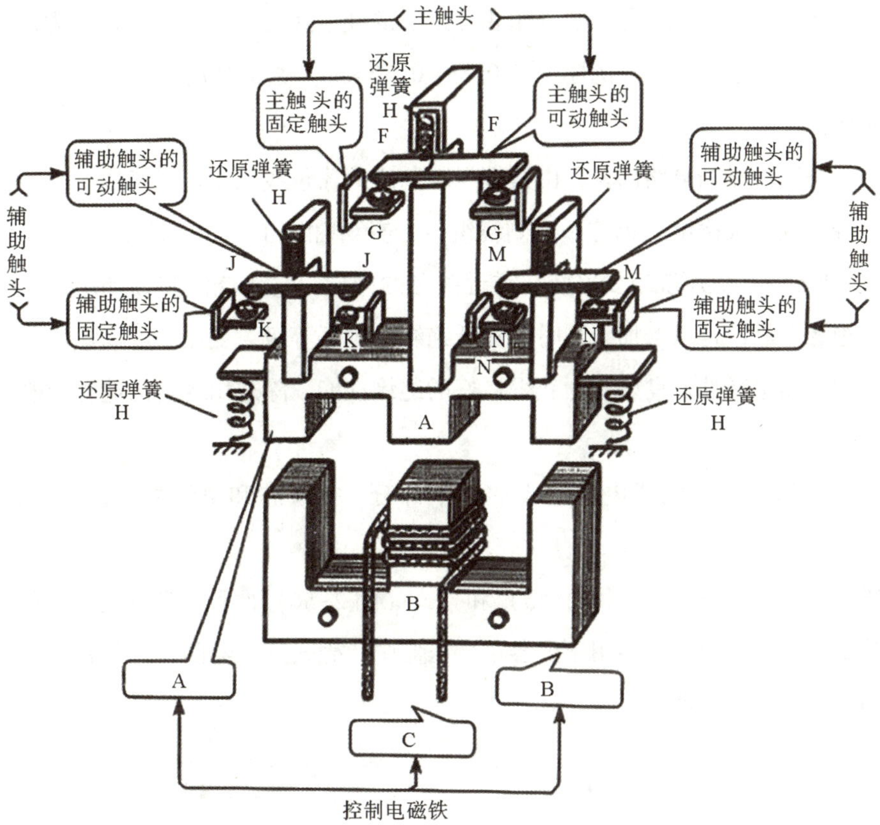

A-可动铁芯；B-固定铁芯；C-电磁线圈；F-主触头的可动触头；G-主触头的固定触头；H-还原弹簧；

J、M-辅助触头的可动触头；K、N-辅助触头的固定触头。

图 2-53　接触器结构

四、变压器

变压器是利用电磁感应的原理来改变交流电压的装置，它可以把某一大小的交流电压变换成同频率的另一大小的交流电压，也可将大电流变换成小电流或将小电流变换成大电流，还可以变换阻抗使电路达到匹配状态。

1. 变压器的结构

变压器的种类虽然多，但其结构都基本相似，主要由铁芯（磁芯）和绕组（初级线圈、次级线圈）组成，如图 2-54 所示。

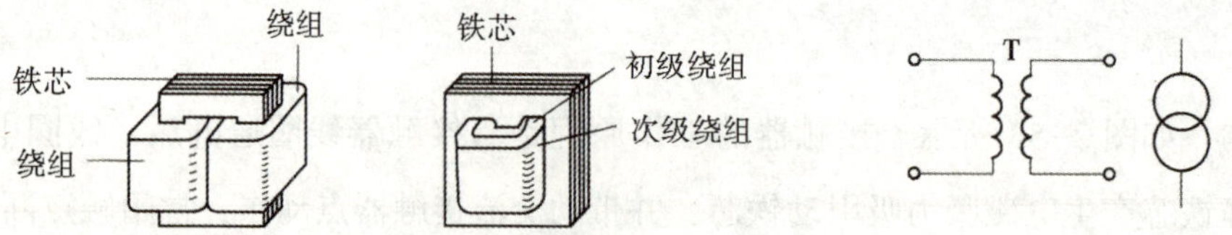

（a）芯式变压器　（b）壳式变压器　（c）变压器符号

图 2-54　变压器的结构及符号

铁芯构成了变压器的磁路。铁芯一般采用相互绝缘的硅钢片叠压而成，这是因为硅钢片的磁导率较大，涡流损耗和磁滞损耗小。硅钢片的厚度为 0. 35~0. 50 mm。通信中用的变压器铁芯常由铁氧体铝合金等磁性材料制成。

变压器的绕组是变压器的电路部分，由紫铜材料制成的漆包线或丝包线绕成。在工作时，与电源相连的绕组叫作原绕组或初级绕组（也称一次侧绕组）；与负载相连的叫作副绕组或次级绕组（也称二次侧绕组）。制造变压器时，低压绕组要安装在靠近铁芯的内层，高压绕组装在外层，这项措施使低压绕组与铁芯之间的绝缘可靠性得以增加，同时可降低绝缘的耐压等级。变压器的高压和低压绕组之间、低压绕组和铁芯之间必须绝缘性能良好。为获得良好的绝缘性能，除选用规定的绝缘材料外，还可利用烘干、浸漆、密封等生产工艺。

较大容量的变压器除了有完成电磁感应的基本部分——铁芯和绕组外，还具有冷却设备和保护装置。

常见的变压器结构形式有芯式（图 2-55）和壳式（图 2-56）两种。芯式变压器的特点是绕组包围铁芯，它的用铁量少，结构简单，多用于大容量变压器中；壳式变压器的特点是铁芯包围绕组，它的用铜量较少，常用于小容量变压器中。

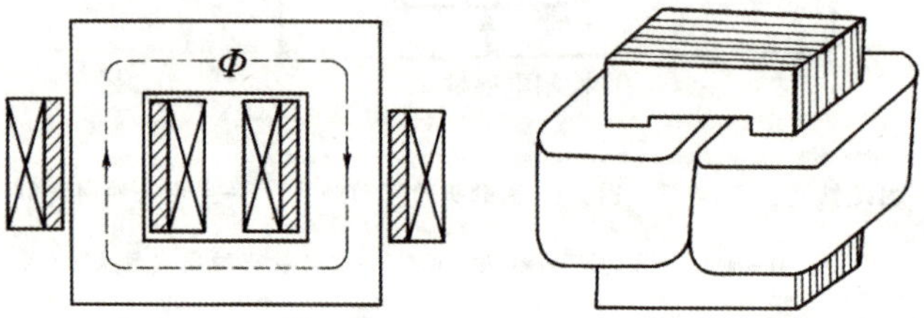

（a）　（b）

图 2-55　芯式变压器结构

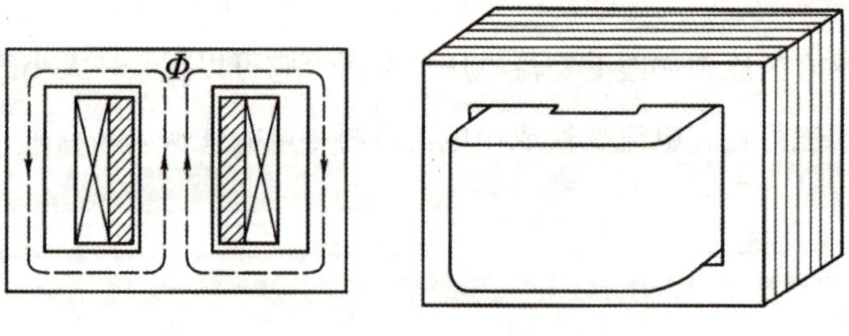

（a）　（b）

图 2-56　壳式变压器结构

2. 变压器的工作原理

如图 2-57 所示，设变压器的初级绕组匝数为 N_1，次级绕组匝数为 N_2，输入电压为 U_1，输入电流为 I_1，输出电压为 U_2，输出电流为 I_2。

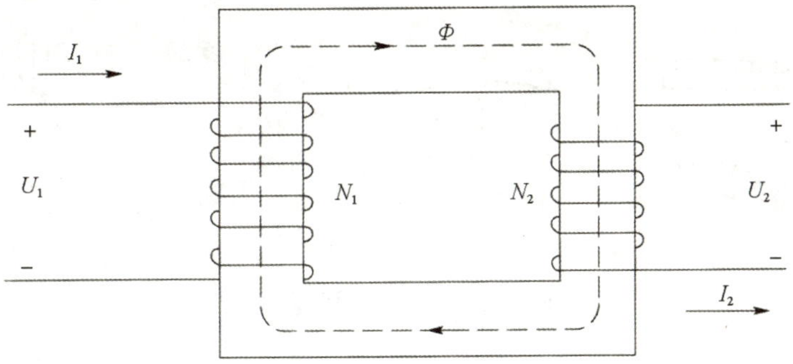

图 2-57 变压器的工作原理图

在图 2-57 中，由于 U_1 和 I_1 是按正弦规律交变的，所以在铁芯中产生的磁通也是按正弦规律变化的。在交变磁通的作用下，初、次级绕组将产生正弦交变感应电动势。根据电磁感应定律，可知初、次级绕组的感应电压的有效值为

$$U_1 = 4.44 f N_1 \Phi_m \tag{2-5}$$

$$U_2 = 4.44 f N_2 \Phi_m \tag{2-6}$$

式中 f——电源的频率，Hz；

Φ_m——铁芯中主磁通的最大值，Wb。

由以上两式可得

$$\frac{U_1}{U_2} = \frac{4.44 f N_1 \Phi_m}{4.44 f N_2 \Phi_m} = \frac{N_1}{N_2} = K \tag{2-7}$$

式（2-7）中的 K 称为变压器的变压比。K 由初级绕组匝数、次级绕组匝数决定。当 $K>1$ 时，变压器为降压变压器；反之，当 $K<1$ 时，变压器为升压变压器。

当变压器的次级绕组接入负载后，由于变压器的输入功率等于负载消耗的功率（能量守恒），即

$$U_1 I_1 = U_2 I_2 \tag{2-8}$$

由式（2-7）和式（2-8）可得

$$\frac{I_1}{I_2} = \frac{U_1}{U_2} = \frac{N_2}{N_1} = \frac{1}{K} \tag{2-9}$$

五、继电器

1. 磁场

磁是物质运动的基本形式之一。物体能吸引铁、钴等金属或它们的合金的性质叫磁性。具有磁性的

物体叫磁体。磁体上磁性最强的部位叫磁极。任何磁体都有两个磁极，而且无论怎样把磁体分割，磁体总保持两个磁极，通常以 S 表示磁体的南极，以 N 表示磁体的北极。磁极间的相互作用力叫磁力，磁极间相互作用的规律是：同性相斥，异性相吸，如图 2-58 所示。原来没有磁性的铁磁物质，放在磁铁旁边会获得磁性，这一现象叫磁化。被磁化的铁磁物质远离磁铁后仍保留一定的磁性，叫剩磁。

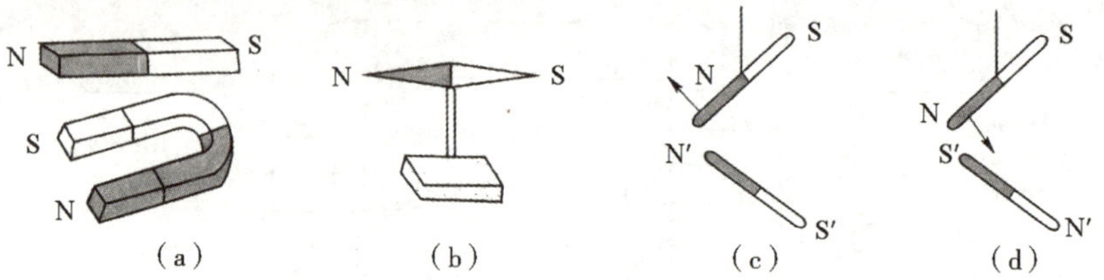

图 2-58　磁极作用示意图

磁体周围存在磁力作用的空间，当另一磁体或通电导体置入该空间时，就要受到磁力的作用，人们通常把这个磁力空间叫磁场。磁场具有力和能的性质，因而它是一种物质。但它又与其他物质不一样，它没有构成物质的分子或原子。所以，磁场是存在于磁体周围空间的一种特殊物质。

2. 电流的磁场

1820 年，丹麦物理学家奥斯特从实验中发现，当导线通入电流时，放在导线旁边的磁针会受到力的作用而偏转，如图 2-59 所示。这表明通电导线的周围存在着磁场，电与磁是有密切联系的。法国科学家安培确定了通电导线周围的磁场方向，并用磁感线进行了描述。

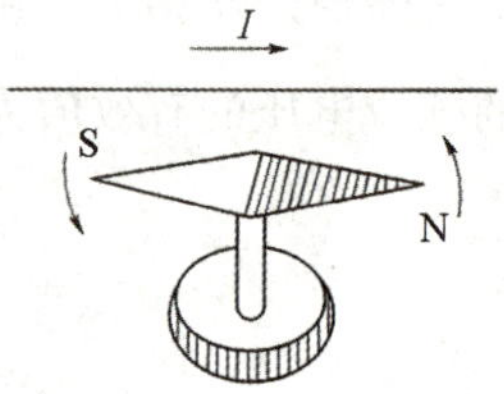

图 2-59　电流的磁效应

(1) 通电直导线周围的磁场

通电直导线周围的磁场的磁感线是一些以导线上各点为圆心的同心圆，这些同心圆都在与导线垂直的平面上，如图 2-60（a）所示。

实验表明，改变电流的方向，各点的磁场方向都随之改变。

磁感线的方向与电流方向之间的关系可用安培定则（右手螺旋定则）来判定，如图 2-60（b）所示，用右手握住通电直导线，让拇指指向电流的方向，则四指环绕的方向就是磁感线的方向。

(2) 通电线圈的磁场

把直导线绕成螺线管线圈，并通入电流，结果通电线圈产生类似条形磁铁的磁场，如图 2-61（a）所示。由图可见，在线圈外部，磁感线从 N 极出来进入 S 极，线圈内部的磁感线方向由 S 极指向 N 极，并和外部的磁感线形成闭合曲线。

实验证明，通电线圈磁场的强弱，不仅与线圈的电流大小有关，而且还与线圈的匝数有关，即与线圈的电流和匝数的乘积成正比。

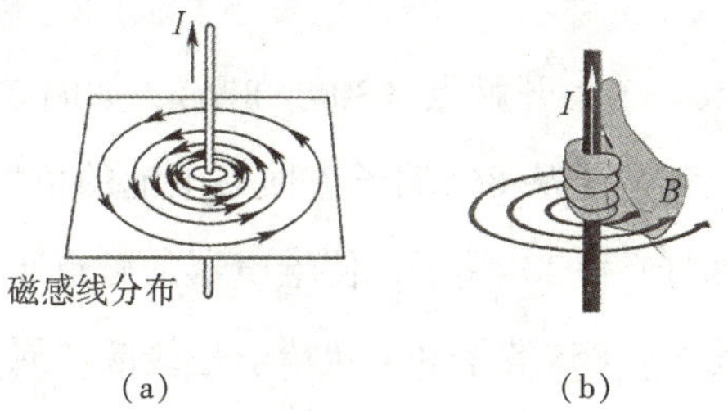

图 2-60　通电直导线周围的磁场

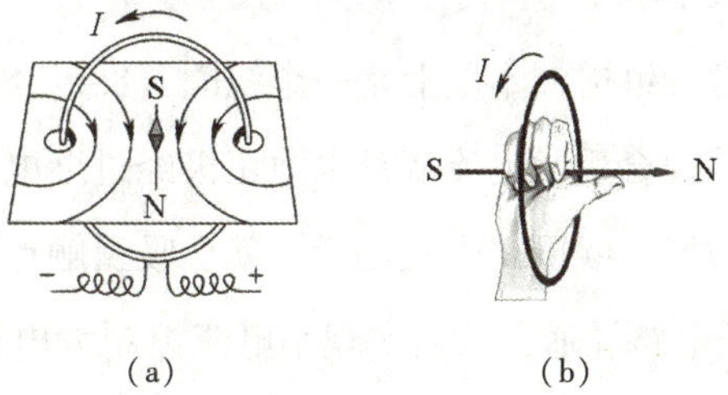

图 2-61　通电线圈的磁场

通电线圈的磁场的方向，可用右手螺线定则确定，如图 2-61（b）所示，右手握住线圈，用弯曲的四指指向电流方向，则拇指所指的方向就是磁场方向。

3. 电磁铁

我们知道，电流周围存在磁场，当一带电导线变成线圈时就会产生一个带 N、S 极的磁场，如条形磁铁一样。如果将一铁芯放入线圈中，磁场会变强，可以吸引铁质。继电器和电磁阀就是应用电磁铁原理，线圈通电后能产生极强的磁吸引力，如图 2-62 所示。

4. 继电器的工作原理

继电器是一种电磁控制器件，它具有控制系统（又称输入回路）和被控制系统（又称输出回路）之间的互动关系，通常应用于自动化的控制电路中。它实际上是用小电流去控制大电流运作的一种“自动开关”，故在电路中起着自动调节、安全保护、转换电路等作用。电磁式继电器一般由铁芯、线圈、衔铁、触点簧片等组成，如图 2-63 所示。

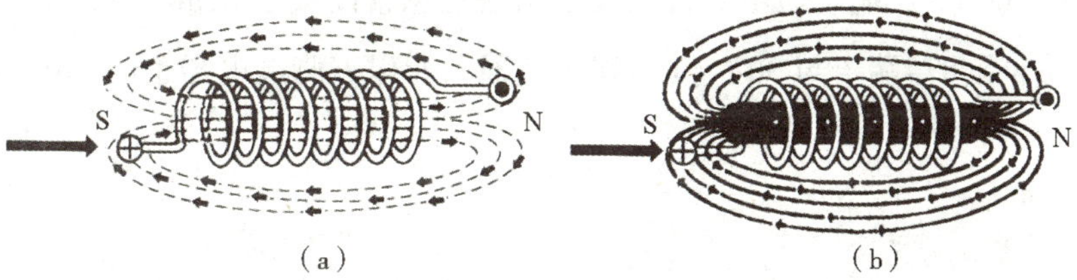

图 2-62　电磁铁

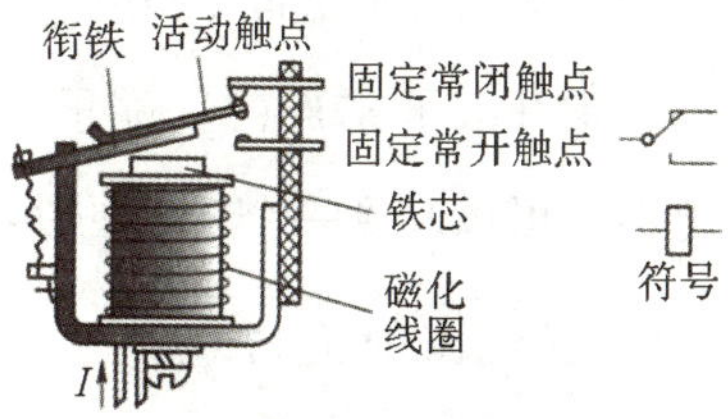

图 2-63　电磁式继电器结构示意图

只要在线圈两端加上一定的电压，线圈中就会流过一定的电流，从而产生电磁效应，衔铁就会在电磁力吸引的作用下克服返回弹簧的拉力吸向铁芯，从而带动衔铁的动触点与静触点（常开触点）释放。这样吸合、释放，从而达到了吸合。当线圈断电后，电磁的吸力也随之消失，衔铁就会在弹簧的反作用力下返回原来的位置，使动触点与原来的静触点（常闭触点）在电路中导通、切断。

5. 继电器的结构

对于继电器的常开、常闭触点，可以这样来区分：继电器线圈未通电时处于断开状态的静触点称为常开触点，处于接通状态的静触点称为常闭触点。下面介绍常见的继电器。

（1）四脚常开继电器

四脚常开继电器本质上是一个线圈（85#、86#）及一个常开触点（30#、87#），如图 2-64 所示。

当开关闭合后，电流从蓄电池正极经过继电器的 85#端子从 86#端子流回蓄电池的负极，线圈两端就会产生磁场。线圈产生磁场后，就会吸引触点的 87#端子和 30#端子，使继电器的触点闭合，30#端子与 87#端子电路导通，从而实现小电流控制大电流。此时，85#端子和 86#端子是线圈，属于控制部分；87#端子和 30#端子是触点，属于被控制部分（即输出端）。

（2）五脚继电器

五脚继电器本质上是一个线圈（85#、86#）、一常开触点（30#、87#）及另外一常闭触点（30#、87a#），30#为触点公共端，如图 2-65 所示。

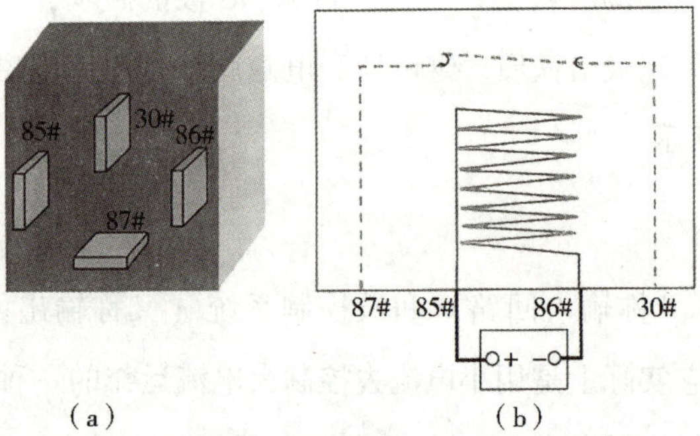

图 2-64　四脚常开继电器

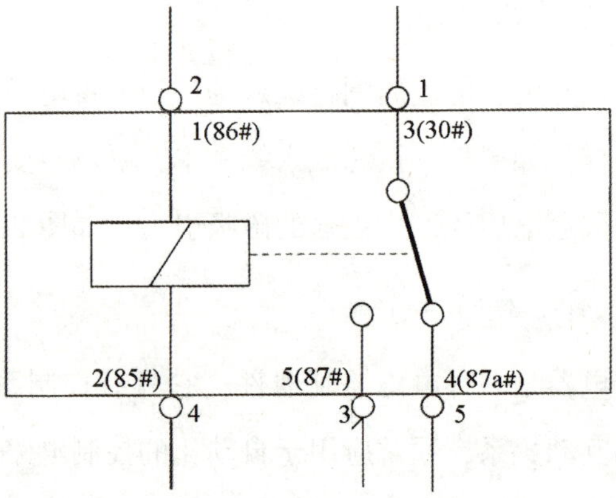

图 2-65　五脚继电器电路

当继电器线圈 85#（4）[①] 端子和 86#（2）端子通电后，线圈吸引触点从常闭端子 87a#（5）端子运动到常开端子 87#（3）端子，使得常开 87#端子与 30#（1）端子接通，所以五脚继电器也叫作枢纽继电器，可以起到一个转换的功能。

6. 继电器的检测方法

对于继电器，不仅只通过测量线圈的电阻值来判断其好坏，还要通过多种方法来检测继电器的好坏。下面简要介绍电阻及电压方法检测继电器的方法。

（1）线圈的检测

选择万用表的欧姆挡，然后将两表笔接触继电器线圈的两端，测量线圈电阻值的大小。如果线圈电阻值为 100 Ω 左右，说明线圈正常；如果线圈电阻值为∞，说明线圈断路；如果线圈电阻值接近于 0，说明线圈短路。

（2）常闭触点开关的检测

首先，选择万用表的欧姆挡，测量继电器常闭触点两端电阻值的大小。如果电阻值接近于 0，则说明正常；如果电阻值为∞，说明触点开关出现断开。

① 括号内表示继电器的另外一套管脚号码，下同。

其次，用 12 V 电压给线圈通电，测量继电器常闭触点两端的电阻值大小。如果电阻值为∞，则说明正常；如果电阻值接近于 0，说明触点开关出现烧蚀、粘连，常闭触点并没有在通电状态下断开。

（3）常开触点开关的检测

首先，选择万用表的欧姆挡，测量继电器常开触点两端的电阻值大小。如果电阻值为∞，则说明正常；如果电阻值接近于 0，说明触点开关出现烧蚀。

其次，用 12 V 电压给线圈通电，测量继电器常开触点两端的电阻值大小。如果电阻值接近于 0，说明正常；如果电阻值仍旧为∞，说明触点开关不能回位贴合，可能是吸合线圈短路或者其他故障。

7. 继电器在汽车电路中的应用

继电器在汽车电路中的应用非常广泛，如启动系统电路、刮水器电路、后窗加热电路，其外观如图 2-66 所示。

车辆启动时需要大的启动电流，如果使用点火开关直接控制大电流，启动触点会出现触点跳火、烧蚀等现象，影响点火开关使用寿命甚至会造成汽车线路烧蚀、起火等严重后果。因此，汽车电路使用继电器以小电流控制大电流，则可以有效避免上述问题出现。

车用继电器一般布置在发动机舱内，如图 2-67 所示，但是也有其他功能继电器布置在驾驶室等不同位置，因车型而异。

图 2-66　常见汽车继电器外观

图 2-67　汽车继电器盒

8. 新能源汽车高压继电器

（1）继电器与接触器的区别

最早业内人士将交流电上的继电器元件叫接触器，直流电上的称为继电器，原因就是交流电上的接触器体形比较大，直流电上的接触器比较小。有的业内人士将其全部称为接触器。

继电器与接触器在功能上没有本质的区别，都是一种控制开关。早期接触器应用在交流电中，随着直流电路设计日益趋向于集成化、小型化，目前在直流低电压中，较为小巧的接触器压缩板越来越流行，因此，在某些新能源汽车中，还是称其为“高电压继电器”或“继电器”。

（2）继电器在新能源汽车中的应用

丰田普锐斯混合动力汽车通常将接触器称为继电器。其控制动力蓄电池的继电器如图 2-68 所示，它们由三个继电器组成（负极侧的 SMR3 负极继电器，正极侧的主继电器 SMR2、预充继电器 SMR1 及预充电阻）。

当普锐斯汽车需要上高压电以“EV 模式”行驶时，应进行预充模式，首先接通负极侧的 SMR3 负极继电器，其次预充电路连接预充继电器 SMR1 和电阻，当接触电压达到 80%～90%时，认为高压线路是安全的。

当普锐斯汽车停止行驶，需要下高压电操作时，首先主继电器 SMR2 闭合，其次预充继电器 SMR1 断开。这个过程通过限制所允许流过电阻的额定电流值，使电路免受高压大电流的冲击。

高压电路断开时，首先主继电器 SMR2 断开，其次负极继电器 SMR3 断开。

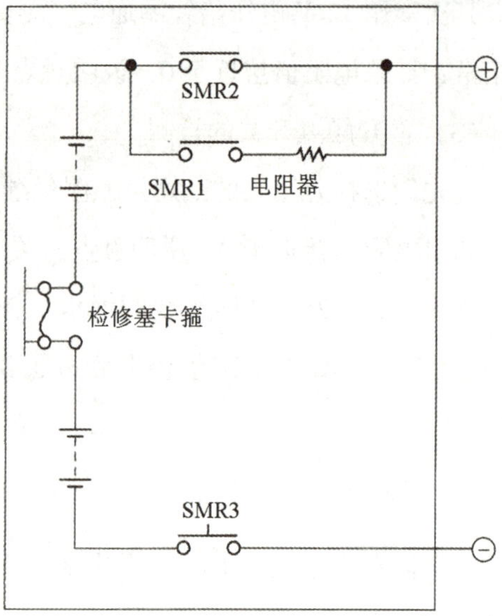

图 2-68　丰田普锐斯混合动力汽车控制动力蓄电池的三个继电器

任务四　常见电动机

电动机是新能源汽车上的关键部件，是新能源汽车将电能转化为动能的结构。了解电动机是充分认识新能源汽车的关键。

一、直流电动机

直流电动机利用磁场的相互作用将电能转化成机械能，在磁场内通电导线受到磁场力的作用而产生移动的倾向。

1. 直流电动机的工作原理

在图 2-69 中 N 和 S 是一对固定的磁极，用来建立恒定磁场。两磁极之间有一个可以转动的圆柱形铁芯，铁芯上固定着线圈 abcd。线圈的 a、d 端接在随电枢一起旋转的两片半圆形铜片上，这两个铜片合称为换向器，换向器固定在转轴上且与转轴绝缘。铁芯、线圈和换向器组合在一起形成电枢。电刷 A、B 分别与换向片接触而通向外电路。

如图 2-69（a）所示，直流电流从电刷 A 流入，经过线圈 abcd，从电刷 B 流出，根据电磁力定律，载流导体 ab 和 cd 受到电磁力的作用，其方向可由左手定则判定，两段导体受到的力形成一个转矩，使得转子逆时针转动。如果转子转到如图 2-69（b）所示的位置，电刷 A 和换向片 2 接触，电刷 B 和换向片 1 接触。直流电流从电刷 A 流入，在线圈中的流动方向是 d→c→b→a，从电刷 B 流出。此时，载流导体 ab 和 cd 受到电磁力的作用方向同样可由左手定则判定，它们产生的转矩仍然使得转子逆时针转动。这就是直流电动机的工作原理。

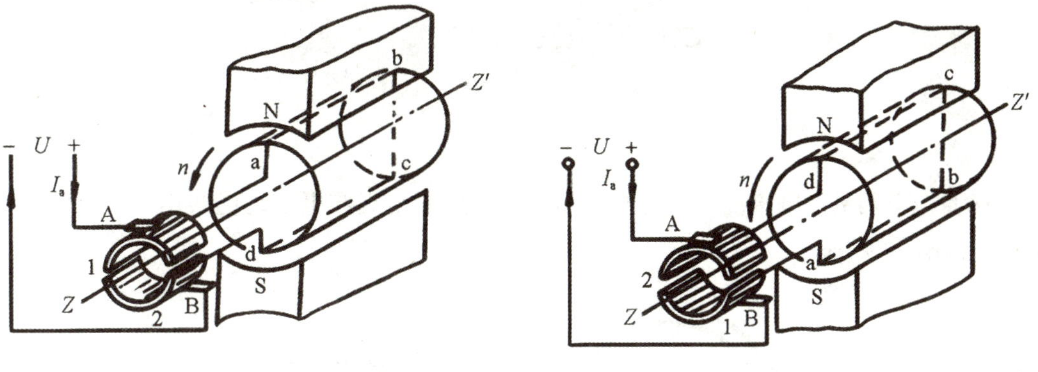

电流方向：A→a→b→c→d→B

（a）初始位置

电流方向：A→d→c→b→a→B

（b）转过 180°后的位置

图 2-69　直流电动机的工作原理图

实际中的直流电动机转子上的绕组不是由一个线圈构成的，而是由多个线圈连接而成，以减少电动机电磁转矩的波动。

通过电刷和换向器的共同作用，使得同边磁极下的导体流过的电流方向不变，导体受力方向不变，进而产生方向恒定的电磁转矩，使发电机连续转动。

2. 直流电动机的励磁方式

直流电动机中产生磁场的方式有两种，一种是永久磁铁磁场，只在一些比较特殊的微发电机中采用；另一种是电磁铁磁场，是由励磁绕组通入电流产生的，称为励磁磁场，一般电动机都采用这种励磁方式。根据不同的励磁方式，直流电动机可分为他励直流电动机、并励直流电动机、串励直流电动机和复励直流电动机。

（1）他励直流电动机。励磁绕组与电枢绕组由不同的直流电源供电，两者不相连接，如图 2-70 所示。

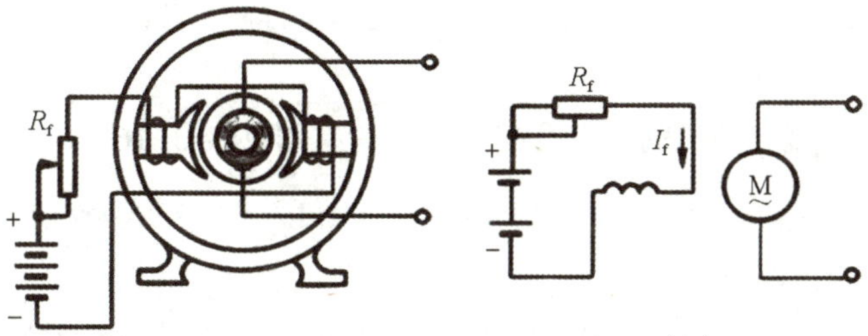

（a）　（b）

图 2-70　他励直流电动机

（2）并励直流电动机。励磁绕组与电枢绕组并联，励磁绕组与电枢绕组共用一个电源，电枢电压即励磁电压，如图 2-71 所示。

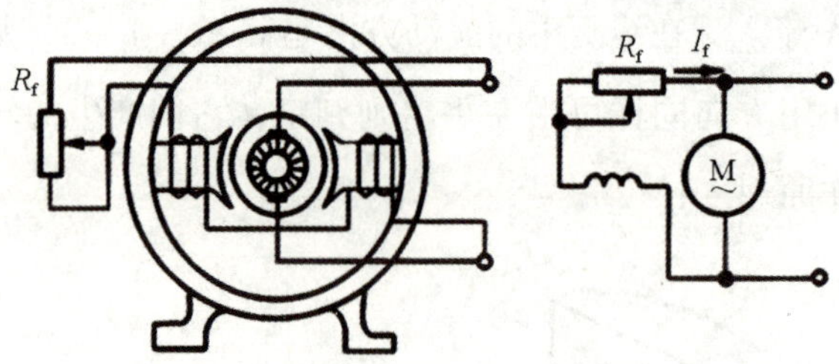

（a）（b）

图 2-71　并励直流电动机

（3）串励直流电动机。励磁绕组与电枢绕组串联，励磁绕组与电枢绕组共用一个电源，电枢电流即励磁电流，如图 2-72 所示。

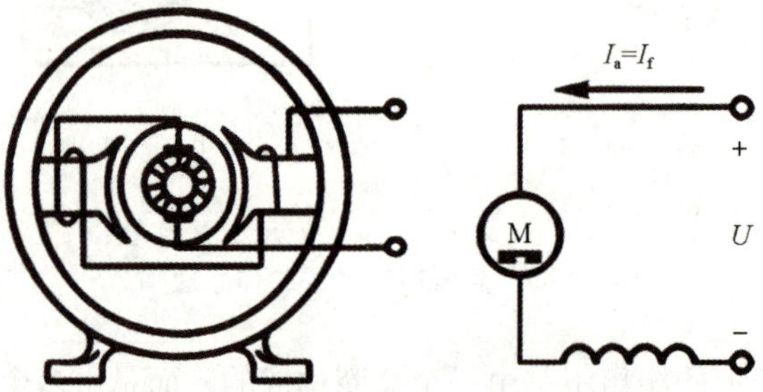

（a）（b）

图 2-72　串励直流电动机

（4）复励直流电动机。这种电动机的励磁绕组分成两部分，一部分与电枢绕组并联，称为并励绕组；另一部分与电枢绕组串联，称为串励绕组，如图 2-73 所示。

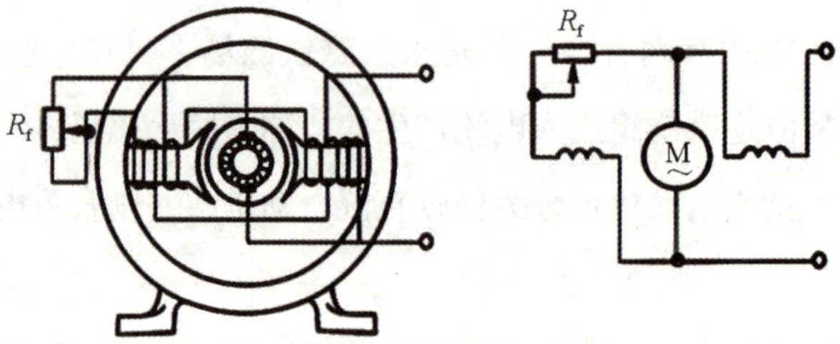

（a）（b）

图 2-73　复励直流电动机

（5）不同励磁方式的直流电动机的特点及在汽车上的应用见表 2-16。

表 2-16　不同励磁方式的直流电动机的特点及在汽车上的应用

类型	接线方式	特点特性	在汽车上的应用
永磁式	永久磁体	永磁式启动机结构简单、体积小、启动制动快、启动制动转矩大，适用于空间较小的汽车上，但易失磁	小型电动机（刮水器发电机、洗涤泵发电机、电动车窗发电机、鼓风机发电机、电动调节后视镜发电机）
他励式	励磁绕组独立	他励电动机在运行时若负载较小，则会造成“飞车”事故	汽车上较少使用

（续表）

类型	接线方式	特点特性	在汽车上的应用
并励式	励磁绕组与电枢绕组并联	不能产生高转矩，故不能用它作为启动机的电动机。输出转矩不随转速升高而下降	常用于减速型启动机（刮水器发电机、电动车窗发电机、电动座椅电动机）
串励式	励磁绕组与电枢绕组串联	启动转矩大，输出转矩随着电动机转速升高而下降。轻载时转速高，重载时转速低。短时间能输出最大功率。适用于负载转矩经常大幅变化的负载。不允许空载或轻载启动	用于大多数直接驱动式启动机
复励式	励磁绕组的一部分与与电枢绕组串联，一部分与电枢绕组并联	空载时与并励相似。加载后与串励相似。防止轻载时转速过高造成“飞车”。可以克服单独并励式或单独串励式电动机的缺点	大功率起重机

3. 直流电动机的结构

直流电动机包括两个基本部分：定子（磁极，固定部分）、转子（电枢，旋转部分），定子和转子之间的间隙称为空气隙。

下面以汽车启动机所用直流电动机为例介绍电动机的结构。

汽车启动机所用直流电动机为串励式直流电动机，由磁极、电枢、换向器等组成。

（1）磁极。磁极的作用是产生磁场，由铁芯和磁场绕组组成。铁芯用螺钉固定在壳体的内壁上，其上套有磁场绕组，如图 2-74（c）所示。磁极的数目一般为四个（两对），四个磁场绕组的连接方法有两种，如图 2-74 所示。一种是四个相互串联，如图 2-74（a）所示，另一种是两串两并，即先将两个串联后再并联，如图 2-74（b）所示。

（a）励磁绕组串联

（b）励磁绕组两两串联后并联

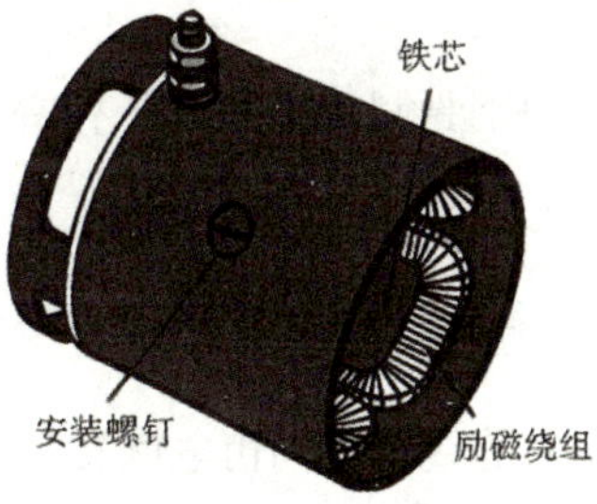

（c）励磁绕组实物图

图 2-74　磁极

励磁绕组与电源线相通，励磁绕组和定子外壳之间绝缘。

（2）电枢和换向器。电枢是产生电磁转矩的核心部件，主要由电枢轴、电枢铁芯、电枢绕组和换向器组成，如图 2-75 所示。电枢铁芯由相互绝缘的硅钢片叠装而成，其圆周上制有安放电枢绕组的线槽，内孔通过花键压装在电枢轴上。

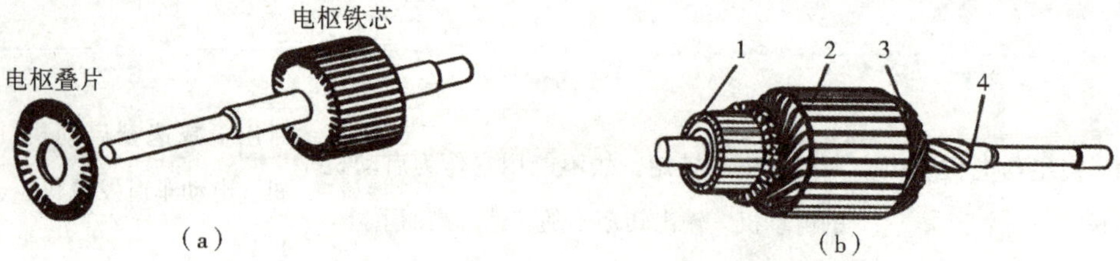

1-换向器；2-电枢铁芯；3-电枢绕组；4-电枢轴。

图 2-75 电枢

换向器是由多个紧压在一起的铜片构成的一个圆筒，片与片之间用一层薄云母绝缘，电枢绕组与换向片按一定规律连接。换向器与转轴固定在一起，且绝缘。

（3）电刷与电刷架。电刷与电刷架的作用是将电流引入电枢，使电枢产生连续转动。电刷装在电刷架上，电刷由铜粉与石墨粉压制而成，呈棕红色，借弹簧压力将它压紧在换向器上。正极电刷连接电源正极，负极电刷连接电源负极，而电源的负极与电动机的外壳相连，因此，正碳刷应与电动机的外壳绝缘，如图 2-76 所示。

（4）端盖。端盖分为前、后两个。如图 2-77 所示，后端盖一般用钢板压制而成，其上装有 4 个电刷架，前端盖用铸铁浇铸而成，它们分别装在机壳的两端。

图 2-76 电刷与电刷架

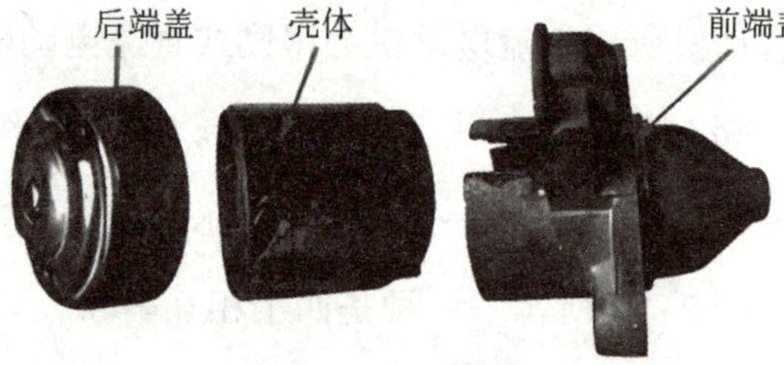

图 2-77 端盖实物图

机壳用钢管制成，一端开有窗口，作为观察电刷和换向器之用，平时用防尘箍盖住。机壳上只有一个电流输入接线柱（与外壳绝缘），并在内部与磁场绕组的一端相接。

4. 直流电动机的反转

电动机的转动方向由电磁转矩方向确定。

在有些电力拖动设备中，由于生产的需要，常常需要改变电动机的转向。改变电磁转矩 T 的方向就能改变电动机的转向。根据公式 $T=C_T\Phi I_m$ 可知，只要改变磁通 Φ 或电枢电流 I_m 这两个量中一个量的方向，就能改变转矩 T 的方向。因此，直流电动机的反转方法有两种：一种是改变磁通的方向，另一种是改变电枢电流的方向。由于磁滞及励磁回路电感等原因，反向磁场的建立过程缓慢，反转过程不能很快实现，故一般多采用后一种方法。

5. 直流电动机的铭牌与型号（表 2-17）

表 2-17　直流电动机的铭牌

型号	Z2-56/4-2	励磁方式	并励
额定功率	22 kW	励磁电压	220 V
额定电压	220 V	励磁电流	2.06 A
额定电流	110 A	定额	连续
额定转速	1 500 r/min	温升	80 ℃
出厂编号	××××××××	出厂日期	××××年××
×××××发电机厂			

（1）型号：一般采用大写的汉语拼音字母和数字表示电动机的结构和使用特点。

直流电动机的型号如图 2-78 所示。

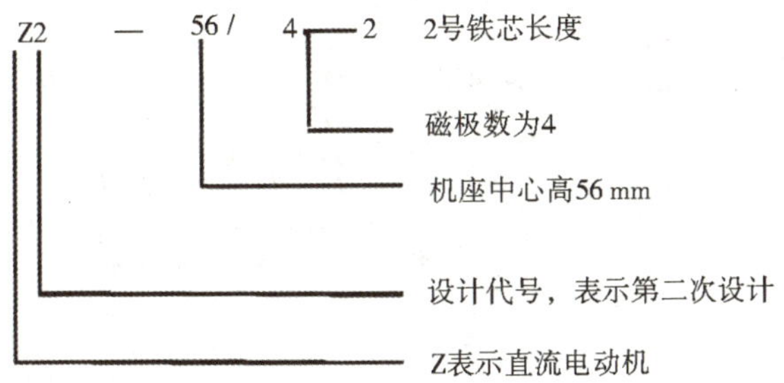

图 2-78　直流电动机的型号

产品代号的含义如下。

① Z 系列：一般用途直流电动机，如 Z2、Z3、Z4 等系列。

② ZJ 系列：精密机床用直流电动机。

③ ZT 系统：广调速直流电动机。

④ ZQ 系统：牵引直流电动机。

⑤ ZH 系列：船用直流电动机。

⑥ ZA 系列：防爆安全型直流电动机。

⑦ ZKJ 系列：挖掘机用直流电动机。

⑧ ZZJ 系列：冶金起重机用直流电动机。

（2）额定功率 P：指电动机在额定情况下输出的机械功率，单位是 kW 或 W。

（3）额定电压 U：在额定情况下，电动机直流电源的电压，单位是 V。

（4）额定电流 I：在额定负载时，电源输入到电动机的允许电流，单位是 A。

（5）额定转速 n：发电机运行在额定电压、额定电流、额定功率时所对应的转速，单位是 r/min。

（6）励磁：指发电机的励磁方式，包含他励、并励、串励、复励等。

（7）励磁电压：发电机在额定状态下励磁绕组两端所加的电压。

（8）励磁电流：发电机产生磁通所需要的励磁电流，单位是 A。

（9）定额：指发电机在额定状态下可以持续运行的时间和顺序。如标有“连续”，则表示发电机可以不受时间限制连续运行；标有“25%”，则表示发电机一个周期内工作25%的时间，休息75%的时间。

（10）温升：表示发电机允许发热的一个限度。温升限度取决于发电机所使用的绝缘材料。

（11）额定效率：额定功率与输入功率之比。

知识拓展

1. 无刷电动机

随着汽车技术的不断发展，在各种档次的汽车上，大量采用各种不同类型和规格的电动机，特别是近年来对电动机性能的要求越来越高，极大地促进了直流无刷电动机在汽车领域应用。

（1）直流无刷电动机的基本结构。直流无刷电动机的基本构成包括电动机本体、电子开关电路（控制器）和转子位置传感器三部分，结构原理图如图 2-79 所示。

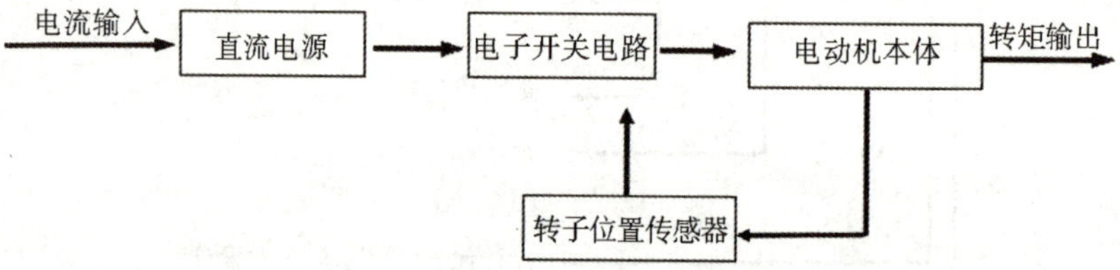

图 2-79　直流无刷电动机的结构原理图

普通永磁直流电动机的电枢在转子上，永磁磁极在定子上。而直流无刷电动机与此相反，它的电枢在定子上，永磁磁极在转子上。

直流无刷电动机中的位置传感器的作用是检测转子磁场相对于定子绕组的位置，并在确定的相对位置上发出信号，控制功率放大元件，使定子绕组中的电流进行切换。

一般所说的直流无刷电动机是指采用晶体管作为电子换向开关元件的电动机。无刷电动机的电枢绕组是多相绕组，可接成星形或三角形，各相绕组分别与晶体管开关电路中的功率开关元件连接，如图 2-80 所示，其中 A 相与晶体管 T_1、B 相与晶体管 T_2，C 相与晶体管 T_3 相接。通过位置传感器测量转子的准确位置，使各晶体管在转子的适当位置导通和截止，从而控制各电枢绕组的电流随着转子位置的改变按一定的顺序进行换流，保证了每个磁极下电流的方向，实现了无电刷的、无接触式换向。

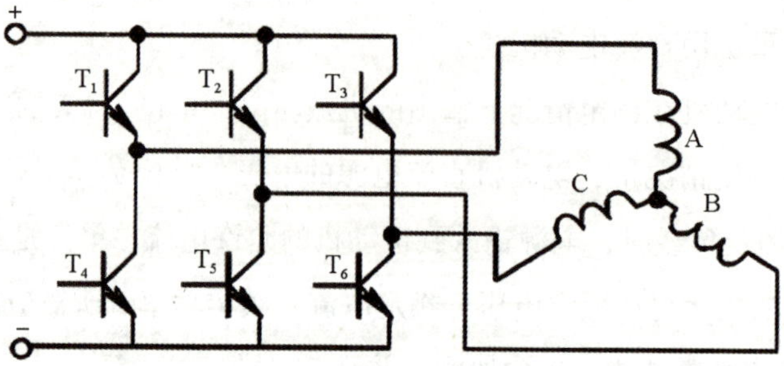

图 2-80　无刷电动机的电枢绕组

（2）直流无刷电动机的工作原理。其原理是当某一相定子绕组通电时，该电流与转子永磁钢的磁极所产生的磁场相作用而产生电磁转矩，驱动转子旋转。由转子位置传感器将转子磁钢的位置变换成电信号，去控制电子开关线路，使定子各相绕组按一定次序导通，定子相电流随转子位置的变化而按一定的次序换相。由于电子开关线路的导通次序是与转子同步的，因而起到了机械换向器的换向作用。因此，直流无刷电动机，就基本结构而言，可以认为是一台电动机本体、电子开关电路以及转子位置传感器三者组成的电动机系统。

2. 步进电动机

（1）步进电动机的基本结构。步进电动机由定子和转子组成，如图 2-81 所示。

① 定子。定子是用硅钢片或其他软磁材料制成的，定子上共有六个磁极，相邻两个磁极的夹角是 60°，在径向相对的两个磁极上的线圈串联起来组成一相绕组，三相绕组接成星形。

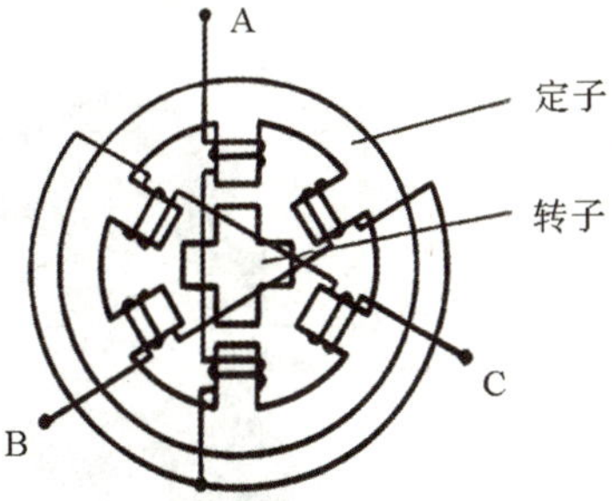

图 2-81　步进电动机的结构

② 转子。转子为反应式转子，也是用硅钢片或其他软磁材料制成的。反应式转子有四个凸出的磁极，也称为转子的齿，转子上没有绕组。反应式转子是利用转子凸出的磁极磁阻较小所产生的反应转矩而转动的。

如果将转子做成永磁的，就成为永磁式转子，永磁式转子是利用与定子磁极之间的吸引力和排斥力产生转矩的，因此，它的输出转矩较大。

（2）步进电动机的工作原理。当 A 相绕组通电建立磁场，而 B、C 相绕组不通电时，由于磁通具有力图走磁阻最小路径的特点，吸引转子朝磁阻最小的方向转动，因而转子 1 齿和 3 齿的轴线与定子 A 相磁极轴线对齐。此时，转子的 2 齿和 4 齿在定子磁极 B 和 C 中间，如图 2-82（a）所示。

当 A 相绕组断电，B 相绕组通电时，在 B 相绕组建立的磁场，使转子再逆时针方向转过 30°，使 2 齿和 4 齿轴线与 B 相磁极轴线对齐，如图 2-82（b）所示。同理，当 B 相绕组断电，C 相绕组通电时转子又逆时针方向转过 30°，使转子的 1 齿和 3 齿的轴线与 C 相磁极轴线对齐，如图 2-82（c）所示。按此顺序不断地使各相绕组轮流通电和断电，转子就会按逆时针方向一步一步地转下去。

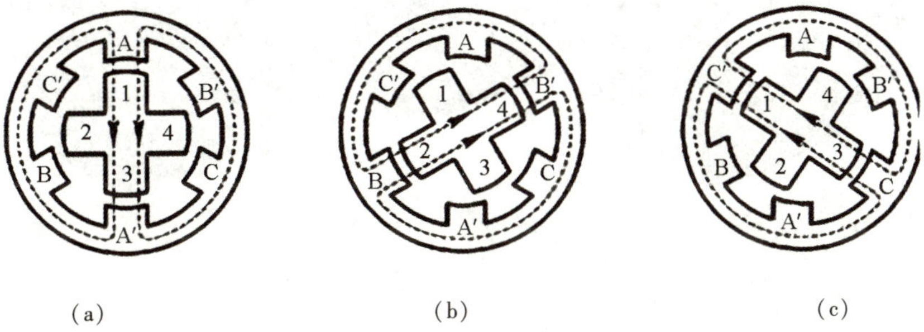

（a）　（b）　（c）

图 2-82　步进电动机的工作原理

二、三相异步电动机

1. 三相异步电动机的结构组成与功用

三相异步电动机的结构如图 2-83 所示，它由定子、转子两大部分组成，定子是固定不动的部分，转子是旋转的部分，在定子和转子之间有一定的气隙。

图 2-83　三相异步电动机的结构

（1）定子。定子的作用是产生旋转磁场，由定子铁芯与定子绕组组成。定子铁芯如图 2-84 所示，由硅钢片叠装而成，在铁芯内圆有许多槽，用来嵌放定子绕组，即对称三相绕组，三相绕组可接成星形或三角形，如图 2-85 所示。定子铁芯固定在机座上，机座外面有散热筋（散热片），在新能源汽车上的电动机机座外围有散热水道，以帮助定子散热，机座由铸铁或铸钢铸造，如图 2-86 所示。机座上设有接线盒，用以连接绕组引线和接入电源。

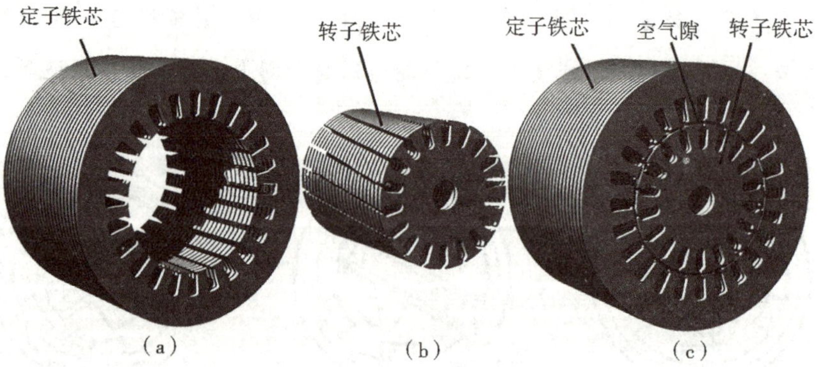

图 2-84　定子、转子铁芯

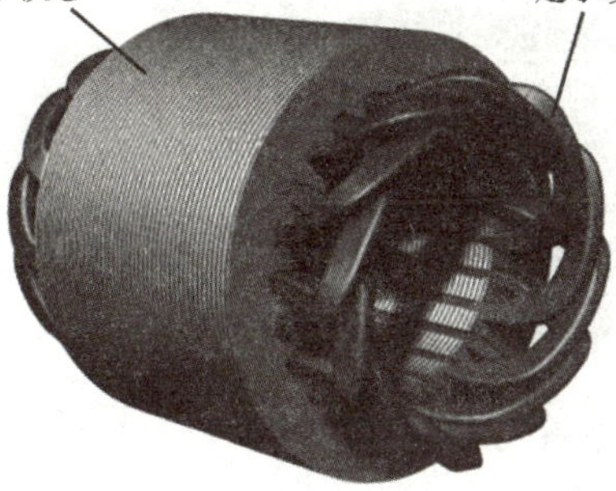

图 2-85　三相绕组

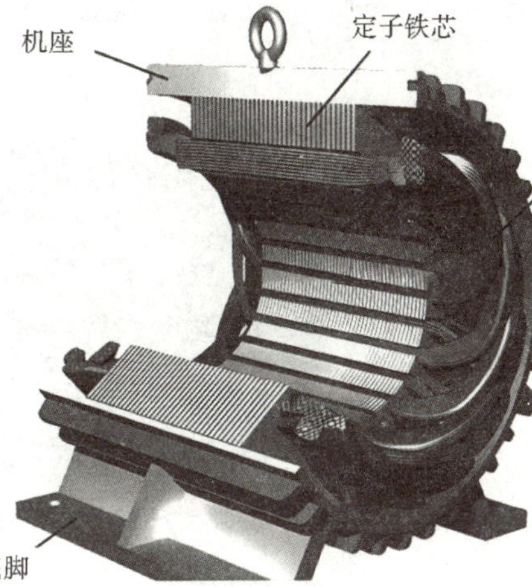

图 2-86　定子铁芯的结构

（2）转子。转子的作用是产生电磁转矩，实现了电能向机械能的转换。转子由转子铁芯和转子绕组组成，转子铁芯也由硅钢片叠成（图 2-84），在铁芯外圆有许多槽，用来嵌放转子绕组。转子绕组的作用是在旋转磁场作用下，产生感应电动势或电流。转子绕组有鼠笼型和绕线型两种类型，鼠笼型转子绕组是由嵌放在转子铁芯槽内的铜条或铝条组成，在铜条或铝条的两端与铜环焊接起来，形成一个闭合回路，如果去掉铁芯整个绕组外形就像个圆笼，如图 2-87 至图 2-89 所示。绕线型转子的绕组分为三相，三相绕组为星形（Y）接法，有三个端头与三个滑环相连接，三个滑环通过电刷与外设三相启动设备相连接，以便提高电动机的启动力矩和调速，如图 2-90 和图 2-91 所示。三个滑环彼此绝缘，与轴也绝缘。

图 2-87　鼠笼型转子绕组

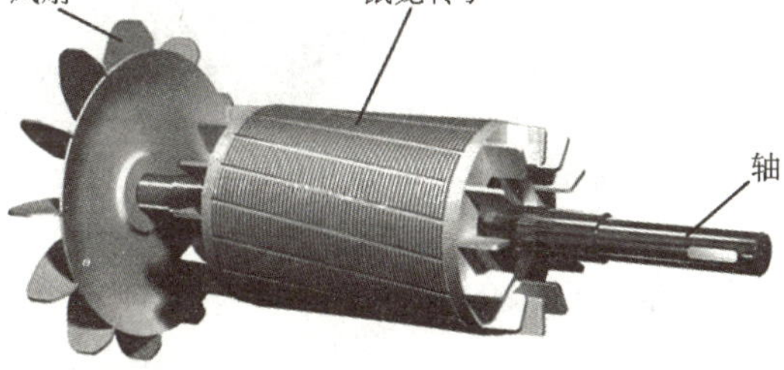

图 2-88　鼠笼型转子

图 2-89　鼠笼型异步电动机外形

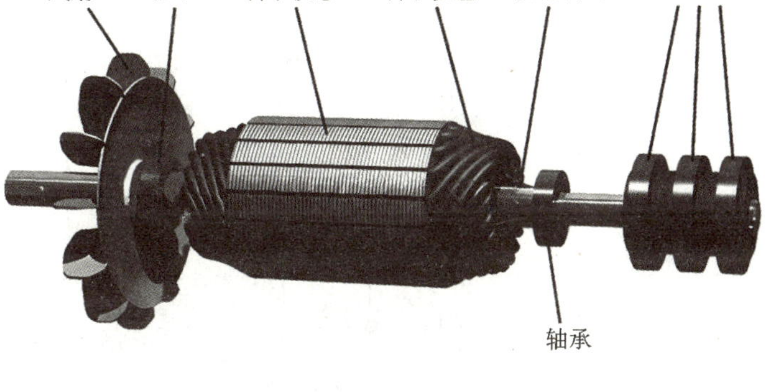

图 2-90　绕线型转子

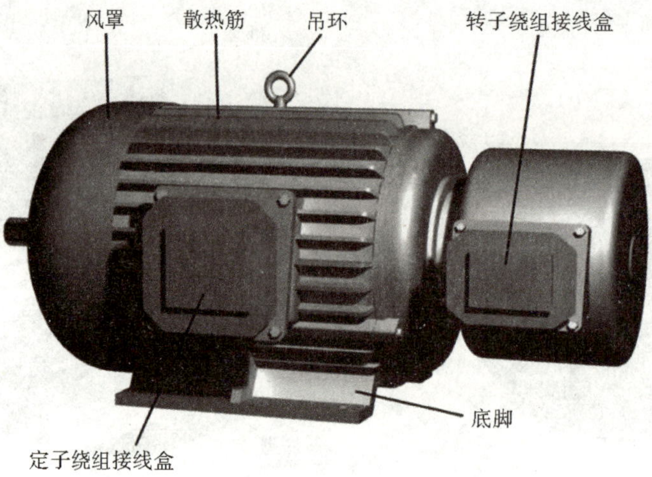

图 2-91　绕线型异步电动机外形

（3）发电机端盖与风扇罩。在机座两端要安装端盖，端盖起支撑转子的作用，同时密封发电机。端盖中部是轴承安装孔，安装好轴承后盖上轴承盖，在电动机的后端还有风扇罩，如图 2-92 所示。

把转子插入定子中间，通过轴承安装在端盖上，端盖安装在机座上，装上风扇罩，一个三相交流异步电动机就组成了。接入三相交流电源后定子产生的旋转磁场就可带动笼型转子旋转。

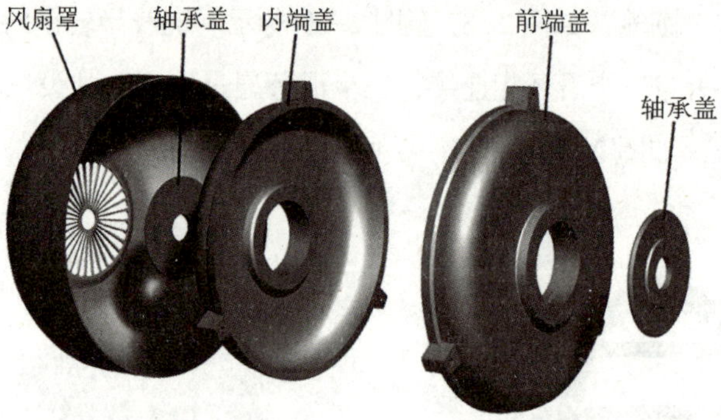

图 2-92　发电机端盖与风扇罩

2. 三相异步电动机的工作原理

（1）三相异步电动机的定子绕组接法。普通常用的三相异步电动机的定子绕组有星形（Y）接法和三角形（△）接法两种，如图 2-93 所示。

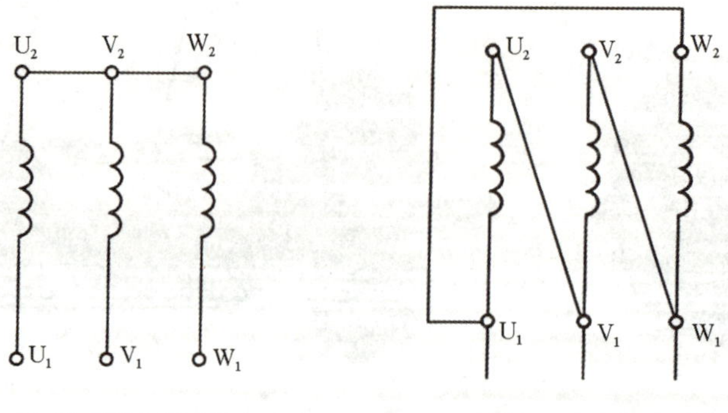

（a）定子绕组星形接法　　（b）定子绕组三角形接法

图 2-93　三相异步电动机定子绕组接线法示意图

（2）定子旋转磁场的产生。以两极异步电动机为例说明定子三相绕组通入对称三相电流如何产生磁场。三相定子绕组分别是 U_1U_2、V_1V_2、W_1W_2，它们在空间上彼此相隔 120°。定子绕组的嵌放情况如图 2-94 所示。

设通入三相定子绕组有三相电流为

$$i_U = I_m \sin \omega t \tag{2-10}$$

$$i_V = I_m \sin (\omega t - 120°) \tag{2-11}$$

$$i_W = I_m \sin (\omega t - 240°) \tag{2-12}$$

三相正弦交流电流波形如图 2-95 所示。

① 当 $\omega t = 0°$时，$i_U = 0$，$i_V < 0$，$i_W > 0$，V 相绕组的电流从 V_2 端流入 V_1 端流出，W 相绕组的电流从 W_1 端流入 W_2 端流出。根据右手螺旋定则可确定三相电流产生的合成磁场，如图所示 2-96（a）所示，图中“⊗”表示电流流入，“⊙”表示电流流出。

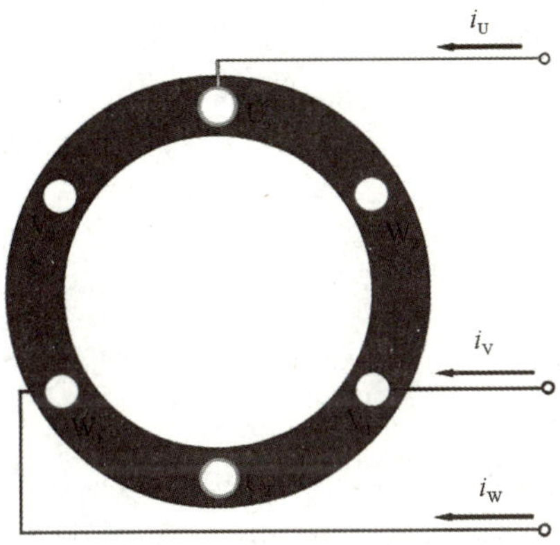

图 2-94　定子绕组的嵌放情况

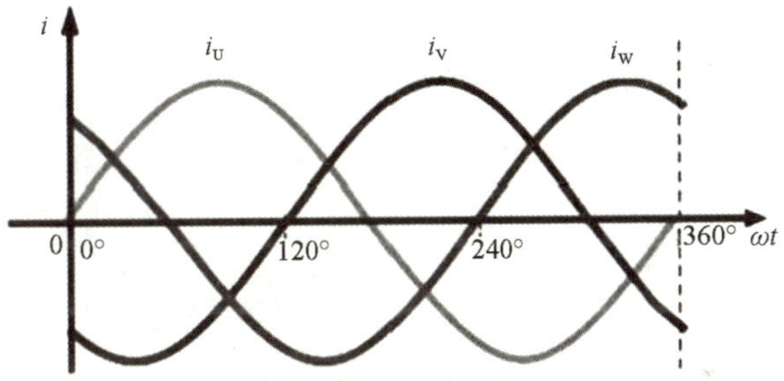

图 2-95　三相正弦交流电流的波形图

② 当 $\omega t = 120°$时，$i_V = 0$，$i_U > 0$，$i_W < 0$，U 相绕组的电流从 U_1 端流入 U_2 端流出，W 相绕组的电流从 W_2 端流入 W_1 端流出。这时的合成磁场如图 2-96（b）所示，可见合成磁场沿顺针方向旋转了 120°。

③ 当 $\omega t = 240°$时，$i_W = 0$，$i_V > 0$，$i_U < 0$，用类似的方法判断出合成磁场又沿顺时针方向旋转了 120°，如图 2-96（c）所示。

④ 当 $\omega t = 360°$时，合成磁场又沿顺时针方向旋转 120°，即回到原先的 $\omega t = 0°$时的位置，如图 2-96（d）所示。

根据上述分析可以证明，当三相电流随时间不断变化时，合成磁场在空间也不断旋转，这样就产生了旋转磁场。当正弦电流的电角度变化 360°时，两极旋转磁场在空间也正好旋转一周。

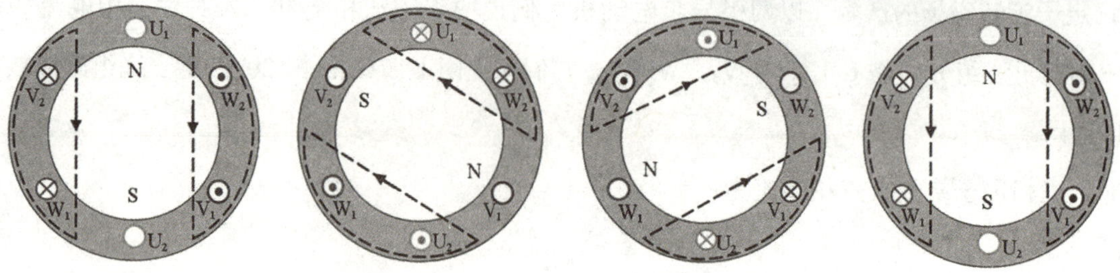

（a）$\omega t=0°$ （b）$\omega t=120°$ （c）$\omega t=240°$ （d）$\omega t=360°$

图 2-96　三相电流产生的旋转磁场（一周内变化）

（3）转子转动原理。当定子旋转磁场在穿过转子时，因转子绕组相对定子磁场有相对运动，所以在转子绕组内产生感应电动势，就会产生感应电流。转子绕组内的感应电流与定子磁场相互作用，就会产生电磁力矩；转子会跟随定子磁场转动，转子转速为 n。

三相异步电动机同步速称为 n_0 与转子转速之差（$\Delta n=n_0-n$）称为转差；转差与同步速百分比称为转差率，用 S 来表示，电动机在额定状态下的转差率为 $S_N=2\%\sim6\%$。

$$S=\frac{(n_0-n)}{n_0}\times 10\% \tag{2-13}$$

$$n=(1-S)n_0 \tag{2-14}$$

$$n=(1-S)\frac{f_1}{p} \tag{2-15}$$

由式（2-15）可知转子转速 n 与同步转速 n_0 相差很小，当 $n<n_0$ 时电动机工作在电动状态，当 $n>n_0$ 时电动机工作在发电制动状态。新能源汽车在减速制动时就利用电动机的这个特性进行能量回收，起再生制动的作用。

3. 三相异步电动机的铭牌与型号

图 2-97 为 Y112M-6 型三相异步电动机铭牌，铭牌中的数据显示有电动机的型号 Y112M-6、额定功率 2.2 kW、额定电压 380 V、额定电流 5.7 A、额定转速 935 r/min、绝缘等级 B 级、频率 50 Hz、绕组接法 Y 形、生产厂名与生产日期。

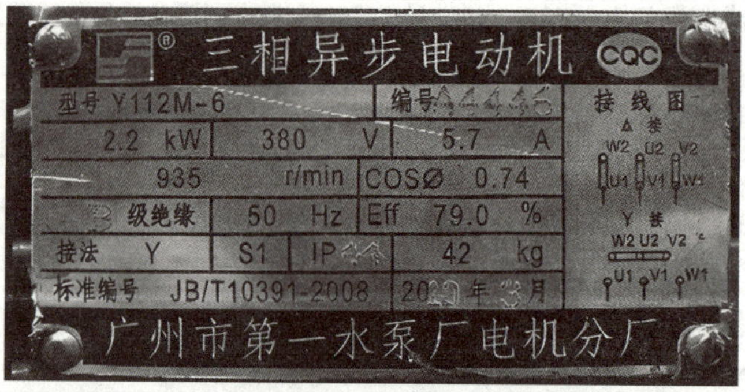

图 2-97　Y112M-6 型三相异步电动机铭牌

电动机型号的含义以 Y112M-6 为例介绍。

Y：表示产品名称代号。Y、Y-L 为鼠笼型异步电动机，YR 为绕线型异步电动机，YB 为防爆型异步电动机，YA 为防爆安全型异步电动机，YQ 为力矩异步电动机等。

112：机座中心距 112 mm。

M：机座长度代号（S 为短机座，M 为中机座，L 为长机座）。

6：定子磁极数（6 极）。

4. 三相异步电动机的检修

（1）定子的检修。定子的故障多是由于定子绕组原因，其产生的原因也各不相同。常见的故障有定子绕组接地、短路、断路，应针对不同故障采取不同的检修方法。

① 定子绕组接地故障的检修。定子绕组接地是指定子绕组与定子铁芯短接，绕组接地后会使电动机的机壳带电，绕组过热，从而导致短路，造成电动机不能正常工作。

接地检查方法有如下几种。

◆观察法：绕组接地故障经常发生在绕组端部或铁芯槽口部分，而且绝缘常有破裂和烧焦发黑的痕迹。因而当电动机拆开后，可先在这些地方寻找接地处。如果引出线和这些地方没有接地的迹象，则接地点可能在槽里。

◆兆欧表检查法：用兆欧表检查时，应根据被测电动机的额定电压来选择兆欧表的等级。500 V 以下的低压电动机，选用 500 V 的兆欧表；3 kV 的电动机采用 1 000 V 的兆欧表；6 kV 以上的电动机应选用 2 500 V 的兆欧表。测量时，兆欧表的一端接电动机绕组，另一端接电动机机壳。所测绝缘电阻在 0. 5 MΩ 以上，则说明电动机绝缘正常，否则存在接地故障。

◆万用表检查法：检测时，先将三相绕组之间的连接线拆开，使各相绕组互不接通。然后将万用表的量程旋到“R×10 k”挡位上，将一只表笔碰触在机壳上，另一只表笔分别碰触三相绕组的接线端。若测得的电阻较大，则表明没有接地故障；若测得的电阻很小或为零，则表明该相绕组有接地故障。

② 定子绕组短路故障的检修。绕组短路可分为匝间短路和相间短路。绕组短路严重时，负载情况下电动机根本不能启动。短路匝数少，电动机虽能启动，但电流较大且三相不平衡，导致电磁转矩不平衡，使电动机产生振动，发出“嗡嗡”响声，短路匝中流过很大电流，使绕组迅速发热、冒烟并发出焦臭味甚至烧坏。

短路检查方法有如下几种。

◆观察法：观察定子绕组有无烧焦绝缘或有无浓厚的焦味，可判断绕组有无短路故障；也可使电动机运转几分钟后，切断电源停车，立即将电动机端盖打开，取出转子，用手触摸定子绕组的端部，感觉温度较高的部位即是短路线匝的位置。

◆万用表（兆欧表）法：将三相绕组的头尾全部拆开，用万用表或兆欧表测量两相绕组间的绝缘电阻，其阻值为零或很低，即表明两相绕组有短路。

③ 定子绕组断路故障的检修。当电动机定子绕组中有一相发生断路，电动机星形接法时，通电后发出较强的“嗡嗡”声，启动困难，甚至不能启动，断路相电流为零。当电动机带一定负载运行时，若突然发生一相断路，电动机可能还会继续运转，但其他两相电流将增大许多，并发出较强的“嗡嗡”声。对三角形接法的电动机，虽能自行启动，但三相电流极不平衡，其中一相电流比另外两相约大70%，且转速低于额定值。

断路检查方法有如下几种。

◆观察法：仔细观察绕组端部是否有碰断现象，找出碰断处。

◆万用表法：将电动机出线盒内的连接片取下，用万用表或兆欧表测各相绕组的电阻，当电阻大到几乎等于绕组的绝缘电阻时，表明该相绕组存在断路故障。

（2）转子的检修。笼型转子比较坚固而不易损坏，但由于材料或制造质量不良、结构设计不佳或运行起来频繁、操作不当、急促的正反转造成剧烈冲击等原因也会致使转子损坏。

① 笼型转子常见的故障是断条。转子断条后，电动机将发出强烈的周期电磁噪声和振动，电动机转矩降低，转速下降。

◆外表检查法。对防护式电动机，可在电动机启动时观察转子与定子的间隙处有无火花，如有，说明转子有断条现象。将电动机拆卸后抽出转子，仔细观察转子铁芯表面和端环，检查有无过热变色点或断裂处。

◆铁粉检查法。利用磁场原理的方法，在转子端环两端通入电流，将铁粉撒在转子上，逐渐升高电压，使转子铁芯的磁场增强至能吸附铁粉为止。如果笼条没有断裂，则转子铁芯表面的铁粉整齐地按槽的方向排列；若转子某槽不能粘附铁粉或粘附的铁粉很少，便说明该槽笼条断裂。

② 绕线型转子绕组的结构和绕制方法与定子绕组相同，其检查方法类似，这里就不再赘述。但绕线型转子比笼型转子增加一套滑环和电刷装置，它是较易发生故障的部分。其检查方法如下。

◆检查电刷长度。电刷过短会导致与滑环接触不良，产生电弧。更换电刷时必须选用同牌号、同规格的，并用细砂布磨出相吻合的接触弧面。

◆电刷弹簧弹力检查。如果电刷的压力不当会产生火花或快速磨损。检修时可用弹簧秤检查，一般碳-石墨电刷所需单位压力约为1 960 Pa，电化-石墨为1 470~3 920 Pa，铜-石墨为1 470~2 450 Pa。

◆滑环的检查。检查滑环表面是否有滑痕、麻点、烧蚀、过度磨损等。如果滑环部分已损坏且无法修复绕线转子，在电源容量允许的情况下，可试将转子绕组的三根引线并接，改为笼型转子使用。

5. 三相异步电动机的维护

（1）保持电动机清洁。定期清扫滑环处的电刷粉，检查接线端连接是否可靠，更换轴承润滑脂，对容易受到水滴、油污及杂物落到的电动机要加做电动机罩。

（2）定期测量电动机绝缘。特别是电动机受潮时，如发现电动机绝缘电阻过低，要及时进行干燥处理，检查合格后才能运行。

(3) 定期检查控制电路的刀闸、主触点是否磨损、接触不良。

(4) 对绕线型转子电动机要经常注意电刷与滑环之间的火花，如火花过大，要立即做好清洁工作，甚至更换电刷。

三、永磁同步电动机

永磁同步电动机（permanent magnet synchronous motor，PMSM），永磁，指的是在制造发电机转子时加入永磁体，使发电机的性能得到进一步的提升。而所谓同步，则指的是转子的转速与定子绕组的电流频率始终保持一致。因此，通过控制发电机的定子绕组输入电流频率，电动汽车的车速将最终被控制。

永磁同步电动机的结构较为简单，成本低，且省去了容易出问题的集电环和电刷，提高了运行的可靠性。又因无须励磁电流，省去了励磁损耗，提高了电动机的效率和功率密度。因而它是近年来研究较多并在各个领域中得到越来越广泛应用的一种电动机。

1. 永磁同步电动机的结构组成与功用

在电动汽车中广泛采用永磁同步电动机作为驱动动力。下面就以电动汽车的驱动发电机为例对永磁同步发电机进行学习。

永磁同步电动机的结构如图 2-98 和图 2-99 所示，它也是由定子、转子两大部件组成，三相交流绕组在定子上，永磁体在转子上。

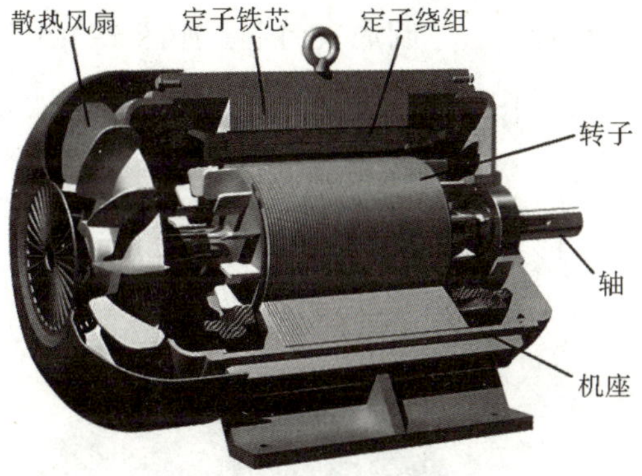

图 2-98 永磁同步电动机的结构组成

图 2-99 永磁同步电动机的部件

（1）定子。定子的功用是产生旋转磁场，定子由定子三相绕组、定子铁芯、机座和端盖等零部件构成。定子铁芯由冲压后的硅钢片紧密叠装而成，如图 2-100 所示。电动机在工作时定子绕组通电会产生温升，温度高会影响电动机的正常工作，需要对其进行散热，散热的方式有两种，一种是在机体外部铸有散热筋，依靠空气对流来散热；另一种是在机体内部铸有水道，通过水泵驱动冷却水流动来散热。在新能源汽车上常使用水冷的方式散热。

（a）风冷式

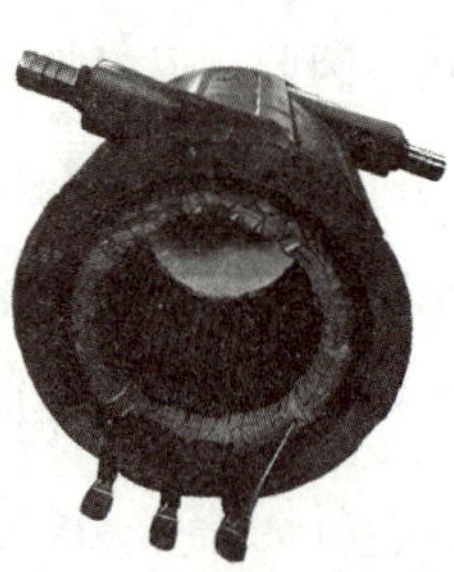
（b）水冷式

图 2-100　定子的结构组成

（2）转子。永磁同步电动同与普通异步电动机的不同是转子结构，永磁体转子铁芯仍需用硅钢片叠装而成，转子上安装有永磁体磁极，永磁体在转子中的布置有多种，下面介绍几种主要形式。

① 表面凸出式永磁转子。永磁体磁极安装在转子铁芯圆周表面上，如图 2-101 所示。根据磁阻最小原理，也就是磁通总是沿磁阻最小的路径闭合，利用磁引力拉动转子旋转，于是永磁转子就会跟随定子产生的旋转磁场同步旋转。

② 表面嵌入式永磁转子。永磁体磁极嵌装在转子铁芯表面，如图 2-102 所示。

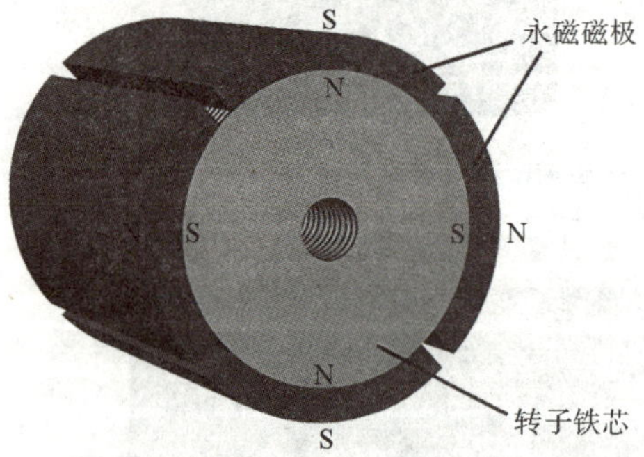

图 2-101　表面凸出式永磁转子

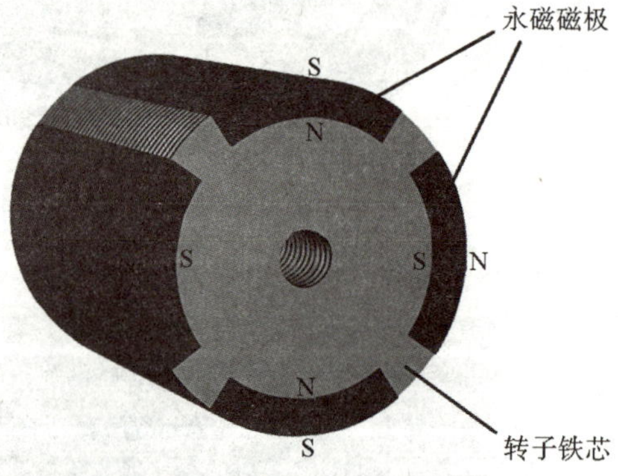

图 2-102　表面嵌入式永磁转子

③ 内埋式永磁转子。在转子铁芯内部嵌入永磁体，在较大的发电机用得较多。在铁芯内开有安装永磁体的槽，永磁体的布置方式如图 2-103 所示。

（a）径向式　（b）切向式　（c）U形混合式　（d）V形径向式　（e）

图 2-103　内埋式永磁转子

（3）转子位置传感器。通常转子位置传感器与发电机轴联在一起，用来随时测定转子磁极的位置与转子的车速，为电子换向提供正确的信息。

目前，PMSM 系统的位置传感器有很多方式，像光电编码式、磁敏式、电磁式等，也有在控制精度要求相对较高的场合采用正弦或余弦旋转变压器等位置传感器的，但无论哪种测量方式，其本质都是用来测量转子位置信息的，只是安装的体积、方便程度、成本及可靠性要求不同而已。

在电动汽车的驱动发电机中的转子位置传感器常使用旋转变压器，如图 2-104 和图 2-105 所示。

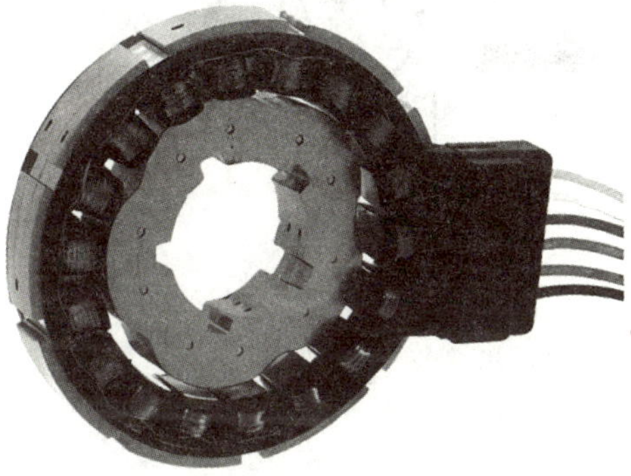

图 2-104　旋转变压器

图 2-105　旋转变压器的安装位置

（4）发电机控制器。如图 2-106 和图 2-107 所示，位置传感器将转子的位置与速度信号电平反馈给控制电路，控制电路经过电流采样和数学变换，并根据反馈的位置信息，重新按新的脉冲宽度调制（pulse width modulation，PWM）占空比输出，来触发功率器件（IGBT 或 MOSFET），从而实现对发电机进行驱动控制、再生制动控制、运行速度与方向控制等。发电机控制器内的逆变器是将直流电转换为电压频率可调的三相交流电。

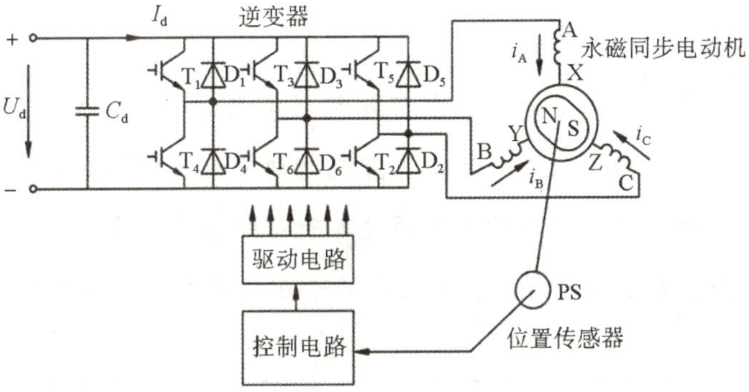

图 2-106　电动汽车发电机控制器系统原理图

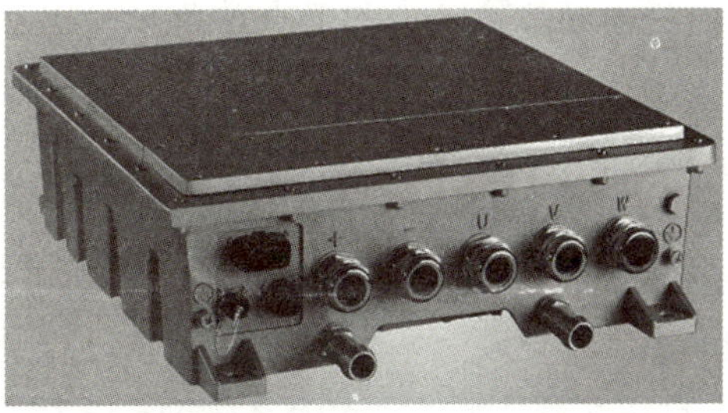

图 2-107　发电机控制器

2. 永磁同步电动机的工作原理

永磁同步电动机的最大优势是定子绕组的交流电能量可由直流电源提供，这样就可以对电动机进行精确控制。将直流电经逆变器转换为交流电后接到定子的三相绕组，由于交流电按一定周期变化，使得三相绕组中产生旋转磁场。根据同性相拆、异性相吸的原理，定子的旋转磁场就会拉动转子旋转，使转子磁场及转子与定子旋转磁场同步旋转。由此可知，通过改变交流电的频率就可以改变转子的输出转速。

如图 2-108 所示，当定子旋转磁场超前于转子磁场，永磁同步电动机处于电动机状态；当定子旋转磁场与转子磁场轴线重合，为理想空载状态；当定子旋转磁场滞后于转子磁场，为发电机状态。

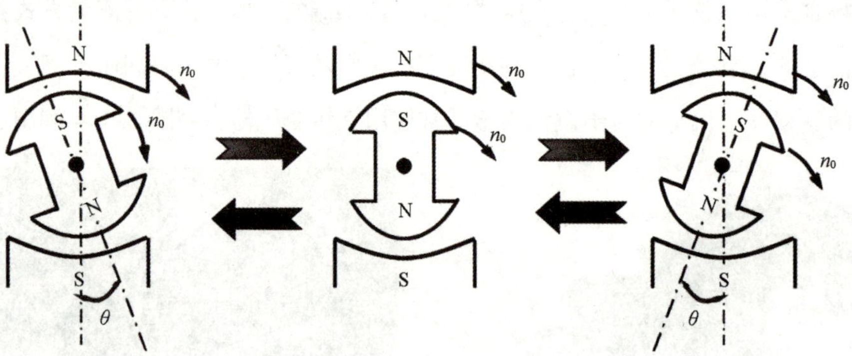

（a）电动机状态　（b）理想空载状态　（c）发电机运行

图 2-108　永磁同步电动机的工作状态

3. 永磁同步电动机的检测

（1）外观检查。检查电动机外接的连接线是否破损，外壳接地是否良好，水管与电动机连接处是否漏水，定子绕组是否有破损等。

（2）检测定子绕组对电动机外壳绝缘电阻。定子绕组对电动机外壳绝缘电阻均≥20 MΩ，如果电动机严重受潮，导致发电机对地绝缘电阻≤2 MΩ。

（3）检测定子绕组断路与短路，方法同异步电动机的检测方法。

项目小结

本项目主要介绍了电学基础知识，包括电路、电流、电压、电阻等常用参数的概念和应用，首先介绍了电路基础元件及电控基础元件的功能和作用；其次介绍了直流电动机和三相异步电动机；最后介绍了永磁同步电动机等主要电动机的工作原理和特点。通过本项目的学习，读者能提升实际应用能力，还在电气安全和工程实践中积累了宝贵经验，为未来的专业发展打下了坚实的基础。

课 后 练 习

一、填空题

1. 电路图采用画________的方法来表示电路，这种表示方式较为____且不能清晰表达电路原理。

2. 电流是________在电场力作用下________形成的。

3. 电阻器可以分为________、________和________（敏感电阻）；按制造材料可以分为碳膜电阻、金属膜电阻、线绕电阻等；按安装方式可以分为插件电阻、贴片电阻。

4. 电容器是储存________的一种容器，主要用于____、____、旁路、调谐、能量转换、延时等。

5. PN 结加上________和____就构成半导体二极管，简称二极管。

二、简答题

1. 什么是电感器？

2. 电容器如何进行串联和并联？

3. 二极管有哪些特性？

4. PCB 板有哪些特点？

5. 电阻的主要参数和规格标注方法是什么？

项目三

高压电基础知识

项目导读

本项目旨在深入学习和掌握高压电基础知识，涵盖了高压安全基础、电压等级与安全电压的理解，以及高压系统操作中可能遇到的危害及应对方法，还包括新能源汽车高压区域和电池结构的识别与认知。

学习目标

知识目标

◆掌握高压安全基础知识。

◆了解电压等级与安全电压。

◆明确高压故障的危害。

技能目标

◆能够阐述电击、电弧的危害，并能够实施有效的防范措施。

◆能够对新能源汽车高压区域进行识别。

素质目标

◆培养学生逻辑分析思维，初步形成谦虚谨慎、善于思考并具有知识迁移的能力。

◆培养学生树立规范操作的职业意识，明白规范不仅意味着把事情做完，更意味着把事情做好。

◆培养学生养成认真严谨、规范有序的操作意识，培育团队协作和勤于动手的能力。

思政目标

◆通过本项目的开展，培养学生对高压电安全的深刻认识和预防意识，增强学生在高压系统作业中的安全意识和责任感，提升科技创新和工程实践中的伦理素养，促进新能源汽车技术的安全应用与可持续发展。

任务工单

1. 任务描述

蒋珑的新能源汽车在路上行驶途中突然发生故障，于是他致电给购买汽车的4S店，店中的维修人员告诉他可以自行检查车上的连接线，当蒋珑打开机盖后，错综复杂的线路使他苦恼，请你来帮他如何识别高压线路吧。

2. 寻找成员

以3~5人为一组，选出组长并进行任务分工，将小组成员及分工情况填入表3-1中。

表3-1　小组成员及分工情况

小组成员	姓名	学号	任务分工
组长			
组员			

3. 制订计划

（1）查阅相关资料，制订工作计划，并将其填入表3-2中。

表3-2　工作计划

序号	工作内容	负责人

（2）将操作过程中所需的工具和耗材等填入表3-3中。

表3-3　操作过程中所需的工具和耗材等清单

序号	名称	型号与规格	单位	数量	备注

4. 进行决策

（1）小组成员针对各自的工作计划展开讨论，并选出最佳工作计划。

（2）指导教师对各小组提交的工作计划做出评价。

（3）各小组成员根据指导教师的评价对工作计划进行调整，调整合格后的工作计划即为最终实施方案。

5. 工作实施

根据最终实施方案，进行新能源汽车电学实训。按实际操作过程，将实施内容、遇到的问题及解决办法等记录于表 3-4 中。

表 3-4　工作实施过程记录表

序号	实施内容	遇到的问题及解决办法	结果

6. 考核评价

各组展示任务完成情况，并完成表 3-5 所示的考核评价表。

表 3-5　考核评价表

评价项目	评价内容	分值	评价分值		
			自评	互评	师评
职业素养考核项目	穿戴规范、整洁	6 分			
	安全意识、责任意识及服从意识强	6 分			
	积极参加教学活动，按时完成任务工单	10 分			
	团队合作、沟通交流能力强	6 分			
	劳动纪律良好	6 分			
	维护场地、设备及工具等干净整洁	6 分			
专业能力考核项目	专业知识查找及时、准确	10 分			
	掌握高压故障的危害	20 分			
	操作熟练，工作效率高	10 分			
	正确识别新能源汽车高压区域与电池结构	20 分			
合计		100 分			
总评	自评(20%)+互评(20%)+师评(60%)=	综合等级	指导教师（签名）：		

任务一 高压安全基础知识

电压等级（voltage class）是电力系统及电力设备的额定电压级别系列。额定电压是电力系统及电力设备规定的正常电压，即与电力系统及电力设备某些运行特性有关的标称电压。电力系统各点的实际运行电压允许在一定程度上偏离其额定电压，在这一允许偏离范围内，各种电力设备及电力系统本身仍然能正常运行。

目前，我国将电压等级划分为以下几种。

（1）安全电压通常为 36 V 以下，我国规定安全电压为 42 V、36 V、24 V、12 V 和 6 V。

（2）低压指对地电压在 1 000 V 及以下。交流系统中的 220 V 三相四线制的 380 V/220 V 中性点接地系统的均属低压。

（3）高压指 1 000 V 以上的电力输变电电压，或 380 V 以上的配用电电压。

（4）超高压为 330~750 kV。

（5）特高压为 1 000 kV 交流，800 kV 直流以上。

进行危险电压组件方面的工作时必须遵守安全规定。国际标准给出了强制性安全规定，危险电压是 25 V 以上的交流电和 60 V 以上的直流电。车辆制造标准允许的最大接触电压（根据 ECER100 标准）是 30 V 交流电及 60 V 直流电。新能源汽车的电压一般在 300~650 V 间，虽然按照国家标准进行划分，应该属于低压范围，但是为和传统内燃机车辆 12 V 电源进行区别，我们通常称其为高电压。

新能源汽车的维护过程离不开高压电，高压电气安全事故造成的后果是非常严重的，因此对所有接触新能源汽车的人员普及高压电气安全知识是非常有必要的。

一、高电压

每个带电物体周围都有电场（图 3-1），绝缘体带静电时就会产生电场。电场产生的原因是带电物体与其周围的物体之间存在电位差，此电位差称为电压。

（a）带正电球体的电场　　（b）导体之间的电场

图 3-1　带电物体的电场

带电压的导体周围也会产生电场。新能源汽车使用的电压范围为几百伏，但是电压产生的电场没有直接危险，带静电物体的电场可能比其大得多，例如，手接近带高电压的导线时不会产生火花。

电压不仅能在物体周围产生电场，还能在电路中产生电流。电压 U 越大，在电阻不变的情况下电流 I 越大。在新能源汽车的高电压车载网络中，所使用的电压比常用的 12 V 车载网络高数倍。

设计时，针对高电压考虑了高电压车载网络中的技术元件，以适合所要求的电流强度。但是人体的电阻与所施加的电压无关。因此人体与高电压车载网络的导电部件接触（与 12 V 车载网络相比）时，流过人体的电流明显较高。

二、高电流

有电流流过时，导体周围产生磁场。导体内的电流强度越大，磁场强度越大，如图 3-2（a）所示。如果有电流流过的导体位于磁场中，那么导体内部移动的电荷载体上会产生电感。如果在磁场内移动带电导体，则导体内会产生感应电压。

两个有电流流过的导体的磁场彼此重叠，如图 3-2（b）所示。在高电压车载网络中，连接到高电压蓄电池的导线（正极和负极导线）平行布置。在这些导线中，电流向相反方向流动。两个导线的磁场彼此重叠，因此导线之间的磁力线密度较高，磁场也较强。

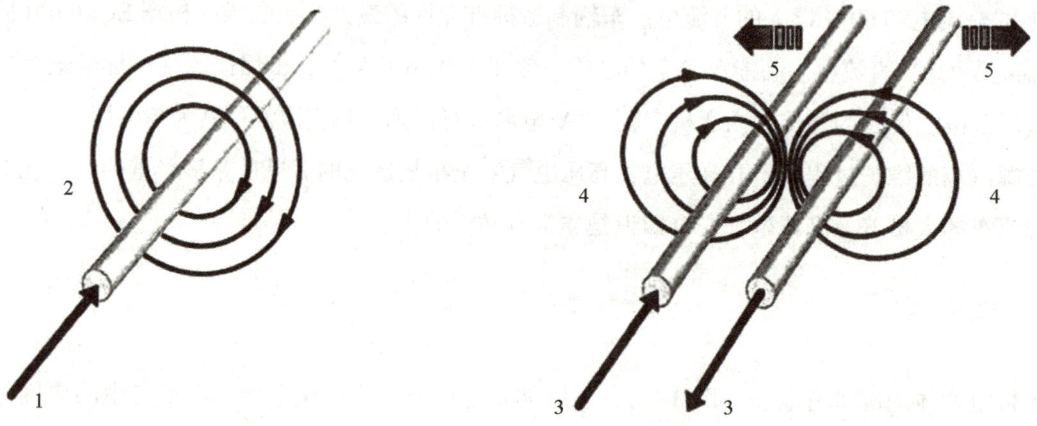

（a）有电流流过的单个导体　　（b）两个平行布置的有电流流过的导体

1-电流向一个方向流动；2-电流流过引起的磁场；3-方向相反的两路电流；4-两路电流流过引起的磁场；5-磁场作用在两个导体上的力。

图 3-2　围绕有电流流过导体的磁场

根据能量守恒定律，叠加作用必然反作用于电流。因此两束导线上作用力的方向抵消了加强的磁场，即导线彼此推开。磁场作用在导体上的力相对较小。

提示：安装高电压导线时仍必须注意以下事项。

1. 仔细地将高电压导线放入或卡入为此准备的固定夹内。

2. 使用现有的高电压导线拉力卸载装置。

3. 用规定拧紧力矩固定高电压导线的螺纹接头。将锁止件牢固地安装在高电压导线的插接件上。

4. 必须遵守各高电压导线之间以及高电压导线与信号导线的设计规定距离。

新能源汽车行驶模式下不仅出现直流电，还有（重叠的）交流电。因此导线上的作用力方向也不是恒定的，而是根据电流方向改变方向。固定或连接还必须防止因作用力变化产生的振动，否则会造成高电压导线松动。如果维修时不注意这些，则可能出现振动噪声。此外还可能造成电气插头松动和接触电阻过高。

如果某一导体内电流强度发生变化，那么导体周围的磁场也会随之改变。导体本身产生感应电压，该电压对缠绕的导体（线圈）尤为重要。如果其他导电物体位于该导体的磁场内，则这些导体内同样会产生感应电压，最终导致导体内产生电流。电流变化越大，变化速度越快，则感应电压越高。虽然新能源汽车的高压车载网络内电流强度高，但使用高频开关，因此不会给售后服务人员带来危险。但是，在高电压导线附近安装信号导线时，必须考虑确保电磁兼容（EMV）的边界条件。

三、高频率

在高电压车载网络内使用变频器和 DC/DC 转换器。这些功率电子电路以高开关频率工作。因此高电压导线的电压和电流曲线不是恒定的，而是具有最高几百赫兹的频率。由此产生的电磁场导致相邻导线内可能出现干扰电压和干扰电流。在电路图中可以通过导线内或导线之间的电感和电容看出这些影响（图 3-3）。

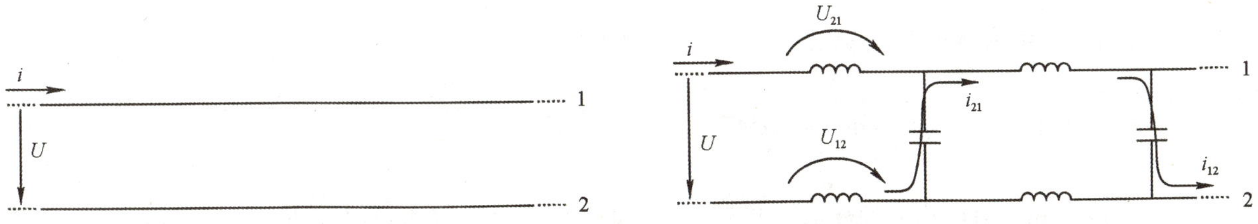

（a）两个平行布置的导线　　（b）两个平行导线的等效电路

1—导线 1；2—导线 2；i_{12} —导线 2 中通过电容耦合产生的干扰电流，由导线 1 中的电压引起；

i_{21} —导线 1 中通过电容耦合产生的干扰电流，由导线 2 中的电压引起；U_{12} —导线 2 中通过电感耦合产生的干扰电压，由导线 1 中的电流引起；

U_{21} —导线 1 中通过电感耦合产生的干扰电压，由导线 2 中的电流引起。

图 3-3　导线的电感和电容

为确保信号导线上的干扰尽可能小，需采取相应措施，例如使用屏蔽导线、双绞导线或导线之间的距离尽可能大。新能源汽车的特点是可能产生这类干扰电压和干扰电流，尤其是在高电压导线周围。为保证电磁兼容性，高电压导线都带有屏蔽层（图 3-4）。

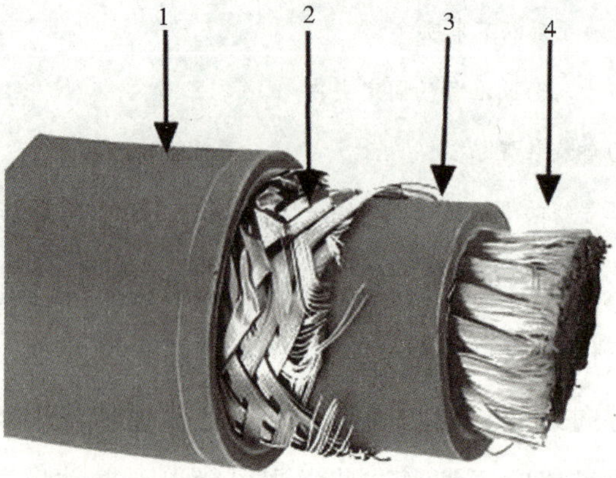

1-橙色外部保护套；2-作为屏蔽层的钢丝网；3-导体绝缘层；4-导体。

图 3-4　带屏蔽层的高电压导线

不得因未按规定维修或非正规解决方案而影响车内采取的所有电磁兼容性措施，否则肯定会造成车内复杂的电子系统出现功能故障。在新能源汽车中，这不仅会涉及安装高电压导线等高电压组件，还会涉及供电电子装置。因此不允许非正规维修绝缘或壳体部件，否则不仅会危及车辆用户和售后服务人员人身安全，还可能因干扰电压和干扰电流而影响系统功能。

任务二　高压故障电流带来的危害

人体细胞在有限范围内具有导电性，细胞内液体的占比较高是导电的主要原因。如果接触带电部件，则电流可能流过人体。电流以最短路径流过人体时会遇到不同器官，对人体产生热效应、化学效应及刺激作用等，影响人体功能，损伤人体，甚至危及生命。

一、高压系统作业的职业伤害

习惯于 12 V 电力系统作业的汽车技术人员，纵使经验丰富也可能意识不到高压电器系统的特殊危害。这类危害包括但不限于以下几种。

（1）电击效应：电流低于导通限值时，会有相应的电击反应，容易因肢体不受控制和失去平衡而受伤。

（2）热效应：电流导入、导出点处会发生烧伤和焦化，也会发生内部烧伤。结果是导致肾脏负荷过大，甚至造成致命的伤害。

（3）化学效应：血液和细胞液成为电解液并被电解，导致严重的中毒，中毒情况在几天后才能被发现，因此伤害极大。

（4）肌肉刺激效应：所有的身体功能和人体肌肉运动都是由大脑通过神经系统的电刺激来控制的。如果通过人体的电流过高，则肌肉开始抽搐，大脑也无法控制肌肉组织。如果电流经过胸腔，则肺会产生痉挛（呼吸停止），心脏的跳动节奏会被打乱（心室纤维化颤动，无法进行心脏的收缩、扩张运动）。

（5）发生静态短路的热效应：工具急剧发热，会导致材料熔化，从而可能引发烧伤事故。

（6）短路引起火花，金属很快熔化，产生飞溅的火花，飞溅出来的金属颗粒温度超过 5 000 ℃，可能引起烧伤。

（7）带电高压线路接通和断开时所产生的光辐射可能造成电光性眼炎。

减少这类危险的信息通常可通过以下途径获得。

（1）该作业车辆的应急处理指南（emergency response guide，ERG）。

（2）汽车制造商的维修信息（整车安全防护措施）。

（3）原生产厂家的维修信息（特殊部件的安全防护措施）。

二、电击

高压电流穿过人体时会切断神经系统发出的信号（甚至包括通向心脏的信号），并且会烧伤内脏和组织。人体的抗电阻性存在个体差异，有人偏高、有人偏低，某一个体每天可能都不一样。

电流要流过人体（即发生电击），必须满足两个条件：一个是电压源，电流通过身体；另一个是闭合的电路，如图 3-5 所示。

人体内电流经过的不同路径的电阻值如图 3-6 所示。

图 3-5　电流流过人体

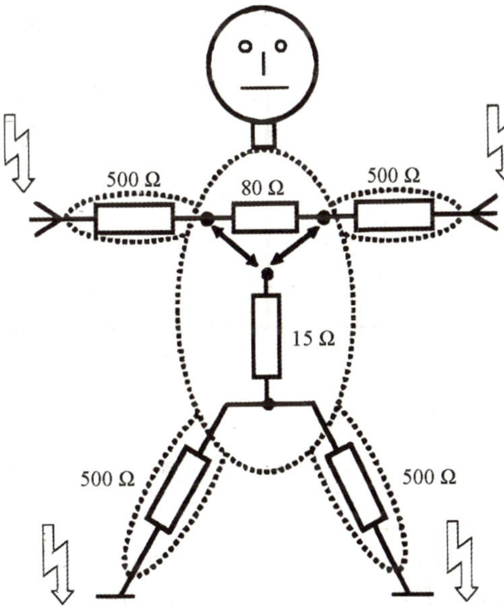

图 3-6　人体内电流经过不同路径的电阻值

人体电阻的大小取决于衣服、皮肤湿度、体内路径的长度和类型等因素。有电流流过的身体部位处衣服越厚、越干，电阻值越大。如果皮肤上有水或雪，那么身体电阻就会降低。如果身体内电流经过的路径较短，那么电阻比电流流过较长路径时小。人体电阻的近似值见表 3-6，这些数值可能受上述因素影响。

表 3-6　人体电阻

测试途径	阻值/Ω
手-手	1 000
手-脚	750
双手-脚	500
手-胸	450
双手-胸	230

电流还会对人体产生生理作用。肌肉运动和心跳都通过电脉冲控制。感觉器官的信息也以电信号形式通过神经组织传输到大脑。大脑再利用电信号工作。人体内的这些信号具有很低的电压（mV 级）和电流强度（μA 级）。如果外部电源产生的电流流过人体，那么该信号会叠加在自然电信号上。因此可能严重干扰自然电信号控制过程。至少可以感觉到电击和抽搐。电流强度较大时无法再控制肌肉运动，这可能导致无法松开带电部件。如果超过所谓的松开限值，就会形成危险的循环：电流流过人体的时间越长，其作用的危害性越大（图 3-7）。

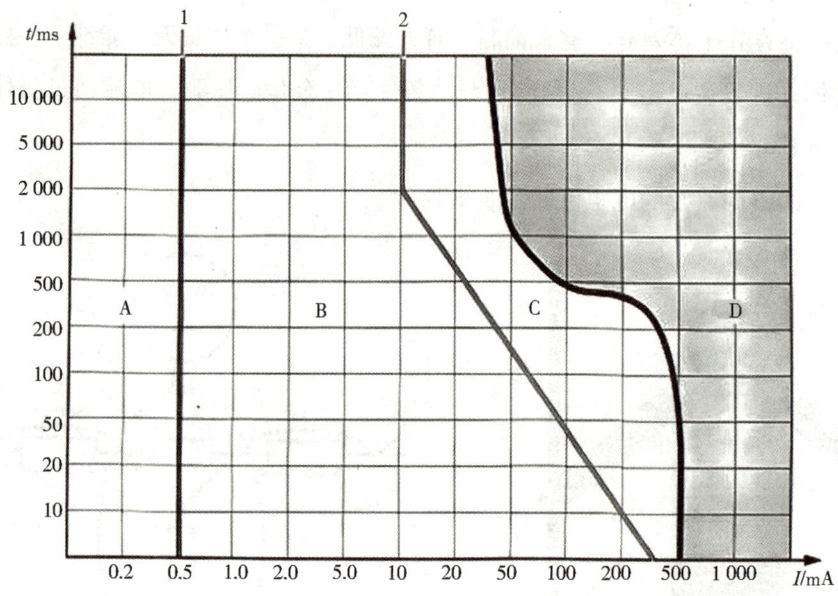

1-感觉限值；2-松开限值；A-作用无感觉；B-作用有感觉，直至肌肉收缩（0.5~2 mA 有感觉，3~5 mA 疼痛，10~20 mA 麻木）；C-肌肉收缩，呼吸困难，心率不齐；D-心室颤动，呼吸停止，心脏停止跳动。

图 3-7　电流对人体的危害性

最危险的是对呼吸系统肌肉组织和心肌的干扰，这可能导致呼吸运动停止。电流强度、电流持续时间和频率（交流电）超过一定值就可能导致心室颤动。心室颤动指心肌小幅高频运动，使血液循环无法维持。高电压系统中的三相电动机由三相交流电压驱动。三相电动机的输出功率和转速由电压大小和频率控制。因为三相电动机处于低频运转状态，所以其引发的电气事故相当危险。如果电气设备规格中注明了交流电压，则该电压指的是行业内通用的有效电压。但是，实际的接触电压会高得多，这取决于交流电压的波形（正弦或者矩形）。交流电压在人体内产生交流电，会使肌肉组织和心脏产生颤动。交流电压的频率越低，危险性越高。交流电会触发心室纤维性颤动，如果不进行急救很快就会致命！

提示：呼吸停止和心室颤动时人体的供血和供氧中断，这会带来严重的生命危险。在这种情况下必须立即采取急救措施。

电流的加热作用还可能对人体造成伤害，主要是由电弧引起的表面烧伤。在人体内流过的电流会加热人体组织。体液也会在电流的加热作用下蒸发，这称为内部烧伤。器官会在最短时间内丧失机能，血液循环也会中止，这会带来严重的生命危险。此外，还有一段时间后才表现出来的作用，例如通过电流破坏的人体细胞恢复缓慢，这一过程可能要经过多日。如果大量细胞遭到破坏，肾脏可能负担过重并导致肾衰竭。因此触电采取急救措施后必须到医院检查。

三、电弧

电弧指电流从两个隔开（通过空气等气体隔开）的导体之间流过。通过气体隔开时通常是绝缘的。两个导体接触且有电流流动时，可能会产生电弧（图 3-8）。如果随后两个导体彼此分开，则分开瞬间导体之间产生很小的间隙。在这个小间隙之间会产生很高的电流强度，该电流的强度可能高于间隙内气体的击穿场强。这种情况下会导致击穿，从而使气体分子离子化。同时还会从两个导体的材料中“拉出”离子和电子，从而导致材料消耗。另一个后果是产生移动的电荷载体：带正电的离子和带负电的电子。由于施加了电压，间隙内的电荷载体移向导体，并与导体发生反应。移动的电荷载体意味着电流流动。这种在气体中产生电流的方式称为气体放电。电弧是一种连续的过程，此时持续产生新的电荷载体，电流始终存在。导体之间形成所谓的等离子体。

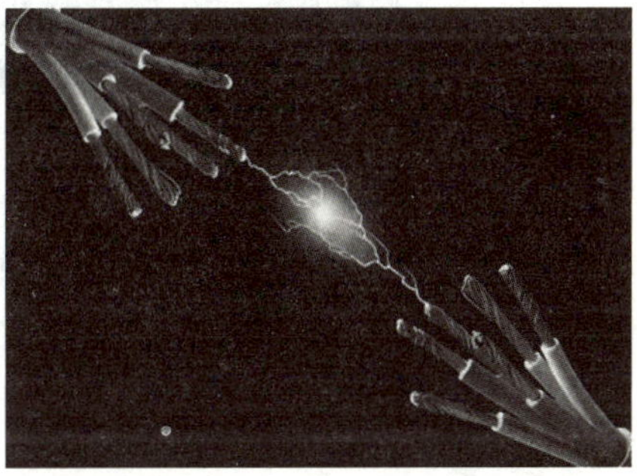

图 3-8　两个导体之间的电弧

产生电弧的前提是达到最低电压和最低电流强度（导体分开之前）。这些数值无法明确给出，而是取决于导体的材料。

电弧对人的危害主要表现在以下几个方面。

（1）烧伤：如果人体靠近电弧或直接进入电弧内，则会因高温而导致严重烧伤。因此不要进入电弧内，只能在戴上防护手套的情况下握住导体。

（2）紫外线辐射：电荷载体碰撞不仅产生热量，还会发射光线（含紫外线）。紫外线可能伤害眼睛，准确地说是造成视网膜伤害，这称为“灼伤”。切勿在未使用防护面具的情况下观看电弧。

（3）四周飞扬的微粒：电弧产生的高温不断将离子和电子从导体材料中“拉出”。此时，较小的微粒也可能随之“逃出”，然后不受控制地飞向四周。通常情况下，这些微粒非常热。在未穿防护服（包括防护手套和护目镜）的情况下切勿靠近电弧。

提示：在维修车间内面对电弧工作，必须注意以下事项。

（1）通过指定的装备（例如高电压安全插头）关闭电源。

（2）远离电弧且不要直视电弧。

（3）如果必须靠近电弧，则按焊接工作规定使用防护装备（防护服、护目镜、防护手套）。

为避免新能源汽车的组件产生电弧，生产厂商从技术角度采取了许多措施，因此售后服务人员，实际上很少遇到电击危险。

提示：遵守以下规定可以进一步降低新能源汽车出现电弧的概率。

（1）高电压系统仍处于运行状态且导线内有电流时，切勿断开高电压导线。

（2）断开高电压导线前，关闭高电压系统并确定系统无电压。

任务三　新能源汽车高压区域

新能源汽车近些年来偶有自燃相关的新闻出现，其归根结底还是汽车电路中高压区域故障造成的原因。

一、镍氢电池

如果按规定使用镍氢电池（NiMH）且电池本身无损坏，则不会产生直接危险。镍氢电池的壳体设计要求是在整个使用寿命期内液体（例如电解液）不会泄漏。发生事故或未按规定使用等情况下造成壳体损坏时，镍氢电池可能引起腐蚀（电解液），危害人身健康（电解液和冷却液），或导致失火/爆炸等。

镍氢电池以氢氧化钾溶液作为电解液。这种碱液具有腐蚀性和刺激性。电解液从镍氢电池中流出时，不得接触电解液。接触或吞食电解液后，必须立即到医院治疗，并让消防队清除流出的电解液。

提示：注意有关处理镍氢电池电解液流出事故的安全数据表。

镍氢电池只能在有限的温度范围内发挥全部能力。因此镍氢电池必须连接在冷却循环回路中。冷却液与新能源汽车中使用的普通冷却液相同。冷却液对人身有害，因此不要接触或吞食。

为避免发生爆炸，镍氢电池必须远离明火、火花和火源。

镍氢电池充电或放电过程中有化学反应，因此会产生气体（氧气或氢气）。这些气体通过镍氢电池壳体内的阀门排出。按规定运行时，气体浓度较低，没有危险（制造商会说明）。

二、锂离子电池

新能源汽车使用的锂离子电池在按规定运行且处于无损状态时无危险。其按规定运行时有严格的限制。不允许锂离子电池过载且不得处于温度过高的环境中。过载可能导致金属锂沉积在正电极上，负电极可能分解。这种情况下会产生高温，锂离子电池可能着火。在新能源汽车中，锂离子电池控制单元负责在规定边界条件下的充电和放电过程。控制单元借助传感器监控电解槽温度和电解槽电压。必要时控制单元干预充电和放电过程。这不仅适用于行驶模式，也适用于通过充电器在 12 V 系统上为高电压蓄电池充电的情况。

提示：不允许打开锂离子电池。在没有对应控制单元的情况下，不允许让锂离子电池运行或为其充电，否则有失火危险。

只能由专业人员扑灭锂离子电池引起的火灾。

必须严格遵守制冷剂循环回路（即锂离子电池）维修说明，以避免危害。

锂离子电池的运行温度约为 50 ℃，超过该温度时会导致使用寿命缩短。电解槽温度达到 100 ℃或更高时，可能导致电解槽短路。此后的高电流使温度继续提高，因此可能出现连锁反应。这会毁坏整个锂离子电池，也可能导致火灾。锂离子电池失火时很难扑灭。但是其本身没有直接爆炸的危险。锂离子电池失火时产生的高温可能引燃周围物品、液体或气体，因此最终可能导致爆炸。

因为运行温度的上限很低，所以新能源汽车中的锂离子电池需进行冷却。例如，可以将其直接连接在空调系统的制冷剂循环回路内。因此，维修锂离子电池时必须遵守维修说明和安全数据表，尤其是松开至制冷剂循环回路的连接时。

新能源汽车所用锂离子电池的壳体采用密闭封装结构，仅通过高电压接口和冷却液管路与外界连接。尽管如此，处置这类高电压蓄电池时仍需遵守特殊的预防措施。必须注意锂离子电池安全标签上的安全数据表、警告标志及禁止标志（图 3-9）。

三、电动机

电动机

新能源汽车中的电驱动装置功率较高，所用电动机以较强的磁场工作。这种磁场由永久磁铁或电磁铁产生。即使高电压系统或电动机已关闭，磁场也会存在，尤其是永久磁铁产生的磁场。这些磁场可能影响医疗电子设备的功能，尤其是心脏起搏器的功能。为指明这类危害，组件上带有禁止标志，图 3-10 为电动机上的禁止标志。

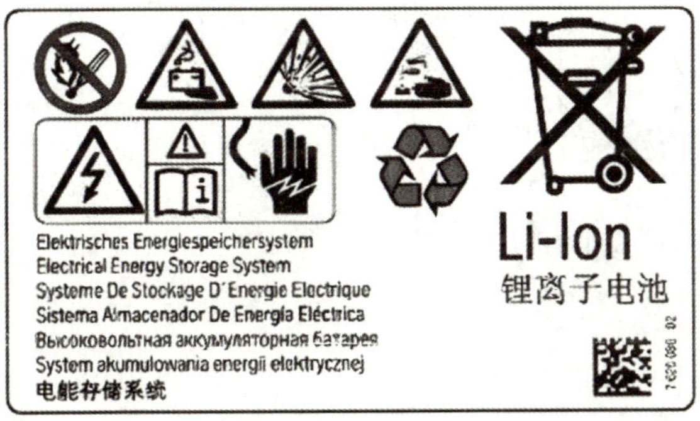

图 3-9　锂离子电池危险标记

图 3-10　电动机上的禁止标志

任务四　新能源汽车电池结构

电池是新能源汽车的动力核心，也是新能源汽车创新的主要方向。了解电池的结构可以推动新能源汽车技术发展。

一、铅酸蓄电池的结构原理

铅酸蓄电池应用历史长、技术成熟，是成本售价低廉的蓄电池，现已实现大批量生产，但其比能量低，且质量和体积太大，续航里程短，自放电率高，循环寿命短，不适合现代电动汽车发展的需要。

随着铅酸蓄电池技术的发展，适合电动汽车使用的、性能不断提高的铅酸蓄电池不断出现。如第三代阀控式密封铅酸蓄电池，比能量可达到 50 W · h/kg，比功率达到 500 W/kg，循环寿命大于 900 次。

1. 铅酸蓄电池的结构

铅酸蓄电池的基本结构如图 3-11 所示，它由正负极板、隔板、电解液、溢气阀、外壳等部分组成。极板是铅酸蓄电池的核心部件，正极板上的活性物质是二氧化铅，负极板上的活性物质为海绵状纯铅；隔板隔离正、负极板，防止短路。作为电解液的载体，隔板能够吸收大量的电解液，起到促进离子良好扩散的作用，它还是正极板产生的氧气到达负极板的“通道”，以顺利建立氧循环，减少水的损失。电解液由蒸馏水和纯硫酸按一定比例配制而成，主要作用是参与电化学反应，是铅酸蓄电池的活性物质之一。电池槽中装入一定密度的电解液后，由于电化学反应，正、负极板间会产生约为 2.1 V 的电动势。溢气阀位于电池顶部，起到安全、密封、防爆等作用。

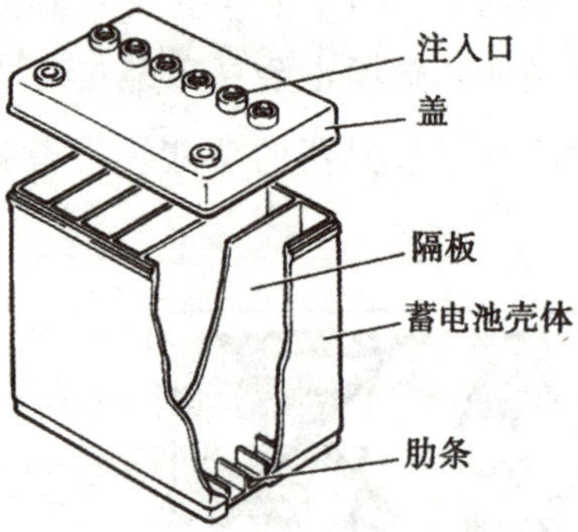

图 3-11　铅酸蓄电池内部基本结构图

2. 铅酸蓄电池的特点

（1）铅酸蓄电池的优点

① 在常用蓄电池中，铅酸蓄电池的电压最高（锂离子电池除外），为 20 V。

② 价格低廉。

③ 可制成小至 1A · h 大至几千 A · h 的各种尺寸和结构的蓄电池。

④ 高倍率放电性能良好，可用于引擎启动。

⑤ 高低温性能良好，可在-40~60 ℃条件下工作。

⑥ 电能效率高达 60%。

⑦ 易于浮充使用，没有“记忆”效应。

⑧ 易于识别荷电状态。

（2）铅酸蓄电池的缺点

① 比能量低，在电动汽车中所占的质量和体积较大，一次充电行驶里程短。

② 使用寿命短，使用成本高。

③ 充电时间长。

④ 铅是重金属，存在污染。

3. 铅酸蓄电池的工作原理

当电池两端加上负荷时，在电池外部，电路电子流动形成电流，而在电池内部，化学能转换为电能，电以离子的形式从一个电极到另一个电极。正电极在放电时，是由外界电路接受电子，形成还原反应；负电极释放电子到外界电路，形成氧化反应；电解液的作用是给正、负电极之间流动的离子创造一个液体环境，或者说充当离子流动的介质作用。

（1）放电过程的电化反应

当蓄电池与外电路接通时，在电池电动势的作用下，电路中便产生电流，放电电流由蓄电池的正极板经外电路流向负极板，在蓄电池的内部，电解液内硫酸分子电离，产生正离子氢和负离子硫酸根，在电场力的作用下，氢离子向正极移动，硫酸根离子向负极移动，从而形成离子电流，电流的方向是从负极流向正极，其放电反应如图 3-12 所示。

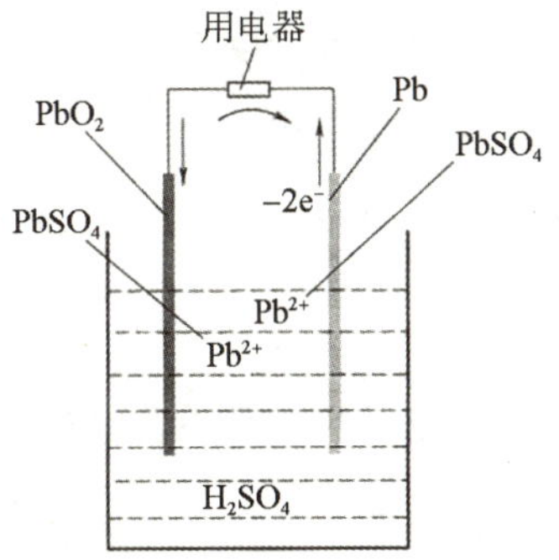

图 3-12　铅酸蓄电池放电反应

在负极板上，硫酸根离子与铅离子结合，生成硫酸铅。其化学反应式为

$$Pb+H_2SO_4 \longrightarrow PbSO_4+2H^++2e^-$$

在正极板上，电子自外电路流入，与4价的铅离子结合，形成2价的正离子铅，接着与正极板附近的硫酸根离子结合，生成硫酸铅，同时移向正极板的正离子氢和负离子氧结合生成水分子。化学反应式为

$$PbO_2+H_2SO_4+2H^++2e^-\longrightarrow PbSO_4+2H_2O$$

可见，蓄电池在放电过程中，正、负极板上都形成了硫酸铅，由于硫酸铅导电性能差，增加了极板间的电阻，影响了电池的容量，电解液中的硫酸逐渐减少，水分增加，因此电解液的相对密度降低。

（2）充电过程的电化反应

铅酸蓄电池充电时，在电池内部，充电电流是由正极流向负极的，在电流的作用下，正、负极上的硫酸铅及电解液中的水被分解，其充电时化学反应如图3-13所示。

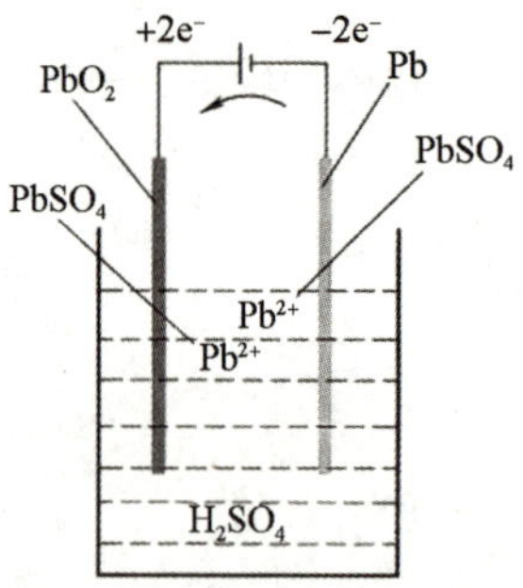

图3-13　铅酸蓄电池充电反应

充电时正极板上化学反应式为

$$PbSO_4+SO_4^{2-}-2e^-+2H_2O\longrightarrow PbO_2+2H_2SO_4$$

充电时负极板上化学反应式为

$$PbSO_4+2H^++2e^-\longrightarrow Pb+H_2SO_4$$

总的化学反应方程式

$$2PbSO_4+2H_2O=PbO_2+2H_2SO_4+Pb$$

即在充电过程中，在正极板上的硫酸铅被硫酸根氧化失去电子而还原成二氧化铅，在负极板上的硫酸铅被氧离子还原成铅，在化学反应中，吸收了2个水分子，而析出了2个分子的硫酸，因此充电时电解液的相对密度增大，电池内阻减小，电动势增大。

综上所述，放电和充电循环过程中的可逆反应式为

$$Pb+PbO_2+2H_2SO_4\rightleftharpoons 2PbSO_4+2H_2O$$

4. 铅酸蓄电池的分类

铅酸蓄电池分为免维护铅酸蓄电池和阀控密封式铅酸蓄电池。

（1）免维护铅酸蓄电池

市场上的免维护铅酸蓄电池有两种：一种是在购买时一次性加电解液，以后使用中不需要添加补充液；另一种是电池本身出厂时就已经加好电解液并封死，用户根本就不能加补充液。免维护铅酸蓄电池由于自身结构上的优势，电解液的消耗量非常小，在使用寿命内基本不需要补充蒸馏水。它具有耐振、耐高温、体积小、自放电小的特点，使用寿命一般为普通铅酸蓄电池的两倍。

(2) 阀控密封式铅酸蓄电池

阀控密封式铅酸蓄电池在使用期间不用加酸或加水维护，电池为密封结构，不会漏酸，也不会排酸雾。电池盖子上设有溢气阀（也称安全阀），该阀的作用是当电池内部气压升高到一定值时，溢气阀自动打开，排出气体，然后自动关闭，防止空气进入电池内部。

阀控密封式铅酸蓄电池分为超细玻璃纤维（absorbed glass mat，AGM）和胶体（GEL）电池两种。AGM 采用吸附式玻璃纤维棉作隔膜，电解液吸附在极板和隔膜中，电池内无流动的电解液，电池可以立放工作，也可以卧放工作，GEL 以 SiO_2 作凝固剂，电解液吸附在极板和胶体内，一般立放工作，如无特殊说明，阀控密封式铅酸蓄电池皆指 AGM 电池，电动汽车使用的动力电池一般是阀控密封式铅酸蓄电池。

二、镍氢电池的结构原理

1. 镍氢电池的工作原理

镍氢电池是将物质的化学反应产生的能量直接转化成电能的一种装置，镍氢电池由镍氢化合物正电极、储氢合金负电极以及碱性电解液（如 30%的氢氧化钾溶液）组成，其性能特点主要取决于本身体系的电极反应。

充放电时正、负极的电化学反应方程式为

氧化电极上

$$Ni(OH)_2+OH^-=NiOOH+H_2O+e^-$$

贮氢电极上

$$M+H_2O+e^-=MH_{ab}+OH^-$$

总反应

$$Ni(OH)_2+M=NiOOH+MH$$

式中 M——氢合金；

H_{ab}——吸附氢。

反应式从左到右的过程为充电过程，反应式从右到左的过程为放电过程。

充电时正极的 $Ni(OH)_2$ 和 OH^- 反应生成 NiOOH 和 H_2O 同时释放出 e^- 一起生成 MH，和 OH^- 总反应是 $Ni(OH)_2$ 和 M 生成 NiOOH 储氢合金。

放电时与此相反，MH_{ab} 释放 H^+，H^+ 和 OH^- 生成 H_2O 和 e^-，NiOOH、H_2O 和 e^- 重新生成 $Ni(OH)_2$ 和 OH^- 电池的标准电动势为 1.3~1.9 V。

当镍氢电池以标准电流放电时，平均工作电压为 1.2 V，当电池以其容量 8 倍的速度放电时端电压降至 1.1 V 时，则认为放电已完。电压 1.1 V 称为 8*C* 率放电时的放电终止电压。

2. 镍氢电池的分类

按照外形，镍氢电池可以分为方形镍氢电池和圆形镍氢电池。

3. 镍氢电池的结构

镍氢电池主要由正极、负极、极板、隔板、电解液等组成，如图 3-14 所示。镍氢电池正极是活性物质氢氧化镍，负极是储氢合金，用氢氧化钾作为电解质。在正负极之间有隔膜，共同组成镍氢单体电池，在金属铂的催化作用下，完成充电和放电的可逆反应。

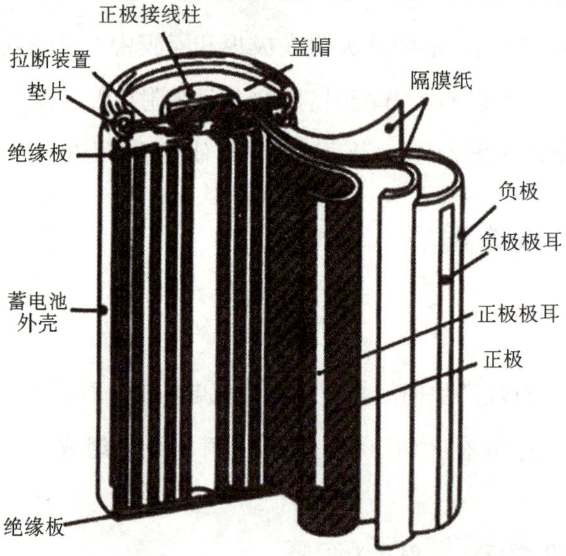

图 3-14　镍氢电池的结构

镍氢电池的极板有发泡体和烧结体两种。发泡体极板的镍氢电池在出厂前必须进行预充电，且放电电压不能低于 0.9 V，工作电压也不太稳定。而烧结体极板的镍氢电池，其烧结体极板本身就是活性物质，故不需要进行预充电，且电压平衡、稳定，具有低温放电性能好、不易老化和寿命长的优点。

镍氢电池的基本单元是单体电池，按使用要求组合成不同电压和不同电荷量的镍氢电池总成。

4. 镍氢电池的特点

镍氢电池除具有高比能、大功率、快速充放电、质量轻、体积小等许多优异特性外，还具有以下特点。

（1）比功率高。目前商业化的镍氢电池的比功率能做到 1 350 W/kg。

（2）循环次数多。目前应用在电动车上的镍氢动力电池放电深度（depth of discharge，DOD）80%，循环可以达 1 000 次以上，为铅酸蓄电池的 3 倍以上。DOD 100%，循环寿命也在 500 次以上，在混合动力汽车中可使用 5 年以上。

（3）无污染。镍氢电池不含铅、镉等对人体有害的金属。

（4）耐过充、过放。

（5）无记忆效应。

（6）使用温度范围宽。正常使用温度范围-30～55 ℃。储存温度-40～70 ℃。

（7）安全可靠。短路、挤压、针刺、安全阀工作能力、跌落、加热、耐振动等安全性、可靠性试验无爆炸、燃烧现象。

三、锂离子电池的结构原理

1. 锂离子电池的工作原理

锂离子电池的原理如图 3-15 所示，一般由正极、负极和高分子隔膜构成，锂离子电池的正极材料必须有能够接纳锂离子的位置和扩散路径，目前应用性能较好的正极材料是具有高插入电位的层状结构的过渡金属氧化物和锂的化合物，如 Li_xCoO_2，以及尖晶石结构的 $LiMn_2O_4$ 等，这些正极材料的插锂电位都可以达到 4 V 以上。负极材料一般用锂碳层间化合物 Li_xC_6，其电解质一般采用溶解有锂盐 $LiPF_6$、$LiAsF_6$ 的有机溶液。典型的锂离子蓄电池体系由碳负极（焦炭、石墨）、正极氧化钴锂（Li_xCoO_2）和有机电解液三部分组成。锂离子电池的电化学表达式

正极反应（氧化反应）

$$LiCoO_2=Li_{1-x}CoO_2+xLi^++xe^-$$

负极反应（还原反应） $6C+xLi^++xe^-=Li_xC_6$

电池总反应

$$LiCoO_2+6C=Li_{1-x}CoO_2+Li_xC_6$$

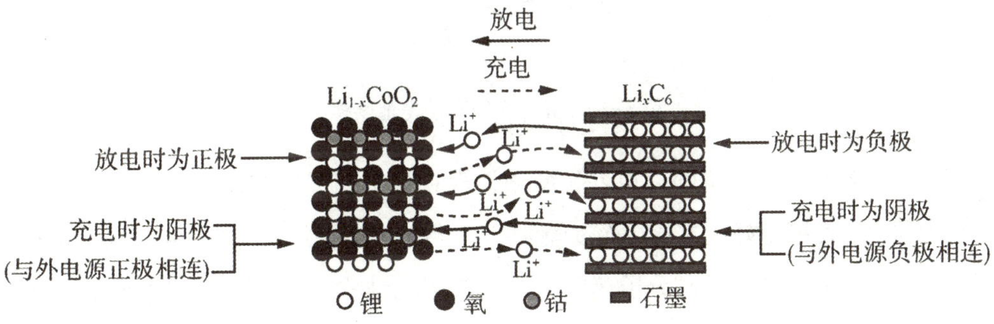

图 3-15 锂离子电池原理图

锂离子电池实际上是一个锂离子浓差电池，正负电极由两种不同的锂离子嵌入化合物构成。充电时，Li^+从正极脱嵌经过电解质嵌入负极，此时负极处于富锂态，正极处于贫锂态；放电时则相反，Li^+从负极脱嵌，经过电解质嵌入正极，正极处于富锂态，负极处于贫锂态。锂离子电池的工作电压与构成电极的锂离子嵌入化合物本身及锂离子的浓度有关。因此，在充放电循环时，Li^+分别在正负极上发生“嵌入—脱嵌”反应，Li^+便在正负极之间来回移动，所以，人们又形象地把锂离子电池称为“摇椅电池”或“摇摆电池”。

锂离子蓄电池是在锂蓄电池的基础上发展起来的先进蓄电池，它基本解决了困扰锂蓄电池发展的两个技术难题，即安全性差和充放电寿命短的问题。锂离子电池与锂电池在原理上的相同之处是：在两种电池中都采用了一种能使锂离子嵌入和脱嵌的金属氧化物或硫化物作为正极，采用一种有机溶剂——无机盐体系作为电解质。不同之处是：在锂离子电池中采用使锂离子嵌入和脱嵌的碳材料代替纯锂作负

极。因此，这种电池的工作原理更加简单，在电池工作过程中，仅仅是锂离子从一个电极（脱嵌）后进入另一个电极（嵌入）的过程。具体来说，当电池充电时锂离子是从正极中脱嵌，在碳负极中嵌入，放电时反之。在充放电过程中没有晶型变化，故具有较好的安全性和较长的充放电寿命。

2. 锂离子电池的分类

按照锂离子电池外形形状，可以分为方形锂离子电池和圆柱形锂离子电池。

按照锂离子电池正极的材料不同，汽车用锂离子电池主要分为锰酸锂离子电池、磷酸铁锂离子电池、镍钴锂离子电池和镍钴锰锂离子电池。

3. 锂离子电池的结构

锂离子电池由正极、负极、隔膜、电解液和安全阀等组成，圆柱形锂离子电池结构如图 3-16 所示。

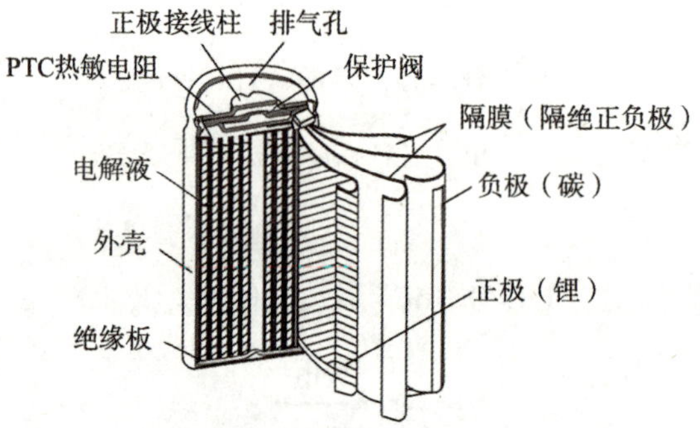

图 3-16 圆柱形锂离子电池结构

（1）正极。活性物质一般为锰酸锂或者钴酸锂，现在又出现了镍钴锰酸锂材料，纯的锰酸锂和磷酸铁锂则由于体积大、性能不好或成本高而逐渐淡出。导电集流体使用厚度 10~20 μm 的电解铝箔。

（2）隔膜。一种经特殊成型的高分子薄膜，薄膜有微孔结构，可以让锂离子自由通过，而电子不能通过。

（3）负极。活性物质为石墨，或近似石墨结构的碳，导电集流体使用厚度 7~15 μm 的电解铜箔。

（4）有机电解液。溶解有六氟磷酸锂的碳酸酯类溶剂，聚合物则使用凝胶状电解液。

（5）安全阀。为了保证锂离子电池的使用安全性，一般通过对外部电路的控制或者在蓄电池内部设有异常电流切断的安全装置。但在使用过程中也有可能其他原因引起蓄电池内压异常上升，此时，安全阀释放气体，以防止蓄电池破裂。安全阀是一次性非修复式的破裂膜，一旦触发，保护蓄电池使其停止工作，因此是蓄电池的最后保护手段。

（6）电池外壳。分为钢壳（现在方型很少使用）、铝壳、镀镍铁壳（圆柱电池使用）、铝塑膜（软包装）等，还有电池的盖帽，也是电池的正负极引出端。

4. 锂离子电池的特点

（1）锂离子电池的优点，主要有以下几个。

① 工作电压高。锂离子电池工作电压为 3.6 V，是镍氢和镍镉电池工作电压的 3 倍。

② 比能量高。锂离子电池比能量已达到 150 W·h/kg，是镍镉电池的 3 倍，镍氢电池的 1.5 倍。

③ 循环寿命长。目前锂离子电池循环寿命已达到 1 000 次以上，在低放电深度下可达几万次，超过了其他几种二次电池。

④ 自放电率低。锂离子电池月自放电率仅为 6%～8%，远低于镍镉电池（25%～30%）和镍氢电池（15%～20%）。

⑤ 无记忆性。可以根据要求随时充电而不会降低电池性能。

⑥ 对环境无污染。锂离子电池中不存在有害物质，是名副其实的“绿色电池”。

⑦ 能够制造成任意形状。

（2）锂离子电池也有一些不足，主要表现在以下几个方面。

① 成本高。主要是正极材料 $LiCoO_2$ 的价格高，但按单位瓦时的价格来计算，已经低于镍氢电池，与镍镉电池持平，但高于铅酸蓄电池。

② 必须有特殊的保护电路，以防止过充。

四、燃料电池的结构原理

燃料电池是一种化学电池，它利用物质发生化学反应时释出的能量，直接将其变换为电能，从这一点看，它和其他化学电池如锰干电池、铅蓄电池是类似的。但是，它工作时需要连续地向其供给活性物质（能起反应的物质）燃料和氧化剂，这又和其他普通化学电池不大一样，它是把燃料通过化学反应释放出的能量转变为电能输出，所以被称为燃料电池。

1. 按燃料电池的运行机理分类

根据燃料电池的运行机理的不同，可分为以下两类。

（1）酸性燃料电池。

（2）碱性燃料电池。

2. 按电解质分类

根据燃料电池中使用电解质种类的不同，可分为以下九类。

（1）质子交换膜燃料电池。

（2）碱性燃料电池。

（3）磷酸燃料电池。

（4）熔融碳酸盐燃料电池。

（5）固体氧化物燃料电池。

（6）直接甲醇燃料电池。

（7）再生型燃料电池。

（8）锌空燃料电池。

（9）质子陶瓷燃料电池。

3. 按燃料使用类型分类

根据燃料电池的燃料使用类型不同，可分为以下三类。

（1）直接型燃料电池。

（2）间接型燃料电池。

（3）再生型燃料电池。

4. 按燃料种类分类

根据燃料电池使用燃料的种类，可分为以下三类。

（1）氢燃料电池。

（2）甲醇燃料电池。

（3）乙醇燃料电池。

5. 按工作温度分类

根据燃料电池工作温度的不同，可分为以下四类。

（1）低温型（温度低于 200 ℃）。

（2）中温型（温度为 200~750 ℃）。

（3）高温型（温度为 750~1 000 ℃）。

（4）超高温型（温度高于 1 000 ℃）。

6. 按燃料状态分类

根据燃料电池的燃料状态不同，可分为以下两类。

（1）液体型燃料电池。

（2）气体型燃料电池。

7. 燃料电池的优点

燃料电池与蓄电池相比，具有以下优点。

（1）节能、转换效率高。燃料电池在额定功率下的运转效率可以达到 60%，而在部分功率输出条件下运转效率可以达到 70%，在过载功率输出条件下运转效率可以达到 50%~55%。高效率随功率变化的范围很宽，在低功率下运转效率高，特别适合于汽车动力性能的要求。燃料电池短时间的过载能力，可以达到额定功率的 200%，非常适合汽车在加速和爬坡时动力性能的特征。

（2）排放基本达到零污染。用碳氢化合物作为燃料的燃料电池主要生成物质为水、二氧化碳和一氧化碳等，属于“超低污染”，氢氧燃料电池的反应产物只有清洁的水。

（3）无机械振动和噪声，寿命长。这主要与它的工作过程有关，它是通过燃料和氧化剂分别在两个电极上发生反应，由电解液和外电路构成回路，将反应中的化学能直接转化为电能，所以在整个工作过程中，没有噪声和机械振动的产生，从而减少机械器件的磨损，延长了使用寿命。

(4) 结构简单、运行平稳。燃料电池的能量转换是在静态下完成的，结构比较简单。构建的加工精度要求低。特别是质子交换膜燃料电池能量转换效率高，能够在-80 ℃的低温条件下启动和运转，对结构件的耐热性能要求也不高。由于无机械振动，所以运行时比较平稳。

8. 燃料电池的缺点

(1) 燃料种类单一。目前，不论是液态氢、气态氢，还是碳水化合物经过重整后转换的氢，它们均是燃料电池的唯一燃料。氢气的产生、储存、保管、运输和灌装或重整，都比较复杂，对安全性要求很高。

(2) 要求高质量的密封。燃料电池的单体电池所能产生的电压约为 1 V，不同种类的燃料电池的单体电池所能产生的电压略有不同。通常将多个单体电池按使用电压和电流的要求组合成为燃料电池发动机组。在组合时，单体电池间的电极连接时，必须要有严格的密封，因为密封不良的燃料电池，氢气会泄露到燃料电池的外面，降低了氢的利用率并严重影响燃料电池发动机的效率，还会引起氢气燃料事故。由于要求严格的密封，使得燃料电池发动机的制造工艺很复杂，并给使用和维护带来了很多困难。

(3) 价格高。制造成本高，电池价格昂贵。

(4) 需要配备辅助电池系统。燃料电池可以持续发电，但不能充电和回收燃料电池汽车再生制动的反馈能量。通常在燃料电池汽车上还要增加辅助电池，来储存燃料电池富余的电能和在燃料电池汽车减速时接受再生制动时的能量。

9. 燃料电池系统

燃料电池实际上不是“电池”，而是一个大的发电系统。对于质子交换膜燃料电池，需要有燃料供应系统、氧化剂系统、发电系统、水管理系统、热管理系统、电力系统以及控制系统等。

(1) 燃料供应系统

燃料供应系统是给燃料电池提供燃料，如氢气、天然气、甲醇。这个系统直接采用氢气比较简单。如果用石化燃料制取氢气则相当复杂。

(2) 氧化剂系统

氧化剂系统主要是给燃料电池提供氧气。氧气的来源有从空气中获取氧气或从氧气罐中获取氧气，空气需要用压缩机来提高压力，以增加燃料电池反应的速度。在燃料电池系统中，配套压缩机的性能有特定的要求，压缩机的质量和体积会增加燃料电池发动机系统的质量、体积和成本，压缩机所消耗的功率会使燃料电池的效率降低。空气供应系统的各种阀、压力表、流量表等的接头要采取防泄漏措施。在空气供应系统中还要对空气进行加湿处理，保证空气有一定的湿度。

(3) 发电系统

发电系统是指燃料电池本身，它将燃料和氧化剂中的化学能直接变成电能，而不需要经过燃烧的过程，它是一个电化学装置。

(4) 水管理系统

由于质子交换膜燃料电池中质子是以水合离子状态进行传导，所以燃料电池需要有水，水少会影响电解质膜的质子传导特性，从而影响电池的性能。由于水在电池的阴极生成，所以需要不断及时地将这些水带走，否则会将电极“淹死”，也会造成燃料电池失效。水的管理在燃料电池中至关重要。

（5）热管理系统

大功率燃料电池发电的同时，由于电池内阻的存在，不可避免地会产生热量，通常产生的热与其发电量相当。而燃料电池的工作温度是有一定限制的，如对质子交换膜燃料电池而言，应控制在 80 ℃，因此需要及时将电池生成的热量带走，否则会发生过热，烧坏电解质膜。水和空气是常用的传热介质。

（6）电力系统

电力系统是将燃料电池产生的直流电转换为适合用户使用的电。燃料电池所产生的是直流电，需要经过 DC/DC 转换器进行调压，在采用交流电动机的驱动系统中，还需要用逆变器将直流电转换为三相交流电。

（7）控制系统

燃料电池控制系统主要包括电池系统的启动与停工；维持电池系统稳定运行的各操作参数的控制；对电池运行状态进行监测、判断等。

（8）安全系统

氢是燃料电池的主要燃料，氢的安全十分重要，由氢气探测器、数据处理系统以及灭火设备等构成氢的安全系统。

氢的存储与输送是燃料电池应用的关键技术之一。目前有两种方式：储氢和重整制氢。

① 储氢。目前使用比较广泛的储氢技术有高压储氢、液态储氢和储氢材料储氢。这三种技术在实际运用中的效果很大程度上受到材料性能的制约。储氢材料储氢技术更有优势，尤其是使用碳纳米管储氢时，效果更理想。几种储氢技术的比较见表 3-7。

表 3-7　几种储氢技术的比较

项目		高压储氢	液态储氢	储氢材料储氢	
				Ti 系储氢合金	碳纳米管
安全性		低	低	较高	
能源综合利用率		低	较低	高	
储氢能力	单位质量储氢量（%）	–	–	2	4
	单位体积储氢量（kg/m^3）	31.5	71	61	160
能量密度	单位质量能量密度（kW · h/kg）	–	–	0.79	5.53
	单位体积能量密度（kW · h/L）	1.24	2.8	2.4	6.32
优点		简单、方便	储运效率高、装置质量轻、体积小、储氢压力低	安全性好、运输方便、操作比较容易	

（续表）

<table>
<tr><th rowspan="2">项目</th><th rowspan="2">高压储氢</th><th rowspan="2">液态储氢</th><th colspan="2">储氢材料储氢</th></tr>
<tr><th>Ti 系储氢合金</th><th>碳纳米管</th></tr>
<tr><td>缺点</td><td>空间有限，必须使用耐高压容器，储氢压力过大，安全性降低，充氢操作复杂，成本增加</td><td>氢气液化须耗费大量能源，必须使用耐超低温的特殊容器，使用中存在危险，充氢系统复杂</td><td colspan="2">成本相对较高，受制于材料的储氢性能、储氢器的结构以及储氢系统的整体设计</td></tr>
<tr><td>应用</td><td>多</td><td>少</td><td colspan="2">少</td></tr>
</table>

随着材料科学的发展，储氢技术的发展主要集中开发密度更小、强度更高的材料，以提高储氢罐内的压力；开发绝热性能更好的材料，以减少液氢的蒸发，提高使用时的安全性；开发高容量的储氢材料，特别是碳纳米管等的制造技术。

② 重整制氢。燃料电池使用的燃料——氢气，可以由重整器提供。重整器使用的原料可以是天然气、汽油、柴油等各种烃类以及甲醇、酒精等各种醇类燃料。目前使用的重整技术主要有蒸汽重整、部分氧化和催化部分氧化重整、自动供热重整以及等离子体重整等。不同的重整技术在结构、效率和对燃料的适应性等方面有不同的特点，并在不同的使用条件下发挥出它们各自的优势。蒸汽重整是目前使用最广泛的制氢方式。

◆蒸汽重整。蒸汽重整是一个化学过程，其中，氢通过碳氢化合物燃料和高温水蒸气之间的化学反应生成。蒸汽重整器的发展经历了常规型、热交换型和平板型三个过程。常规型蒸汽重整器的容量较大，目前已实现商业化，但工作条件高（850 ℃，1.5~2.5 MPa），制造成本较高，容量大，启动时间长，如果生产出来的氢气不能及时使用，储存也有困难。热交换型重整器外形尺寸大大减小，工作条件降低（700 ℃，0.3 MPa），制造成本下降，且随负荷变化性能较好，目前已成功应用于燃料电池系统中。近年来出现的平板型结构更加紧凑，成本进一步降低，但目前技术还不成熟。如果在扩大催化剂的使用范围和延长使用寿命上有所突破，将是蒸汽重整装置中很有竞争力的一种制氢方式。

◆部分氧化重整。部分氧化重整将燃料与氧相结合制氢，并生成一氧化碳，部分氧化重整的产氢率比蒸汽重整的低，但它结构紧凑、成本低、启动时间短、动态响应速度快，对燃料的适应性也更强，因而更具潜力。但是，如果采用无催化剂系统，常有碳烟和其他副产物生成；而采用有催化剂系统，又常因催化剂表面的局部高温而损伤催化剂，在反应过程中催化剂的稳定性控制也是一大难题。部分氧化重整最好用纯氧，但价格较高；虽然它也可使用燃料气体与空气混合，但反应后需加净化处理装置，其成本也很高，因此若能开发廉价的纯氧制取装置，部分氧化重整将得到很大突破。

◆自动供热重整。自动供热重整将燃料与水蒸气二者结合，因此，由水蒸气重整反应吸收的热量平衡了从部分氧化重整反应中所放出的热量。自动供热重整相对于蒸汽重整结构简单，无须庞大的换热装置，制造成本低，对燃料的要求也降低，可使用醇类和重烃类的液体燃料；相对于部分氧化重整来说，自动供热重整由于氧化反应放出的热量直接被吸热的蒸汽重整反应吸收，所以系统的效率也提高了。但自动供热重整要求同时调节好氧气、水蒸气和燃料之间的比例，控制比较困难，并且在重整中易产生积炭现象而损伤催化剂。

◆等离子体重整。等离子体重整是一种先进的制氢技术，它采用等离子激发重整反应的发生，可在满足制氢效率的情况下进行小规模生产，同时降低成本。一般等离子重整器在中小型制氢系统上经济效益比较明显，因为等离子的能量密度很高，使得重整器结构紧凑、启动快、动态响应快，基本不需要催化剂，而且它对燃料的适应性很强，除轻质烃外，各种重质烃、重油、生物质燃料甚至垃圾燃料都可用。等离子制氢技术可分为热等离子和冷等离子两种，产生氢气的过程与传统技术一样，它也包括蒸汽重整、部分氧化和热分解等。采用热等离子技术，反应气体温度高，热损大且不易控制，温度升高也产生了对电极的腐蚀。等离子重整器不宜工作在高压下，因为在高压下限制了电弧的灵活性，增加了电极的腐蚀而降低了电极寿命。

10. 质子交换膜燃料电池的基本结构

质子交换膜燃料电池（proton exchange membran fuel cell，PEMFC）采用可传导离子的聚合膜作为电解质，所以也称固体聚合物燃料电池（solid polymer fuel cell，SPFC）或固体聚合物电解质燃料电池（solid polymer electrolyte fuel cell，SPEFC）。

PEMFC 由质子交换膜、催化剂层、扩散层、集流板（又称双极板）组成。

（1）质子交换膜。质子交换膜（proton exchange membrane，PEM）是 PEMFC 中重要的部件之一，其性能好坏直接影响电池的性能和寿命。它不仅是一种将阳极的燃料与阴极的氧化剂隔开的隔膜材料，它还是电解质和电极活性物质（电催化剂）的基底，即兼有隔膜和电解质的作用。另外，PEM 还是一种选择透过性膜，在质子交换膜的高分子结构中，含有多种离子基团，它只允许 H^+ 穿过，其他离子、气体及液体均不能通过。

（2）电催化剂。为了加快电化学反应速度，气体扩散电极上都含有一定量的催化剂。PEMFC 电催化剂主要有铂系和非铂系电催化剂两类。目前多采用铂催化剂。

（3）电极。PEMFC 电极是一种多孔气体扩散电极，一般由扩散层和催化层构成。扩散层是导电材料制成的多孔合成物，起着支撑催化层，收集电流，并为电化学反应提供电子通道、气体通道和排水通道的作用。催化层是进行电化学反应的区域，是电极的核心部分，其内部结构粗糙多孔，因而有足够的表面积以促进氢气和氧气的电化学反应。

（4）膜电极。膜电极（membrane and electrode assembly，MEA）是通过热压将阴极、阳极与质子交换膜复合在一起而形成的。

（5）双极板与流道。双极板又称集流板，是电池的重要部件之一，其作用是分隔反应气体，收集电流，将各个单电池串联起来和通过流场为反应气体进入电极及水的排出提供通道。

11. 质子交换膜燃料电池的工作原理

PEMFC 在原理上相当于水电解的“逆”装置，如图 3-17 所示，其单电池由阳极、阴极和质子交换膜组成，阳极为氢燃料发生氧化的场所，阴极为氧化剂还原的场所，两极都含有加速电极电化学反应的催化剂，质子交换膜为电解质。

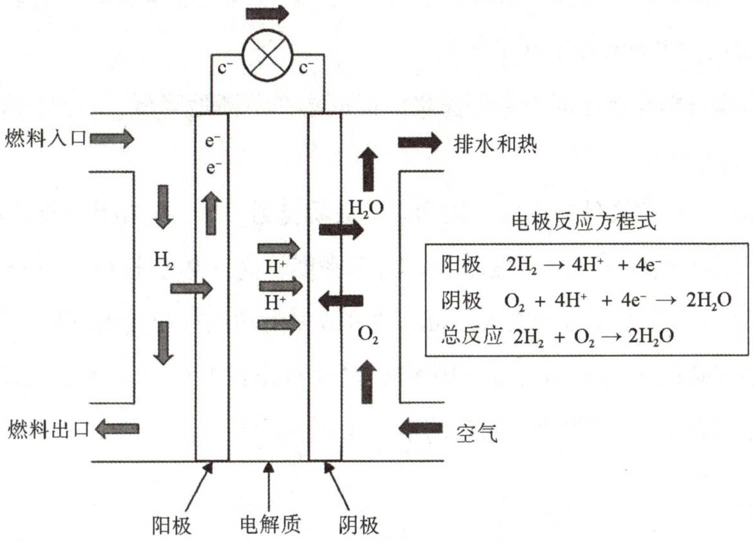

图 3-17　质子交换膜燃料电池工作原理图

导入的氢气通过阳极集流板（双极板）经由阳极气体扩散层到达阳极催化剂层，在阳极催化剂作用下，氢分子分解为带正电的氢离子（即质子）并释放出带负电的电子，完成阳极反应：$2H_2 \rightarrow 4H^+ + 4e^-$。

氢离子穿过膜到达阴极催化剂层，而电子则由集流板收集，通过外电路到达阴极，电子在外电路形成电流，通过适当连接可向负载输出电能；在电池另一端，氧气通过阴极集流板（双极板）经由阴极气体扩散层到达阴极催化剂层。在阴极催化剂的作用下，氧与透过膜的氢离子及来自外电路的电子发生反应生成水，完成阴极反应：$4e^- + 4H^+ + O_2 \rightarrow 2H_2O$，电池总的反应为：$2H_2 + O_2 \rightarrow 2H_2O$。

上述过程是理想的工作过程，实际上，整个反应过程中会有很多中间步骤和中间产物的存在。

12. 质子交换膜燃料电池的特点

（1）PEMFC 的优点，主要有以下几个方面。

① 能量转化效率高。通过氢氧化合作用，直接将化学能转化为电能，不通过热机过程，不受卡诺循环的限制。

② 可实现零排放。唯一的排放物是纯净水，没有污染物排放，是环保型能源。

③ 运行噪声低，可靠性高。PEMFC 组无机械运动部件，工作时仅有气体和水的流动。

④ 维护方便。PEMFC 内部构造简单，电池模块呈现自然的“积木化”结构，使得电池组的组装和维护都非常方便，也很容易实现“免维护”设计。

⑤ 发电效率平稳。发电效率受负荷变化影响很小，非常适用于分散型发电装置（作为主机组），也适用于电网的“调峰”发电机组（作为辅机组）。

⑥ 氢来源广泛。氢元素是世界上最多的元素，氢气来源极其广泛，是一种可再生的能源资源，可

通过石油、天然气、甲醇、甲烷等进行重整制氢；也可通过电解水制氢、光解水制氢、生物制氢等方法获取氢气。

⑦ 技术成熟。氢气的生产、储存、运输和使用等技术目前均已非常成熟，安全、可靠。

（2）PEMFC 的缺点，主要有以下几个方面。

① 成本高。因为膜材料和催化剂均十分昂贵，但成本在不断地降低，一旦能够大规模生产，比价的经济效益将会充分显示出来。

② 氢要求高。这种电池需要纯净的氢，因为它们极易受到一氧化碳和其他杂质的污染。

因为 PEMFC 的工作温度低，启动速度较快，功率密度较高（体积较小），所以很适于用作新一代交通工具动力。世界各大汽车集团竞相投入巨资，研究开发电动汽车和代用燃料汽车。从目前发展情况看，PEMFC 是技术最成熟的电动车动力源，PEMFC 电动汽车被业内公认为是电动汽车的未来发展方向。燃料电池将会成为继蒸汽机和内燃机之后的第三代动力系统。

项目小结

本项目主要介绍了高压电基础知识，首先介绍了电压等级与安全电压的重要概念和应用；其次介绍了高压故障电流带来的危害；最后介绍了新能源汽车电池结构。通过本项目的学习，读者能识别新能源汽车高压区域和各种电池结构原理，包括镍氢电池、锂离子电池等，为未来在新能源汽车领域的安全作业和技术应用提供了必要的知识和技能支持。

课后练习

一、填空题

1. 高压电系统主要由__________、__________、高压电导线、__________、高压电保护装置等部分组成。

2. 新能源汽车的高压电系统的工作原理是将电能从电源转换为__________，通过高压电控制器进行调节和控制，将电能输送到_______、电驱动装置等高压电负载上。

3. 新能源汽车的高压电系统的安全问题包括_______、_______、化学效应、肌肉刺激效应、短路引起的火花、_______等。

4. 新能源汽车的高压电系统的维护和保养需要注意高压电导线的__________、高电压熔断器的更换、高电压保护装置的_______等事项。

5. 新能源汽车的高压电系统的故障可以通过检查__________、高压电连接器、高压电导线、高电压熔断器等部件的_______，以及观察高压电保护装置的工作情况来_______。

二、简答题

1. 简述新能源汽车的高压电系统的组成和工作原理。
2. 简述新能源汽车的高压电系统的安全问题及防范措施。
3. 简述新能源汽车的高压电系统的维护方法。
4. 简述新能源汽车的高压电系统的故障排除方法。
5. 简述新能源汽车的高压电系统的发展趋势。

项目四 汽车电工常用工具的使用

项目导读

本项目旨在培养学生熟练使用汽车电工常用工具，包括数字万用表、新能源汽车高压作业检测设备及工具，以及常用的绝缘工具。通过学习这些工具的种类、使用方法和应用场景，提升学生在汽车电工领域的实际操作能力和安全意识。

学习目标

知识目标

◆熟悉数字万用表的种类与使用方法。

◆了解新能源汽车高压作业的设备及工具。

技能目标

◆能够使用万用表检测电流、电压和电阻。

◆能够区分和正确使用绝缘工具。

素质目标

◆小组分工明确，合作有序，培养学生养成团队合作精神、节约意识和整齐有序的审美观。

◆通过认真细致的实践操作，培养学生认真读数、严谨记录、计算数值、验证结果、规范操作的学习态度。

◆爱护器材设备、仪器仪表和工量具等，培养学生节约耗材的工作习惯和耐心细致的工作作风。

思政目标

◆通过本项目的学习，强化学生在汽车电工工作中的安全意识和责任感，培养学生对数字万用表、高压作业检测设备及绝缘工具正确使用的技能。同时，通过实际操作和案例分析，增强学生在工程实践中的伦理素养和技术创新能力，推动新能源汽车技术的可持续发展和安全运用。

任务工单

1. 任务描述

李强在新能源汽车实训车间进行线路检测练习，当他在连接好实验电路后接通电源，发现电路无反应，老师便让他使用万用表检测电路连接中的问题。请你和李强一起通过本项目内容来学习万用表的使用。

2. 寻找成员

以 3~5 人为一组，选出组长并进行任务分工，将小组成员及分工情况填入表 4-1 中。

表 4-1　小组成员及分工情况

小组成员	姓名	学号	任务分工
组长			
组员			

3. 制订计划

（1）查阅相关资料，制订工作计划，并将其填入表 4-2 中。

表 4-2　工作计划

序号	工作内容	负责人

（2）将操作过程中所需的工具和耗材等填入表 4-3 中。

表 4-3　操作过程中所需的工具和耗材等清单

序号	名称	型号与规格	单位	数量	备注

4. 进行决策

（1）小组成员针对各自的工作计划展开讨论，并选出最佳工作计划。

（2）指导教师根据各小组提交的工作计划给出评价。

（3）各小组成员根据指导教师的评价对工作计划进行调整，调整合格后的工作计划即为最终实施方案。

5. 工作实施

根据最终实施方案，进行新能源汽车电学实训。按实际操作过程，将实施内容、遇到的问题及解决办法等记录于表 4-4 中。

表 4-4　工作实施过程记录表

序号	实施内容	遇到的问题及解决办法	结果

6. 考核评价

各组展示任务完成情况，并完成表 4-5 所示的考核评价表。

表 4-5　考核评价表

评价项目	评价内容	分值	评价分值		
			自评	互评	师评
职业素养考核项目	穿戴规范、整洁	6 分			
	安全意识、责任意识及服从意识强	6 分			
	积极参加教学活动，按时完成任务工单	10 分			
	团队合作、沟通交流能力强	6 分			
	劳动纪律良好	6 分			
	维护场地、设备及工具等干净整洁	6 分			
专业能力考核项目	专业知识查找及时、准确	10 分			
	掌握数字万用表的使用方法	20 分			
	操作熟练，工作效率高	10 分			
	正确识别和使用高压作业检测设备及工具	20 分			
合计		100 分			
总评	自评(20%)+互评(20%)+师评(60%)=	综合等级	指导教师（签名）：		

任务一　数字式万用表的种类和使用方法

在进行电路检查过程中，经常需要使用万用表测量电路的电阻、电压、电流等物理量，以便分析电路的工作技术状态。目前，汽车维修行业使用较为广泛的为数字式万用表，如图 4-1 所示。

一、万用表的结构组成

万用表

数字式万用表主要由数字电压表、测量电路、量程转换开关等组成。当量程转换开关置于不同的位置时，可组成不同的测量电路，用于完成不同的测量任务，如不同大小的电流、电压测量。数字式万用表前面板（图 4-2）装有液晶显示屏、量程转换开关、输入插口及开机键，后面板附有电池盒用以提供电源。

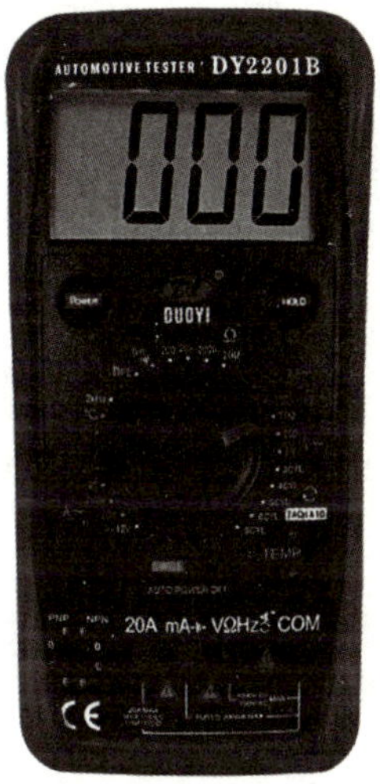

图 4-1　数字式万用表

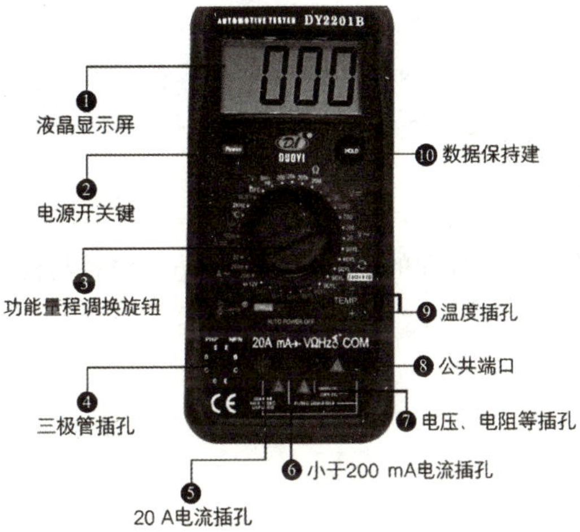

图 4-2　数字式万用表前面板

使用数字式万用表时，首先应检查其自身电源，即将 ON-OFF 按钮按下，如果电池电量不足，则显示屏上方会出现电量低的符号。测量操作时要注意，不同的测量操作，测试笔的接线不同，要注意测试笔插孔旁边的符号，同时要留意测试电压和电流不要超出限值。此外，在使用前要先将量程放置在将要测量的挡位上。

二、万用表使用方法

1. 使用万用表测量电压

（1）连接表笔，将黑表笔插入“COM”孔，红表笔插入“VΩ”孔。

（2）选择量程。测直流电压时，将功能开关置于 DCV 量程范围；而测交流电压时，则将功能开关置于 ACV 量程范围。根据待测电压大小选择量程，如无法确定，则先用最高电压挡来测量，根据测量显示值逐渐换用低电压挡。

（3）将测试表笔跨接到被测负载或信号源上，显示屏则显示电压读数，同时会指示出红表笔的极性。注意若显示为“1.”，则表明测量值超出量程范围，须增大量程重新测量。

2. 使用万用表测量电流

（1）连接表笔，将黑表笔插入“COM”孔，红表笔插入“A”孔（被测电流在 200 mA）或“10 A”孔（被测电流在 200 mA～2 A）。

（2）量程选择。根据测试需要，将功能开关置于直流电流（DCA）或交流电流（ACA）量程范围。

（3）将万用表接入电路，将测试笔串联接入被测电路中（图 4-3），然后读数。

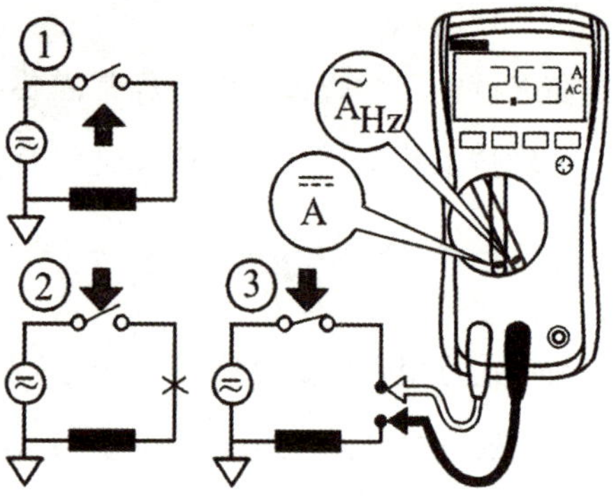

图 4-3　使用万用表测量电流

任务二　新能源汽车高压作业检测设备及工具

新能源汽车高压作业的工具主要包括防护设备与检测工具。

一、防护设备的使用

1. 高压绝缘手套

高压绝缘手套指在高压电气设备上进行带电作业时，起电气绝缘作用的一种手套。该手套区别于一般劳动保护用安全防护手套，具有良好的电气性能，较高的机械性能，并具有良好的使用性能。

高压绝缘手套具有避免使用者在接触带电电路时受到伤害的作用。高压绝缘手套的防护等级取决于手套的额定电压，额定电压值通常会标注在手套上。另外，汽车行业中使用的“高压”指的是高于 30 V 的交流电压或高于 60 V 的直流电压。

（1）技术要求

高压绝缘手套通常由天然或合成橡胶制成，为立体手模分指式。每只手套上必须有明显且持久的标记，内容包括：标记符号；使用电压等级/类别；制造单位名称或商标；制造年份、月份；规格型号、尺寸；周期试验日期栏；检验合格印章；经试验单位定期试验的合格证。如图 4-4

图 4-4　高压绝缘手套的额定电压标注在袖标上

所示，某高压绝缘手套的袖标耐电压为 12 000 V。额定工作电压达到 1 000 V 交流电的 0 级手套，适用于标准的混合动力汽车或新能源汽车的服务和维修。有些高压绝缘手套会有内外层对比色（如橙色和蓝色）。这些对比色可以使手套的磨损部分更容易被发现。

高压绝缘手套的尺寸应与使用者的手部大小匹配，若太松，则会使手套发皱并影响使用者手部的灵活性。测量手套尺寸时，技术人员应使用卷尺绕手掌一周（不包括拇指），并测量出大概周长。该周长便是适合该技术人员的手套尺寸。

在闷热潮湿的天气里，适宜尺寸的高压绝缘手套可能会很难戴上或取下。许多高压绝缘手套厂家都会提供一种手套粉，它可擦在手上或放进手套内部，使手套更加容易脱戴。技术人员不可自己使用滑石粉等未经认可的固体润滑剂，因为这类润滑剂可能以石油为主要成分，而石油会使手套材质劣化。

高压绝缘手套按照不同电压等级分三类，见表 4-6。

表 4-6 高压绝缘手套的电压等级

选用 序号	工作范围	参考《带电作业用绝缘手套》（GB/T 17622—2008）选用型号	各级别颜色色系
1	低压及 400 V 以下设备	0	红色
2	10 kV 配网及开关站	2	白色
3	35 kV 及以下线路及变电站	4	橙色

高压绝缘手套绝缘性能要满足表 4-7 中的要求。

表 4-7 高压绝缘手套的性能要求

序号	标称电压/kV	验证电压/kV	最低耐受电压/kV	泄漏电流/mA		
				360[①]	410[①]	460[①]
1	0.5	3.0	5	14	16	18
2	3	10	20	14	16	18
3	6	20	30	14	16	18
4	10	30	40	14	16	18

注：①该数据为手套长度，单位为 mm。

（2）高压绝缘手套的现场检查

高压绝缘手套不可用于触电防护之外的其他任何类型的防护，并且高压绝缘手套易受割伤、磨损、高温和化学劣变的影响。这些因素将导致手套永久失效。技术人员应在每次使用高压绝缘手套前检查其是否受损。

目视检查：使用高压绝缘手套前，技术人员应对每副手套进行仔细检查，查看手套是否存在裂纹、裂缝或褪色等物理损坏，并将手套内面也彻底翻出，以便清楚观察到手套的全部表面。高压绝缘手套表面必须平滑，内外面应无针孔、疵点、裂纹、砂眼、杂质、修剪损伤和夹紧痕迹等各种明显缺陷，以及明显的波纹及铸模痕迹。此外，不允许有染料污染痕迹。

充气检查：完成一次彻底的外观检查后，技术人员应对绝缘手套进行充气检查，将每副手套从手套袖口处开始快速卷起，使其手指和手掌部分充气鼓起，如图 4-5 所示。

图 4-5 高压绝缘手套的充气检查

为完成充气检查，技术人员应注意以下几个问题。

① 捏紧手套的袖口处以封住空气。

② 将手套的袖口紧密地向手套指尖方向卷起，仍然捏紧卷起的部分。

③ 确保手套的手掌区域和指尖区域因空气挤压充入而鼓起。

④ 确保手套在鼓起后保持充气压力，不漏气，掰开手套指缝间观察，细听有无漏气声。

⑤ 若手套未膨胀鼓起，则定位漏气点。

⑥ 若手套无法充气或充气后漏气，则技术人员必须找到漏气部位。每次使用后，技术人员都应对手套进行检查和测试。发现高压绝缘手套在最近一次使用中损坏后，技术人员应立即换用完好的手套。

提示：更多有关充气检查的信息可从高压绝缘手套制造商处获得，也可从汽车厂家维修手册和相关培训机构获得。

（3）高压绝缘手套的实验室检测

高压绝缘手套必须由规范的检测机构进行定期质量检测，具体检测方法如图 4-6 所示。手套最近一次的规范检测日期应加盖在袖口标签上方。若袖口标签上方未标注检测日期，则手套必须送去进行检测，证明合格并标注最近一次检测日期后方可使用。

根据国家规定，高压绝缘手套投入使用后必须每六个月进行一次质量检验。若手套还未使用，则必须在购买后十二个月内进行检测，并在此后每六个月进行一次检验。手套通过检验后，在袖口上标注最新一次的检验日期。

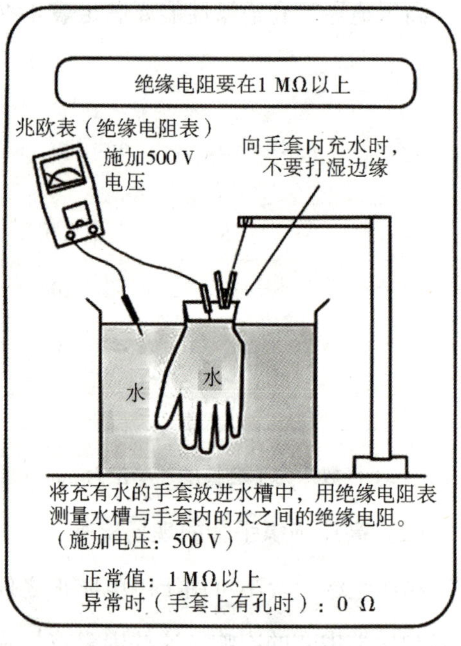

图 4-6 高压绝缘手套的实验室检测

（4）高压绝缘手套的使用规范

高压绝缘手套是作业时使用的辅助绝缘安全用具，需与基本绝缘安全工具配套使用。在 400 V 以下带电设备上直接用于不停电作业时，在满足人体安全距离的前提下，不允许超过高压绝缘手套的标称电压等级使用。

若一副高压绝缘手套中的一只可能不安全，则这副手套不能使用。要保证绝对安全，可能不安全则不能使用。

高压绝缘手套的使用温度范围为-25~55 ℃。橡胶的特性是低温脆化，高温软化。

使用高压绝缘手套时应将衣袖口（无绝缘性能，不能保证安全）套入手套袖口内，同时注意防止尖锐物体刺破手套。

高压绝缘手套受潮或发生霉变时应禁止使用。遭雨淋和受潮时应进行干燥处理（用专用干燥箱均匀干燥，避免使用局部高温设备对手套进行干燥）后再使用，但干燥温度不能超过 65 ℃（橡胶的温度耐受极限）。

高压绝缘手套弄脏时应用肥皂和水（避免化学反应影响绝缘性能）清洗，彻底干燥后涂上滑石粉，避免粘连。

在边缘锋利的高压部件附近作业，或搬举、移动某些高电压部件时，技术人员应戴上高压绝缘手套。很多手套制造商同时也会提供皮革防护套（图 4-7），用来套在高压绝缘手套外面以防止其破损。

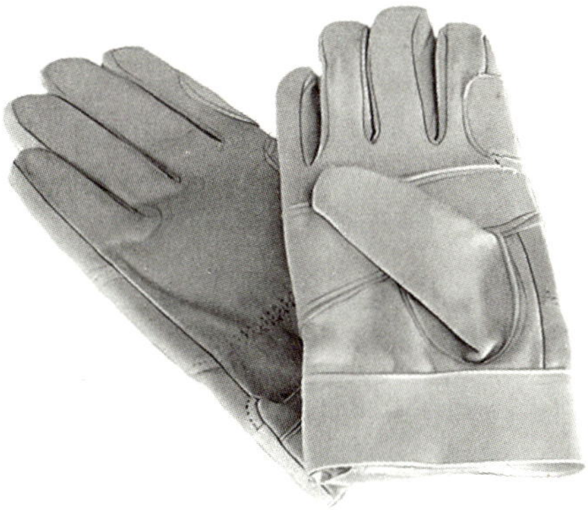

图 4-7　高压绝缘手套用皮革套

皮革套的袖口必须比所保护的高压绝缘手套短。这样是为了确保皮革套袖口边缘和使用者皮肤之间存在绝缘层。

（6）高压绝缘手套的保养与报废

高压绝缘手套必须放置在阴凉干燥处，远离日晒。很多高压绝缘手套制造商都会提供可悬挂的帆布储藏袋来存放手套。手套应垂直悬挂在储存袋中，指尖向上，袖口位于储藏袋底部。这样可以防止水在手套中存积。大多数储存袋的底部都会有一个通风口供空气流通。

出动抢修车时，应将高压绝缘手套存放在绝缘工具专用的工具箱内。工作完毕后，须将高压绝缘手套整理清洗并及时存放在绝缘工具箱内，严禁长期将高压绝缘手套放置于抢修车中。

使用单位应建立高压绝缘手套使用和试验台账，对定期检验的数据进行校核。各种检查记录，有关证书和检验/试验报告、出厂说明及有关技术资料均应保存完整。

不合格的高压绝缘手套须隔离处理，不得与合格绝缘工具混放。

无论任何原因，高压绝缘手套一旦存在缺损，或未通过上述任何检查，都应马上丢弃。丢弃前，应割断手套的手指部分，以确保手套不会被重新使用。

外观检查发现有破损、霉变、针孔、裂纹、砂眼和割伤的高压绝缘手套应报废。

定期（预试）检验不合格的高压绝缘手套应报废，当即剪烂。

出厂年限满五年的高压绝缘手套应报废。

提示：更多信息可从手套制造商的官方网站上找到。多数手套制造商的官方网站上都有详尽的手套使用说明。

2. 安全帽

安全帽可避免人的头部受坠落物及其他特定因素的伤害，它由帽壳、帽衬、下颌带和附件组成，如图 4-8 所示。

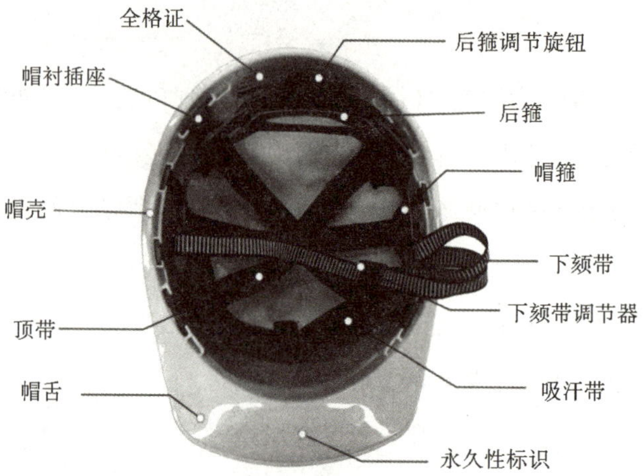

图 4-8　安全帽的结构

（1）安全帽的检查

安全帽的检查项目包括：外观检查、尺寸检查、防静电性能测试、绝缘性能测试、冲击吸收性能测试、耐穿刺性能测试、耐测压性能测试、下颌带强度测试和阻燃性能测试。

安全帽的外观检查包括以下几点。

① 检查“三证”，即生产许可证、产品合格证和安全鉴定证如图 4-9（a）所示。凡是在我国国内生产、销售的安全帽，按规定均应具备以上证书。

② 检查标识。检查永久性标识和产品说明是否齐全、准确。安全帽属于国家劳动防护产品，应具有“安全防护”盾形标识如图 4-9（b）所示。

③ 检查产品做工。合格的产品做工较细，不会有毛边，且质地均匀，如图 4-9（c）所示。新能源汽车高压作业需要选用蓝色的电绝缘安全帽。

（a）特种劳动防护产品的安全鉴定证书示例

（b）特种劳动防护用品“安全防护”盾形标识

（c）合格产品的做工细致

图 4-9　安全帽的外观检查

它在新能源汽车高压作业时起到的主要作用是防静电和绝缘。因此，以下主要针对这两种性能测试进行介绍。

① 防静电性能测试：试验前将安全帽放置在 20（±2）℃、相对湿度 50（±5）%的环境中 24 h 以上。在安全帽较平坦部位用导电胶平行贴两条长 100（±1）mm、宽 1（±0.1）mm 的金属箔电极，间距（10±0.5）mm，导电胶电阻应小于 1 kΩ，用绝缘电阻表联接电极进行测量，交换电极再测量一次，两次测得的平均值即安全帽表面电阻率，如图 4-10 所示。

图 4-10　防静电性能测试

② 绝缘性能测试：安全帽应在温度为 20（±2）℃、浓度为 3 g/L 的氯化钠溶液里完全浸泡 24 h。常见测试方法：a. 将安全帽固定在头模上，用直径 4 mm 的半球形探头接触安全帽外表面，在头模和探头之间施加交流电压，1 min 内增加到 1 200（±25）V，保持 15 s，重复测试，每顶帽子测试 10 个点，记录泄漏电流大小和可能的击穿现象。b. 安全帽倒放在合适的容器中，帽壳和容器内注入 3 g/L 的氯化钠溶液，帽壳内液面距离帽边缘 10 mm，将电极分别放入帽壳内外的溶液中，电压在 1 min 内增加至 1 200（±25）V，保持 15 s，记录泄漏电流大小和可能的击穿现象。c. 用两个探头接触安全帽外表面任意两点（间距≥20 mm），探头直径 4 mm，半球形，电压 1 min 内升至 1 200（±25）V，保持 15 s，重复测试，每顶帽子测试 10 个点，记录泄漏电流大小和可能的击穿现象。

（2）安全帽的佩戴和使用

安全帽的佩戴要符合标准，使用要符合规定（图 4-11）。如果佩戴和使用不正确，就起不到充分的防护作用，一般应注意下列事项。

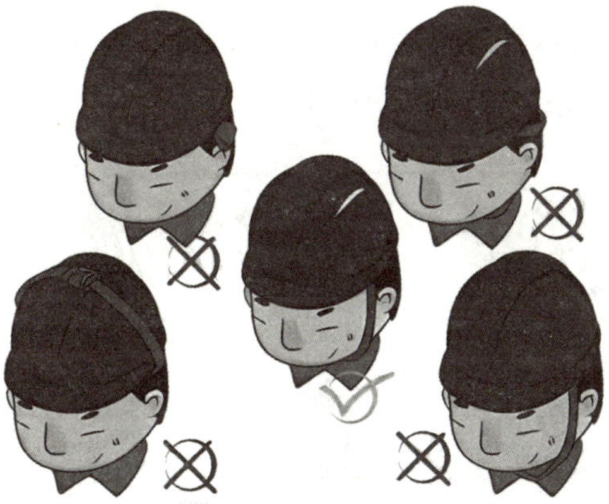

图 4-11　安全帽的正确佩戴

① 戴安全帽前应将帽后调整带按自己头型调整到合适的位置，然后将帽内弹性带系牢。缓冲衬垫的松紧由带子调节，头顶和帽体内顶部的垂直距离一般在 25~50 mm，不小于 32 mm 为好，这样能保证遭受冲击时，帽体有足够的空间可供缓冲，平时也有利于头和帽体间的通风。

② 不要把安全帽歪戴，也不要把帽檐戴在脑后方，否则会削弱安全帽对冲击的防护作用。

③ 安全帽的下颌带必须扣在颌下并系牢，松紧要适度。这使安全帽不至于被风吹掉，或被其他障碍物碰掉，或由于头的前后摆动而脱落。

④ 安全帽顶部除在帽体内安装帽衬外，还开有通风小孔。但使用时不要为透气而随便再开孔，否则会使帽体的强度降低。

⑤ 安全帽在使用过程中会逐渐磨损，因此要定期检查有无龟裂、下凹、裂痕和磨损等情况，发现异常现象要立即更换，不得继续使用。任何受过重击、有裂痕的安全帽，不论有无损坏均应报废。

⑥ 严禁使用只有下颌带与帽壳连接的安全帽（即帽内无缓冲层的安全帽）。

⑦ 技术人员在现场作业中，不得将安全帽脱下，搁置一旁，或当坐垫使用。

⑧ 由于安全帽大部分使用高密度低压聚乙烯塑料制成，具有硬化和变蜕的性质，不宜长时间在阳光下暴晒。

⑨ 新领的安全帽，首先检查是否有劳动部门允许生产的证明及产品合格证，再看是否破损、薄厚不均，缓冲层及调整带和弹性带是否齐全有效。不符合规定要求的立即调换。

⑩ 在室内作业也要戴安全帽，特别是在室内带电作业时，更要认真戴好安全帽，因为安全帽不仅可以防碰撞，还能起到绝缘作用。

⑪ 平时使用安全帽时应保持整洁，不能接触火源，不要任意涂刷油漆，不得当凳子坐，防止丢失。如果丢失或损坏，必须立即补发或更换。无安全帽一律不得进入作业现场。

（3）安全帽的保养与报废

安全帽的日常保养一般采用清水洗的方式，同时要清洁安全帽内衬，洗好后要放在太阳下晒干。每星期至少要把安全帽倒过来放在阳光下暴晒 3 h，利用阳光中的紫外线杀死表面细菌。帽壳、帽带和系带等应用 60 ℃左右的温和清洁剂溶液清洗。

安全帽外壳要常上蜡。内衬可以拆的就拆下来，放在洗衣网中用洗衣机洗，不能拆的用清洁喷剂消毒、除臭，不能出现如图 4-12 所示的情况。

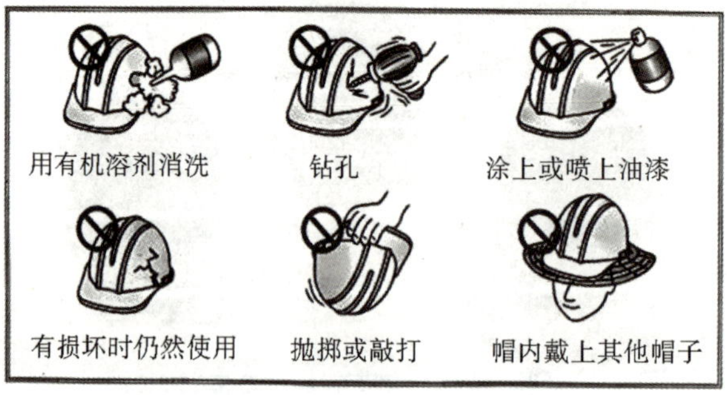

图 4-12　错误的安全帽使用及保养方法

企业物资采购部门应定期回收报废安全帽，同时做破坏性处理，并制定处理办法。出现下列情况的安全帽应报废。

① 受过严重冲击的安全帽。

② 破损或变形的安全帽。

③ 从产品制造完成之日计，寿命达到 2.5 年的安全帽。

3. 防护眼镜

防护眼镜是一种具有特殊作用的眼镜，使用的场合不同，需要的防护眼镜种类也不同，如图 4-13 所示。防护眼镜种类很多，有防尘眼镜、防冲击眼镜、防化学溶液眼镜和防光辐射眼镜等。防护眼镜的作用主要是使眼睛和面部免受紫外线、红外线和微波等电磁波的辐射，以及粉尘、烟尘、金属、砂石碎屑和化学溶液溅射的伤害。

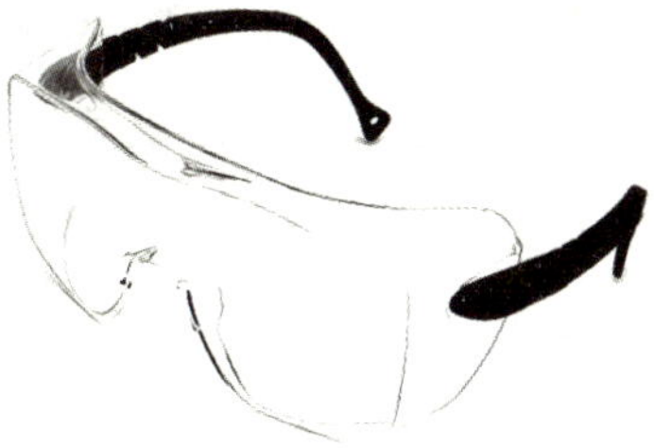

图 4-13　安全眼镜

防固碎屑：带侧护边型眼镜主要用于防止金属或砂石碎屑等对眼睛的机械损伤。眼镜片和眼镜架结构坚固，抗打击。框架周围装有遮边，其上有通风孔。防护镜片可选用钢化玻璃、胶质粘合玻璃或铜丝网防护镜。

防化学溶液：护目镜主要用于防御有刺激或腐蚀性的溶液对眼睛的化学损伤。可选用普通平光镜片，镜框有遮盖，可防止溶液溅入。通常用于实验室、医院等场所，可用一般医用眼镜代替。

防弧光辐射：从事电焊、气焊、炼钢和吹玻璃作业的工人应戴防弧光辐射眼镜。防弧光辐射眼镜的镜片颜色有深有浅，应根据作业时弧光的强弱选择，弧光强，颜色深。如果弧光强戴浅色防弧光辐射镜，则部分红外线会透过镜片刺激和损伤眼睛，长期下去会患职业性白内障。如果弧光弱却长期戴深色防弧光辐射眼镜，则会使视力大幅下降。

（1）防护眼镜的使用

使用前的检查。

① 检查镜片是否容易脱落。

② 透镜表面应充分研磨，不得有用肉眼可看出的伤痕、纹理、气泡和异物等。

③ 戴上透镜时，影像应绝对清晰，不得模糊不清。

使用注意事项。

① 选用经检验机构检验合格的产品。

② 防护眼镜的宽窄和大小要适合使用者的脸型。

③ 镜片磨损粗糙、镜架损坏，会影响操作人员的视力，应及时调换。

④ 要专人使用，防止传染眼病。

⑤ 按要求焊接滤光片和保护片。

⑥ 防止重摔重压，防止坚硬的物体摩擦镜片和面罩。

（2）防护眼镜的保养

① 放置方法：如果是暂时性放置眼镜，则将眼镜的凸面朝上，因为将凸面朝下摆放会磨花镜片。

② 擦镜片方法：使用清洁专用擦拭镜布，应用手托住镜片一侧的镜框边丝，轻轻擦拭镜片。避免用力过度造成镜框或镜片损伤。

③ 镜片沾灰尘或脏东西时的处理方法：干擦容易磨花镜片，建议先用清水冲洗，再用纸巾吸干水分，最后用专用眼镜布擦干。镜片很脏时建议用低浓度中性清洗剂清洗，然后用清水冲洗后擦干。

④ 存放方法：不戴眼镜时，用眼镜布包好并放入眼镜盒。保存时避免与防虫剂、洁厕用品、化妆品、发胶和药品等腐蚀性物品接触，否则会引起镜片、镜架劣化、变质和变色。

⑤ 眼镜变形时的处理方法：镜架变形时会给鼻子或耳朵造成额外负担，镜片也容易松脱。建议定期到专业店进行整形调整。

⑥ 不要在激烈运动时使用防护眼镜。树脂镜片受到强烈冲击有破碎的可能，易造成眼睛和面部损伤。

⑦ 不要使用已出现划痕、污点和裂纹等情况的镜片，否则会因光线散色导致看不清楚东西，并导致视力下降。

⑧ 不要戴防护眼镜直视太阳或强光源，否则会伤到眼睛。

⑨ 在完全习惯戴眼镜看东西后再进行操作。因镜片的棱镜关系，戴刚购买的眼镜时距离感会减弱，未完全习惯之前不要开展作业。

⑩ 不要在高温下（60 ℃以上）长期放置。高温容易导致镜片变形，或表面膜层容易出现裂纹，不要放在驾驶室风窗等阳光直射或高温的地方。

4. 绝缘安全鞋（靴）

绝缘安全鞋（靴）的作用是使人体与地面绝缘，防止电流通过人体与大地之间构成通路，对人体造成电击伤害，把触电的可能性降低。它还能防止试验电压范围内的跨步电压对人体产生危害，因此进行电气作业时不仅要戴绝缘手套，还要穿绝缘安全鞋。

绝缘安全鞋产品具有透气性能好、防静电、耐磨和防滑等功能，主要用于避免因静电而发生燃爆事故，如图 4-14 所示。

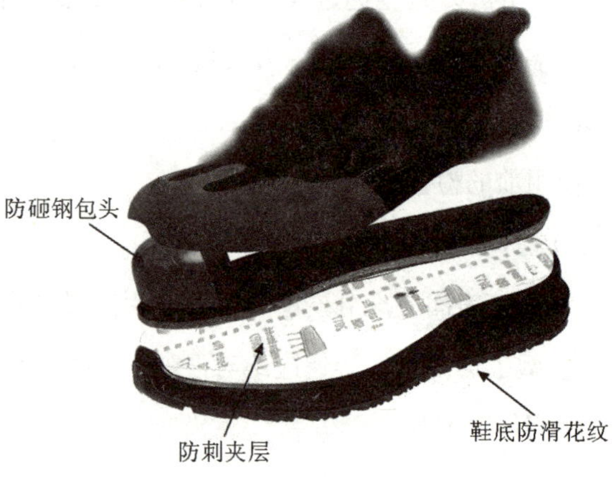

图 4-14 绝缘安全鞋的组成

（1）性能

在实际工作中，复合功能的安全鞋较为多见，如防砸绝缘、防砸防静电、防砸耐酸碱、防砸耐油和防砸耐高温。一些企业还可以根据客户的需求，生产出具有特殊性能的安全鞋。另外，不少企业生产的安全鞋的某些性能已高出国家标准。

绝缘安全鞋应具有生产许可证、产品合格证和安全鉴定证，且有“安全防护标识”。

（2）绝缘安全鞋使用注意事项

工作人员使用绝缘安全鞋，并配合基本安全用具，可避免跨步电压所引起的电击。

① 绝缘安全鞋适宜在交流 50 Hz、1 000 V 以下，或直流 1 500 V 以下的电力设备上工作时，作为安全辅助用具使用。

② 绝缘安全鞋不能受潮，受潮后严禁使用。一旦受潮，应放在通风透气的阴凉处自然风干，以免变形受损。鞋底被异物刺穿后，不能作绝缘安全鞋使用。

③ 注意绝缘安全鞋的皮面保养，勤擦鞋油。擦拭方式：先用干净软布把鞋表面的灰尘擦去，然后将鞋油挤在布上，并均匀涂在鞋面上，待鞋油略干后再擦拭。

④ 绝缘安全鞋不宜在雨天穿，更不宜水洗，否则容易发生断线、脱胶、脱色和泛盐霜等现象。

⑤ 绝缘安全鞋不能与油类、酸性、碱性及尖锐物体等接触，以防腐蚀、变形和受损。

⑥ 彩色绝缘安全鞋（包括白色）在穿着中尤其应注意，不能碰到污水、污物、茶渍和可乐等，否则会留下污渍，使原色受损。

⑦ 绝缘安全鞋穿着后出现轻微褶皱、轻微变形等属正常现象。

⑧ 绝缘安全鞋受潮或遇脚汗后，易出现泛盐霜现象。如出现泛盐霜现象，可用纱布或棉花沾少量温水擦净，再把鞋放在通风处晾干，最后用鞋油擦拭，反复数次即可恢复原状。

⑨ 绝缘安全鞋存放时，应保持整洁、干燥，并擦好鞋油，自然平放。存放一段时间后（特别是雨季），要使其通风干燥，并重新擦拭鞋油以防变霉。

二、检测工具的使用

1. 高压电表和测电笔

因驱动系统不同，混合动力和新能源汽车可能会产生高达 650 V 或更高的电压，并非所有电表和测电笔都适用于这类作业。有些仪表和表笔甚至完全没有额定电压规定。技术人员应确保所使用的仪表和表笔适用于即将执行的作业，同时还应确保正确操作。

高压电表的用电安全等级为两部分：仪表可安全使用的额定系统电压和瞬时电压的绝缘防护值（电压峰值）。

电压峰值的额定防护有四个等级：CAT（种类）Ⅰ、CATⅡ、CATⅢ和 CATⅣ，其中 CATⅣ能够抵挡最高的电压峰值。市面上的仪表中，公认的高压额定值为 1 000 V CATⅢ/600 V CATⅣ。因为这两个等级所指示的瞬时电压保护都高达 8 000 V，所以它们通常都会显示在表笔或仪表上。接到高压电表上的测电笔必须与仪表的防护等级相匹配。高压电表和测电笔上的额定系统电压和 CAT 等级都在设备自身上显示，如图 4-15 所示。

图 4-15　高压电表的 CAT 等级

对高压系统进行维修时，需要使用绝缘电阻表来测量高压系统的电阻。绝缘电阻表和测电笔的绝缘等级最低应为Ⅲ级、1 000 V，否则可能损坏绝缘电阻表，导致信息显示不准确，同时还会造成人身伤害。

2. 新能源汽车专用解码器

发现混合动力汽车或新能源汽车出现绝缘故障（高压电漏电到底盘接地或低压系统），须立即进行检查和处理，然后才能进行其他高压诊断和修理作业。出现这种故障时，会显示间歇诊断故障码（pending DTC）或当前诊断故障码（current DTC）。

间歇诊断故障码可能不会有警示灯或消息提示，技术人员需要用合适的解码器连接至汽车并扫描汽车模块，才能得知相关代码和数据。如果提示出现绝缘故障，则应及时进行处理，然后才能进行其他高压诊断和维修作业。

3. 放电棒

（1）作用

放电棒又称伸缩型高压放电棒、高压放电棒等。高压放电棒（图 4-16）利用新型绝缘材料加工而成，它具有可拉长、可收缩的特点。便携式伸缩型高压放电棒在新能源汽车高压蓄电池断电或其他高压组件更换时使用。特别是在做直流耐压试验后，对试品上积累的电荷进行对地放电，确保人身安全。放电电压范围为 5~70 kV。伸缩型高压放电棒便于携带，使用方便、灵活，具有体积小、重量轻、安全的特点。

（2）使用方法

将便携式伸缩型高压放电棒的可伸缩部分全部拉出。如图 4-17 所示，先使用高压验电棒分别触碰放电源，如果高压放电棒指示灯不亮，则说明放电源无电。

图 4-16　高压放电棒

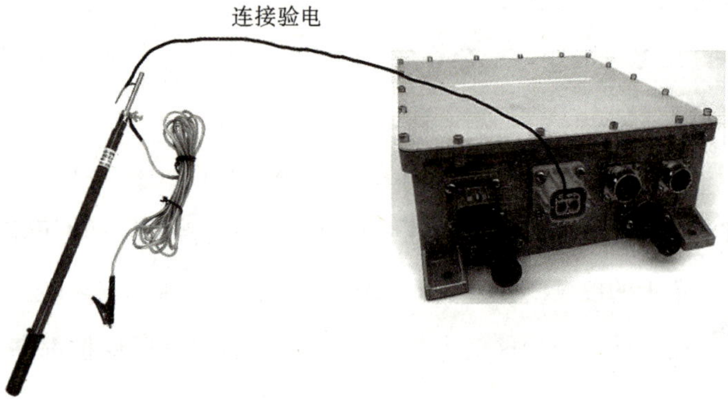

图 4-17　高压放电棒验电

如图 4-18 所示，把配制好的接地线插头插入放电棒的端部插孔内，将接地线的另一端与地连接，接地要可靠。放电时应先用放电棒的前端金属尖头，慢慢靠近已断开试验电源的试品。此时，放电棒释放电能是经过放电电阻进行对地放电。然后再用放电棒所接接地线上的钩子钩住试品，进行第二次直接对地放电。

(3) 使用注意事项

对大电容试品放电时，须在试验完毕后断开试验电源，等待一段时间，使试品通过倍压筒及自身对地自放电。此时，可观察到控制箱上的电压表读数在逐渐下降。当电压表读数下降到 5~15 kV 时，可将放电棒逐步移向试品。先通过间隙空气游离放电，此时可听到“嘶嘶”声。当声音消失后，用放电棒尖端碰试品，最后将试品直接接地放电。

大电容试品积累电荷的多少与试品电容的大小、施加电压的高低、时间的长短成正比。

试验结束后，比较长的高压电缆放电时间一般都很长，且需多次放电。电阻阻值要很大，需订购大容量放电棒。

严禁事项如下。

① 严禁不拉开试验电源用放电棒对试品进行放电。

② 严禁用脚踩及重物挤压放电棒，严禁折弯、折断放电棒。

③ 严禁使放电棒受潮，否则会影响绝缘强度，应放在干燥处。

4. 安全相关的车间设备

作业时，技术人员可能要移除或替换新能源汽车上沉重的高压组件。为防止受伤，应使用小型起重机等起重装置来作业（图 4-19）。技术人员需要将吊索或索具对准汽车厂家指定的吊点，才能安全吊起高压组件。吊索或索具的规格，以及吊起点可在汽车厂家的维修手册上查看。

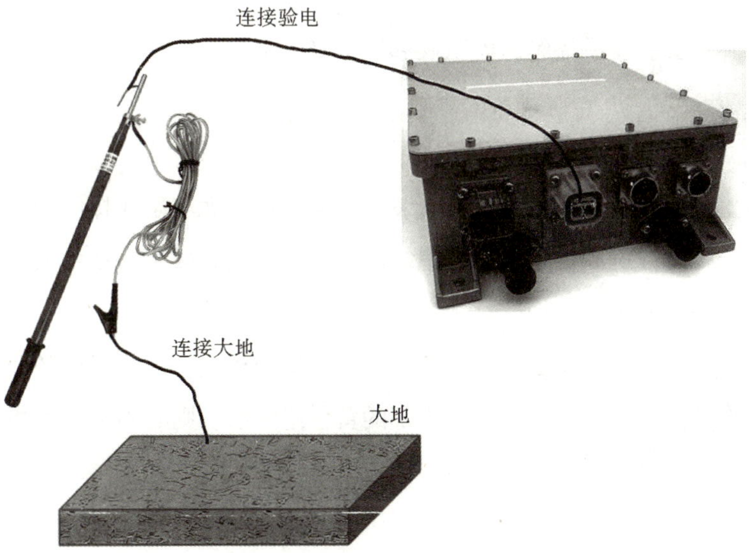

图 4-18　高压放电棒放电

图 4-19　起重装置

有的汽车厂家可能会提供专业吊具。在举升重型组件时，应始终依照原厂的使用说明操作。

很多新能源汽车和某些插电式混合动力汽车的动力电池包通常体积较大，且比较沉重，可达 270 kg，只能从车辆底部进行拆卸。拆卸动力电池包前，技术人员应将车辆举升机下方及附近清空，确保无人、无杂物。

移除这类组件通常需要专用的液压升降台，如图 4-20 所示，这种升降台通常可从车辆生产商或生产商的供应商处获得。若不按照生产商的操作规范举升或拆卸动力电池包，则可能对动力电池包造成损坏。在升降台和动力电池包之间应配有专用的防护垫。拆卸和更换期间，通常将动力电池包用皮绳固定在升降台上。

图 4-20　动力电池包拆装升降台

任务三　常用绝缘工具的识别和使用

常用绝缘工具主要包括三种：绝缘工具套装、手摇绝缘电阻表和数字绝缘电阻表。

一、绝缘工具套装

有些混合动力汽车或新能源汽车的生产商推荐使用绝缘工具套装（图 4-21），尤其是在接触防护罩已经移除的动力电池包时。绝缘工具应包含绝缘旋具、绝缘钳、绝缘套筒和绝缘扭力扳手。技术人员要随时查阅原厂家的维修手册，以获取详细工具要求。

绝缘工具通常由两个绝缘层构成。工具内部的绝缘层大多为黄色，而外层为橘色。双绝缘层的作用是为使用者提供安全预警。若工具的绝缘部分磨损或破坏，露出内部的黄色绝缘层，则必须废弃并更换新的完好工具。

二、手摇绝缘电阻表

手摇绝缘电阻表又称摇表，它的刻度是以 MΩ 为单位的。绝缘电阻表由中大规模集成电路组成，其输出功率大，短路电流高，输出电压级多。绝缘电阻表是电力、邮电、通信、机电安装和维修等行业常用的仪表。它用于测量各种绝缘材料的电阻值，以及变压器、发电机、电缆和电气设备等的绝缘电阻。它由摇柄、刻度盘和三个接线柱（即 L-线路端、E-接地端、G-屏蔽端）组成，如图 4-22 所示。

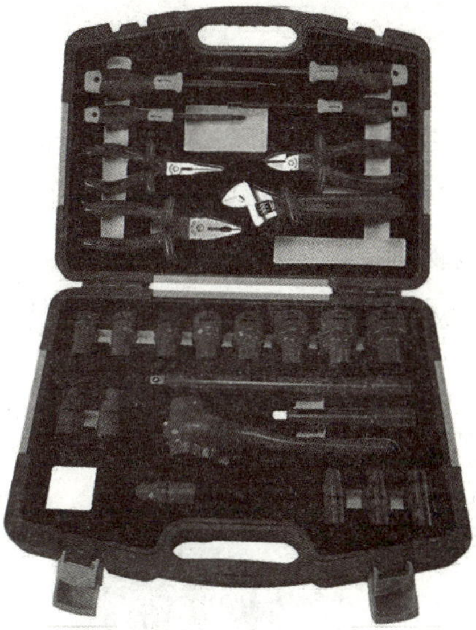

图 4-21　绝缘工具套装

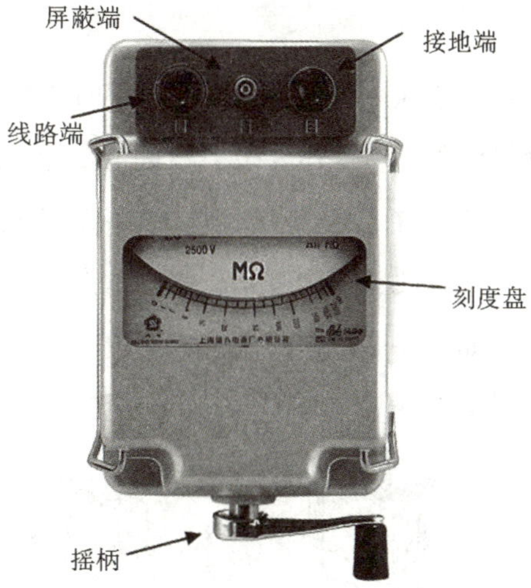

图 4-22　手摇绝缘电阻表

手摇绝缘电阻表根据所测电压的不同，常用的有 500 V、1 000 V 和 2 500 V 三种，如图 4-23 所示。在无特殊规定时，设备的工作电压在 500 V 及以下的使用 500 V 的绝缘电阻表测量，若选用高电压绝缘电阻表则可能损坏被测设备的绝缘；工作电压为 500~3 000 V（不含）的使用 1 000 V 的绝缘电阻表测量；工作电压在 3 000 V 及以上的使用 2 500 V 绝缘电阻表测量。

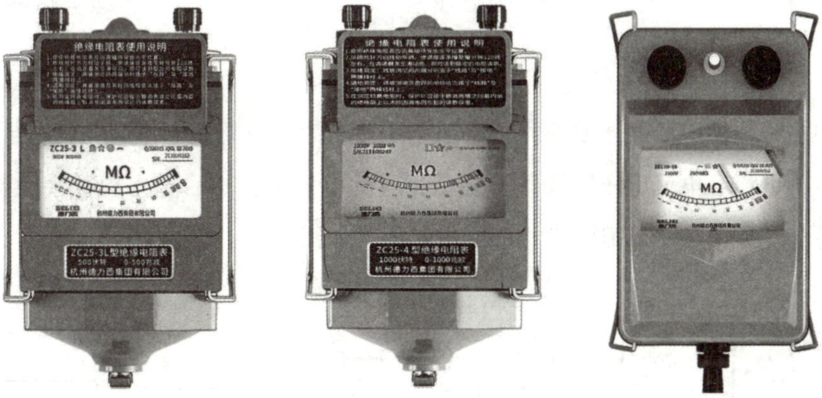

图 4-23　手摇绝缘电阻表的种类

与手摇绝缘电阻表表针相连的有两个线圈，一个同表内的限压电阻 R_v 串联，另一个同限流电阻 R_1 串联，两者一起接到手摇发电机上。当以 120 r/min 速度均匀摇动手柄时，两个线圈中同时有电流通过，在两个线圈上产生方向相反的转矩，表针就随着两个转矩的合成转矩的大小而偏转某一角度，偏转角度取决于两个电流的比值，限压电阻是不变的，因此电流值仅取决于限流电阻的大小（图 4-24）。

I_1 电流最大（即限流电阻为0）时，指针指向刻度0；I_v 电流最大（即开路状态）时，指针指向刻度无穷大∞；限流电阻为一定值时，指针指向限流电阻的数值。绝缘电阻表没有游丝，不能产生反作用力矩，因此绝缘电阻表在不工作时停留在任意位置（即不定位），而不是回零，这跟其他指针式仪表不同。

三、数字绝缘电阻表

传统的手摇绝缘电阻表是由手摇发电机产生的高压施加在被测物体上，通过测量流经被测物体的电流来测量绝缘电阻的，操作复杂、测量精度低。20 世纪 80 年代以来，由于电子技术及数字测量技术的迅速发展，出现了数字绝缘电阻表。数字绝缘电阻表受电池驱动，免去手摇发电的麻烦，具有精度高、读数直观、操作方便、安全可靠、便于携带等优点，已逐渐取代传统绝缘电阻表，成为测量绝缘电阻最常用的仪表，如图 4-25 所示。

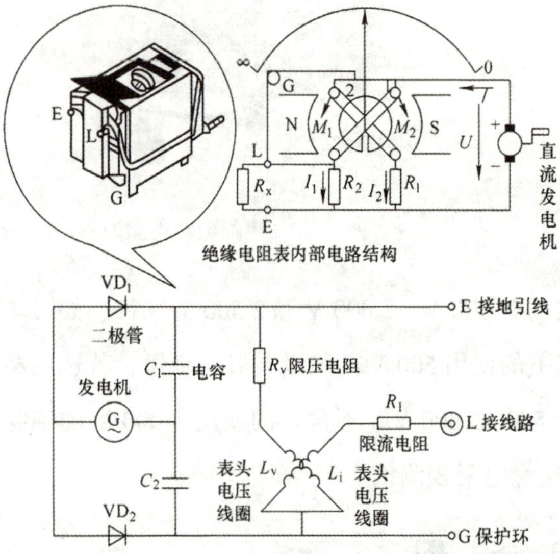

图 4-24　手摇绝缘电阻表工作原理

图 4-25　数字绝缘电阻表

数字绝缘电阻表一般由直流电压变换器将电池电压转换为直流高压电作为测试电压，该测试电压施加于被测物上产生的电流经电流电压转换器转换为相应的电压值，然后送入模数转换器变为数字编码，再经微处理器计算处理，由显示器显示出相应的电阻值，如图 4-26 所示。

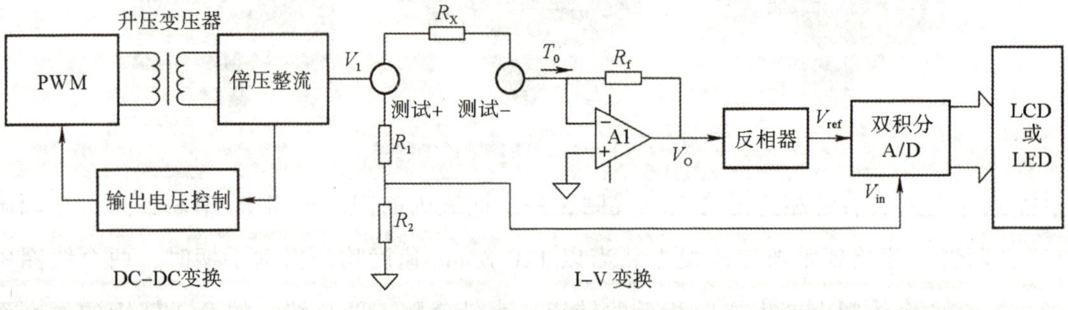

图 4-26　数字绝缘电阻表工作原理

直流电压变换器（DC-DC 变换器）将电池电压转换为直流高压测试电压，它是数字绝缘电阻表的关键部分。新能源汽车高压维修使用的数字绝缘电阻表根据所测电压的不同，常用的有直流高压 250 V、500 V、1 000 V，及交流高压 750 V。

由于考虑转换效率、体积、输出电压控制及变换，数字绝缘电阻表经常采用脉宽调制（PWM）型开关电源集成控制器将电池的直流电压变换为脉宽调制信号，经升压变压器转化为高压脉冲，再由倍压整流（2 倍或 3 倍）平滑成直流高压测试电压，其输出电压大小是通过输出电压控制电路调节脉冲宽度来调整的。常用 UC3840、TL494 和 SG3524 等，这类脉宽调制型控制器是国际上最流行的开关电源集成控制器，包括开关稳压器所需的全部控制电路，其中有误差放大器、振荡器、脉宽调制器、脉冲发生器、开关管和过流过热保护。

图 4-27 为应用 SG3524 将 9 V 直流电压升至 1 000 V 的实用电路、G3524 是升压电路的核心，它直接向开关管 Q_1 提供脉宽调制信号，由 Q_1 推动升压变压器，经升压后输出高压脉冲，再由倍压整流成直流高压输出。引脚 6、7 外接振荡电阻 R_5、电容 C_2 确定其开关频率。电阻 R_1、R_2 提供取样电压，经电压误差放大器引脚 1 引入，与引脚 2 的参考电压进行比较，放大器输出电压送至脉宽调制器控制输出脉冲的占空比，从而稳定输出电压。

引脚 4、5 为电流限制放大器，引脚 11、12 和 13、14 为集电极、发射极均开路 *NPN* 晶体管组成的输出极。由 SG3524 可知

开关频率：$f \approx \dfrac{1.30}{R_T C_T} = \dfrac{1.30}{2 \times 0.02} = 32.5(\text{kHz})$

式中，R_T 单位为 kΩ；C_T 单位为 μF；f 单位为 kHz。

输出电压：$U_o = 2.5 \times (1 + \dfrac{R_1}{R_2}) = 2.5 \times (1 + \dfrac{2\ 000}{5}) = 1\ 002.5(\text{V}) \approx 1\ 000(\text{V})$

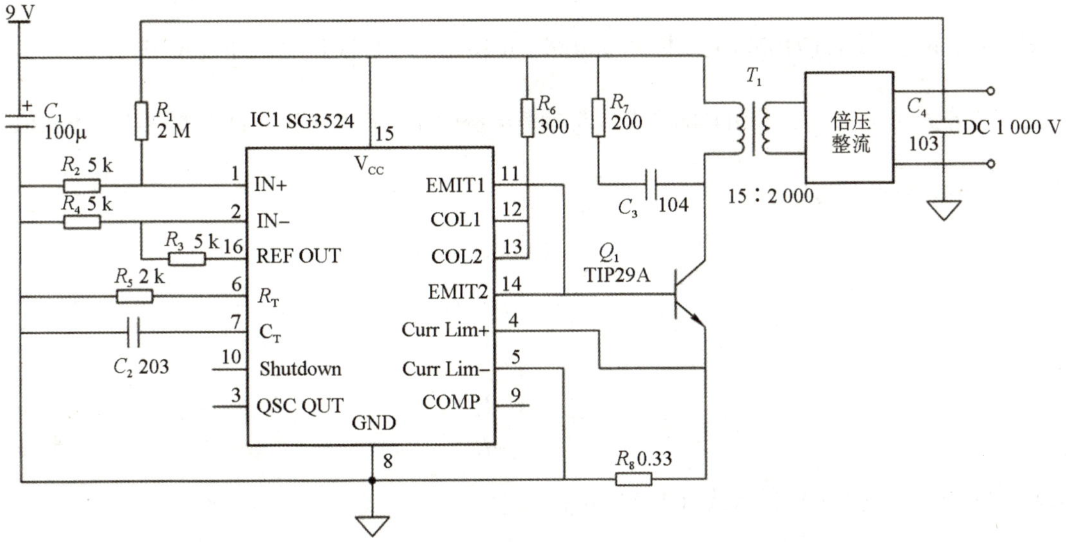

图 4 27　DC 9 V→DC 1 000 V 升压电路

数字绝缘电阻表的直流电压变换器性能可以通过测量其短路输出电流和跌落电压来判断，输出短路电流和跌落电压均可反映内部输出高压源内阻的大小。我国的相关规程要求绝缘电阻表输出短路电流大于0.5 mA、1 mA、2 mA或5 mA，国家计量检验规程《电子式绝缘电阻表》(JJG 1005—2005）规定绝缘电阻表在其测量端接厂家提供的跌落电阻值时，端子的电压即为跌落电压，其值不低于额定电压的90%。

电流电压转换器（I-U 转换）：从图4-26可以看出，由待测电阻 R_x、反馈电阻 R_f 及运算放大器A，组成一个IU转换电路。它将流经被测绝缘电阻 R 的电流转换为电压信号输出。

当测试电压 U 作用于待测电阻 R_x 上时，根据运算放大器特性，其正输入端为地电位，负输入端（测试端-）同样为地电位（虚地），由欧姆定律可得

$$I_o = \frac{U_i}{R_x} \tag{4-1}$$

因此运算放大器的输出电压

$$U_o = - I_o R_f \tag{4-2}$$

将式（4-1）代入式（4-2）得

$$U_o = \frac{- U_i R_f}{R_x} \tag{4-3}$$

U 经过反相后得

$$U_{ref} = - U_o = \frac{U_i R_f}{R_x} \tag{4-4}$$

由式（4-4）可以看出，U_o 与 R_x 成反比。测试电压相同时，R_x 越大，U_o 就越小。I-U 转换电路的精度直接关系到仪器的测量准确度，由于所测绝缘电阻阻值比较大，I_o 一般为 $1\times10^{-8} \sim 1\times10^{-3}$ A，所以需要选用低失调电压低漂移高精度的运算放大器，因此经常使用斩波运算放大器模数转换器（A/D）是模拟电路与数字电路连接的纽带，也是模拟仪表与数字仪表的重要标志。精度不高于1%的数字绝缘电阻表通常采用ICL7106（或ICL7107）大规模集成电路，ICL7106是带LCD显示器（ICL7107为LED显示器）的 $3\frac{1}{2}$ 位双积分A/D转换器，利用其输入电压与参考电压的比值特性可以非常方便地测得电阻值。

根据ICL7106特点，其显示值

$$N = \frac{1\,000 U_{in}}{U_{ref}} \tag{4-5}$$

由图4-26可知

$$U_{in} = \frac{U_i R_2}{R_1 + R_2} \tag{4-6}$$

将式（4-4）、式（4-6）代入式（4-5）可得

$$N = \frac{1\,000 R_2}{R_f (R_1 + R_2)} R_x$$

设 $k=\dfrac{R_2}{R_f(R_1+R_2)}$，则

$$N=1\,000kR_x \tag{4-7}$$

由式（4-7）可知：只要选择合适 k 值，ICL7106 显示值 N 就等于被测绝缘电阻 R_x 值，完成 A/D 转换和数字显示。

数字绝缘电阻表将 U_o、U_{in} 信号送至模数转换器转化为数字编码，然后送给微处理器进行计算和处理，最后由显示器显示结果。它不仅可以测量绝缘电阻 R_x，还可以测量被测设备的吸收比（即 $R_{60\,s}$ 和 $R_{15\,s}$ 的比值）和极化指数（即 $R_{10\,min}$ 和 $R_{1\,min}$ 比值），并以此数据为依据更准确地判定被测设备绝缘状况的优劣。

项目小结

本项目主要介绍了汽车电工的常用工具的使用，首先介绍了数字万用表的种类和使用方法，能够正确选择和操作不同类型的万用表进行汽车电路的测量和诊断；其次介绍了新能源汽车高压作业检测设备及工具的使用，包括防护设备和检测工具，提升了其在高压作业环境中的安全操作能力；最后介绍了识别和正确使用常见的绝缘工具，进一步提升了在汽车电工领域中的实用技能和应用水平。通过本项目的学习，读者不仅增强了安全意识和技术操作能力，还为未来在汽车电工行业的职业发展奠定了坚实的基础。

课后练习

一、填空题

1. 数字式万用表的主要功能是测量________、______、________等物理量。

2. 高压绝缘手套的尺寸应与使用者的手部________，若太松，则会使手套发皱并影响使用者手部的灵活性。测量手套尺寸时，技术人员应使用卷尺绕________（不包括拇指），并测量出大概周长。该周长便是适合该技术人员的手套尺寸。

3. 高压绝缘手套的防护等级取决于手套的________，额定电压值通常会标注在手套上。额定工作电压达到 1 000 V 交流电的____手套，适用于标准的混合动力汽车或新能源汽车的服务和维修。

4. 使用高压绝缘手套时应将衣袖口（无绝缘性能，不能保证安全）套入__________，同时注意防止________刺破手套。

5. 高压绝缘手套受潮或发生霉变时应________。遭雨淋和受潮时应进行________（用专用干燥箱均匀干燥，避免使用局部高温设备对手套进行干燥）后再使用，但干燥温度不能超过____（橡胶的温度耐受极限）。

二、简答题

1. 简述数字万用表的使用步骤。
2. 高压绝缘手套的主要作用有哪些？
3. 安全帽的主要作用有哪些？
4. 防护眼镜的种类和作用分别是什么？
5. 绝缘安全鞋的主要作用是什么？

项目五

新能源汽车安全技术

项目导读

本项目旨在全面学习和掌握新能源汽车安全技术专业知识，涵盖了高压安全断电、高压部件认知、高压绝缘检测、高压插接件锁止结构认知及操作、动力电池包拆检防护、安全充电操作等多个方面。通过深入了解新能源汽车高压系统的组成和操作流程，提升学生在安全技术应用和实际操作中的能力和素质。

学习目标

知识目标

◆掌握新能源汽车高压系统的组成。

◆熟悉新能源汽车高压绝缘检测的方法。

技能目标

◆能够对新能源汽车进行安全断电。

◆能够对新能源汽车东西电池进行拆件。

素质目标

◆培养学生团队合作意识，形成团结协作的工作意识，养成手脑并用、主动探究的“做中学，学中做”的学习习惯。

◆培养学生规范使用仪表的意识，养成爱护仪器仪表和精益求精的工作态度。

◆做到 7S 管理要求，培养学生探索求知的热情，初步具有建构实验、自主创新的意识。

思政目标

◆通过本项目的学习，培养学生对新能源汽车高压安全技术的深刻理解和掌握，强化其在高压环境下的安全操作意识和职业道德素养。通过系统学习高压断电、部件认知、绝缘检测、插接件锁止结构等技能，提升学生在新能源汽车安全运用和技术推广中的应用能力，推动行业发展与社会责任的结合。

任务工单

1. 任务描述

赵工在某天收到客户的一辆故障新能源汽车，客户反馈车辆无法进行慢充电，只能通过快充电口对车辆进行充电，并且无法将电池电量充满。

2. 寻找成员

以 3~5 人为一组，选出组长并进行任务分工，将小组成员及分工情况填入表 5-1 中。

表 5-1　小组成员及分工情况

小组成员	姓名	学号	任务分工
组长			
组员			

3. 制订计划

（1）查阅相关资料，制订工作计划，并将其填入表 5-2 中。

表 5-2　工作计划

序号	工作内容	负责人

（2）将操作过程中所需的工具和耗材等填入表 5-3 中。

表 5-3　操作过程中所需的工具和耗材等清单

序号	名称	型号与规格	单位	数量	备注

4. 进行决策

（1）小组成员针对各自的工作计划展开讨论，并选出最佳工作计划。

（2）指导教师根据各小组提交的工作计划给出评价。

（3）各小组成员根据指导教师的评价对工作计划进行调整，调整合格后的工作计划即为最终实施方案。

5. 工作实施

根据最终实施方案，进行新能源汽车电学实训。按实际操作过程，将实施内容、遇到的问题及解决办法等记录于表 5-4 中。

表 5-4　工作实施过程记录表

序号	实施内容	遇到的问题及解决办法	结果

6. 考核评价

各组展示任务完成情况，并完成表 5-5 所示的考核评价表。

表 5-5　考核评价表

<table>
<tr><th rowspan="2">评价项目</th><th rowspan="2">评价内容</th><th rowspan="2">分值</th><th colspan="3">评价分值</th></tr>
<tr><th>自评</th><th>互评</th><th>师评</th></tr>
<tr><td rowspan="6">职业素养
考核项目</td><td>穿戴规范、整洁</td><td>6 分</td><td></td><td></td><td></td></tr>
<tr><td>安全意识、责任意识及服从意识强</td><td>6 分</td><td></td><td></td><td></td></tr>
<tr><td>积极参加教学活动，按时完成任务工单</td><td>10 分</td><td></td><td></td><td></td></tr>
<tr><td>团队合作、沟通交流能力强</td><td>6 分</td><td></td><td></td><td></td></tr>
<tr><td>劳动纪律良好</td><td>6 分</td><td></td><td></td><td></td></tr>
<tr><td>维护场地、设备及工具等干净整洁</td><td>6 分</td><td></td><td></td><td></td></tr>
<tr><td rowspan="4">专业能力
考核项目</td><td>专业知识查找及时、准确</td><td>10 分</td><td></td><td></td><td></td></tr>
<tr><td>掌握新能源汽车高压部件的组成</td><td>20 分</td><td></td><td></td><td></td></tr>
<tr><td>操作熟练，工作效率高</td><td>10 分</td><td></td><td></td><td></td></tr>
<tr><td>正确认识新能源汽车高压部件结构</td><td>20 分</td><td></td><td></td><td></td></tr>
<tr><td colspan="2">合计</td><td>100 分</td><td></td><td></td><td></td></tr>
<tr><td>总评</td><td>自评(20%)+互评(20%)+师评(60%)=</td><td>综合等级</td><td colspan="3">指导教师（签名）：</td></tr>
</table>

任务一　新能源汽车高压安全断电

新能源汽车维护检修的高压安全断电流程如下。

1. 设立监护人持证上岗

高压电气部件的维护和检修作业必须设立专职监护人。由监护人监督工、量具设备的检查，劳保用品等是否符合要求，也监督作业全过程，并对作业结果进行检查，指挥供电。

2. 检查现场环境，设置隔离栏、警示标识

检查现场操作环境，周边不得有易燃物品及与工作无关的金属物品，并在维修车辆周围设置隔离，无关人员不得进入现场。与工作无关的工具不得带入工作场地，必须使用的金属工具，手持部分要做绝缘处理。在地面或车辆附近明显位置放置“高压危险”警示牌。

3. 检查高压检测工具、高压防护工具

参照项目一任务三检查仪器仪表，确认绝缘电阻测试仪以及钳形电流表功能正常。选择正确耐压等级的绝缘鞋、绝缘帽、绝缘手套以及护目镜，并检查有无破损、漏气等现象。

4. 关闭车辆电源，将钥匙放在安全处

关闭车辆电源，确保点火开关背景灯处于熄灭状态，并将钥匙移出智能钥匙探测范围，可将车钥匙锁入维修柜或由实操人员保管，保证他人无法接触。

5. 断开辅助蓄电池负极连接

断开辅助蓄电池负极电缆，负极电缆接头用绝缘胶带包好，蓄电池负极桩头用盖子盖好或用绝缘胶带包好。

6. 断开维修开关，并妥善保存

新能源汽车设置有维修开关，断开维修开关才可对新能源汽车进行维修。断开维修开关后，用盖子或绝缘胶布将维修开关接口封好。车辆放置 5 min（不同厂家有不同要求），对新能源汽车的高压电容器进行放电。

将维修开关锁入维修柜安全存放，并在拆除后的相应位置放置“有电危险”警示牌。

7. 断开动力蓄电池高、低压插件

穿戴好绝缘防护品，先断开动力蓄电池低压线束插件，再断开动力蓄电池高压线束插件。

8. 验电、放电

断开动力蓄电池高压插件后，需要对动力蓄电池的母线进行验电，测量动力母线正、负极电压应小

于 1 V；如果母线有残余电荷，需用放电设备进行放电，确保动力蓄电池母线无电。

安全重于泰山，在维修新能源汽车之前一定要采取正确的安全防护措施。一般来说，完成了以上几个步骤才可以对新能源汽车高压电气系统进行维修。

当高压电气系统在维护或检修完成后，需由监护人检查确定能否上电。监护人要仔细检查电路是否符合要求，并且检查现场人员是否在安全距离外。

任务二 新能源汽车高压部件

新能源汽车高压系统由各种高压部件组成。各部件的主要作用便是将电池的高压电进行传输、转化和调控。由此，以确保新能源汽车的稳定运行。

一、新能源汽车高压系统组成

1. 新能源汽车高压系统组成

新能源汽车高压用电系统主要由动力电池、驱动发电机、驱动发电机控制器（motor control unit，MCU）、高压配电箱（power distribution unit，PDU）、电动压缩机、DC/DC、车载充电机（on-board charger，OBC）、PTC 以及高压线束等组成。其中，充电系统、电源系统、动力系统为新能源汽车核心部件，如图 5-1 所示。

2. 高压部件认知

（1）动力电池

电动汽车的整车动力来源是动力电池，如图 5-2 所示。动力电池的电压一般为 100~600 V，其输出电流能达到 300 A。动力电池的容量大小直接影响整车续航里程，同时也直接影响充电时间与充电效率。当前绝大多数汽车均采用锂离子动力电池。

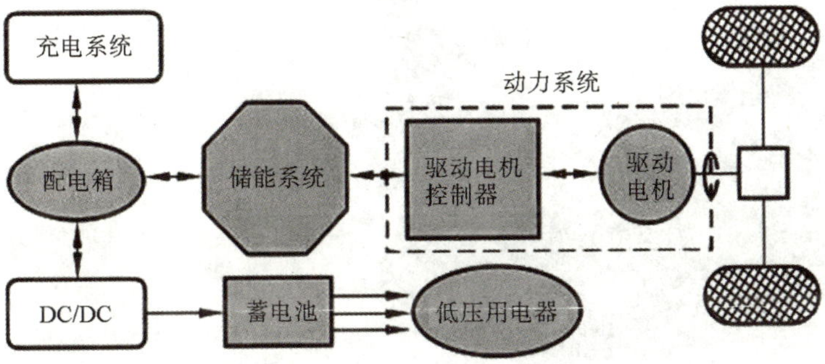

图 5-1 新能源汽车核心部件

图 5-2 动力电池

（2）驱动发电机

驱动发电机以车载电源作为动力，将电能转换为机械能，通过传动装置或直接驱动汽车车轮行驶。与传统燃油汽车的发动机将燃料燃烧的化学能转化为机械能不同，其工作效率更高，能够达到85%以上，故相比传统汽车，其能量利用率更高，能够减少资源的浪费。图5-3为新能源汽车驱动发电机。

（3）驱动发电机控制器

驱动发电机控制器（MCU）是电动汽车的关键零部件之一，其功能是根据挡位、油门、刹车等指令，将动力电池所存储的电能转换为驱动发电机所需的电能，控制电动汽车的启动运行、进退速度、爬坡力度等行驶状态，或者帮助电动车辆刹车，并将部分刹车能量存储到动力电池之中。总的来讲，驱动发电机控制器将高压直流电转为交流电，并与整车其他模块进行信号交互，实现对驱动发电机的有效控制。图5-4为新能源汽车驱动发电机控制器。

图5-3　新能源汽车驱动发电机

图5-4　新能源汽车驱动发电机控制器

（4）高压配电箱

高压配电箱（PDU）是整车高压电的一个电源分配装置，类似于低压电路系统中的电器保险盒。它由很多高压继电器、高压保险丝组成，内部还有相关的芯片，以便同相关模块实现信号通信，确保整车高压用电安全。图5-5为新能源汽车高压配电箱。

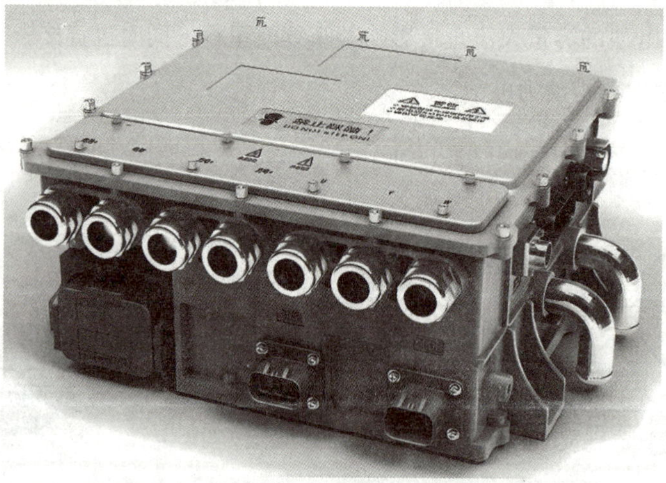

图5-5　新能源汽车高压配电箱

（5）电动压缩机

传统汽车的压缩机是通过压缩机电磁离合器的吸合，促使发动机带动压缩机运转。电动汽车没有发动机，它的压缩机是通过高压电源直接驱动的，这种压缩机称为电动压缩机，如图 5-6 所示。

（6）PTC

传统汽车的空调暖风系统是引入发动机冷却后的冷却液作为热源，而新能源汽车上不存在发动机。因此需要专门的制热装置，即空调 PTC（positive temperature coefficient）。PTC 的作用就是制热。动力电池需要在一定的温度范围内才能正常工作，低温时需要 PTC 给动力电池进行预热。图 5-7 为新能源汽车 PTC。

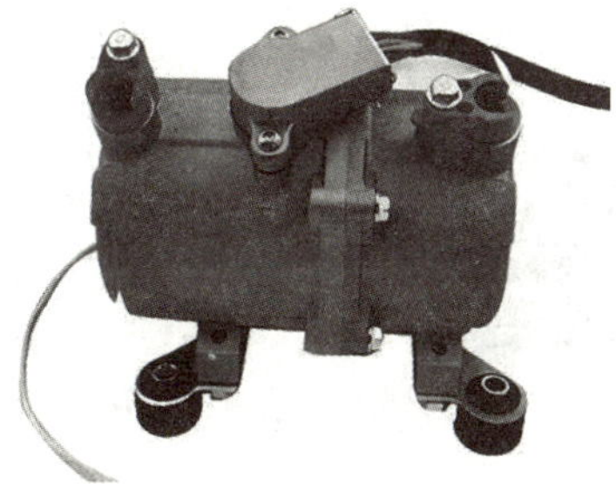

图 5-6　电动压缩机

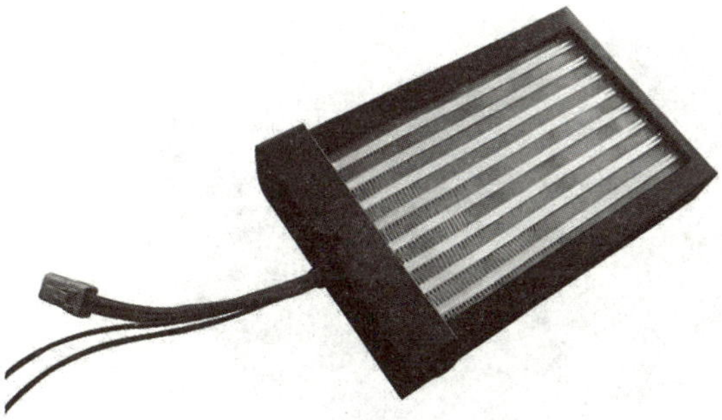

图 5-7　新能源汽车 PTC

（7）车载充电机

车载充电机（OBC）是将交流电转换为直流电的装置。因为动力电池是一个高压直流电源，当使用交流电进行充电的时候，交流电不能直接被动力电池储存，所以需要 OBC 装置，将高压交流电转换为高压直流电，从而给动力电池充电。图 5-8 为新能源汽车车载充电机。

（8）DC/DC 转换器

DC/DC 转换器是将高压直流电转为低压直流电的装置。新能源汽车上没有发动机，整车用电来源也不再是发电机和蓄电池，而是动力电池和蓄电池。由于整车用电器的额定电压是低压，因此需要用 DC/DC 转换器将高压直流电转换为低压直流电，这样才能保持整车用电平衡。图 5-9 为新能源汽车 DC/DC 转换器。

图 5-8　新能源汽车车载充电机

图 5-9　新能源汽车 DC/DC 转换器

（9）充电接口

充电接口是指用于连接活动电缆和电动汽车的充电部件，由充电插座和充电插头两部分构成。充电插头与充电插座的结构耦合，并与活动电缆装配连接。充电插座是安装在电动汽车上用于耦合充电插头的部件，如图 5-10 所示。

（10）高压线束

高压线束是高压电源传输的媒介，可以将高压系统上各个部件相连。高压线束与低压线束的区别是带有高压电，它的输电能力对整车的高压系统的稳定性影响很大。图 5-11 为新能源汽车高压线束。

图 5-10　充电插座

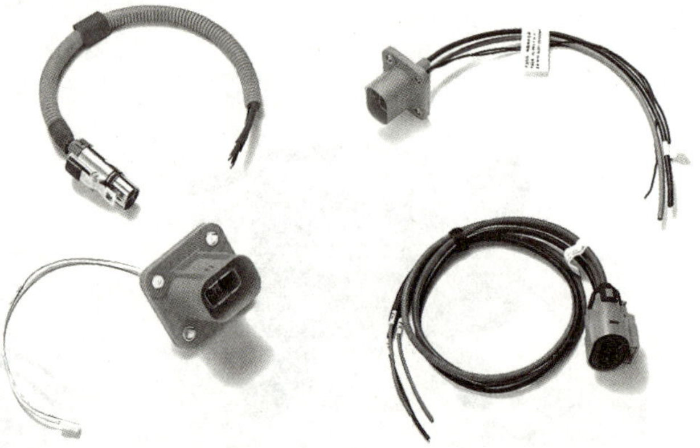

图 5-11　新能源汽车高压线束

二、新能源汽车高压警告标识

1. 高压警告标识

为防止意外触及高压系统，新能源汽车的高压部件上均应标有国际标准危险电压警告标识，黄色（警告）或红色（禁止）底色的高压触电警告图标如图 5-12 所示。新能源汽车售后服务人员或车主均可通过高电压组件壳体上的安全警示标志直观看出高压可能带来的危险，从而使用户、维修和服务站人员以及技术救援和医疗救援人员尽可能远离高压设备可能带来的危险。

图 5-12　高压警告标识

2. 高压警告颜色

由于高压导线可能有几米长，因此在一处或两处通过警告牌标识意义不大，维修人员可能会忽视这些标牌。因此，通常使用橙色警示色标识所有高压导线，高电压导线的某些插头以及高电压插头也采用橙色设计。整车当中通常共分为以下几段高压线束，通常使用橙色：动力电池高压母线、驱动发电机控制器线束、直流充电线束、交流充电线束、高压附件线束（高压线束总成）等。

任务三 新能源汽车高压绝缘检测

正常运行情况下，电动汽车动力系统是一个独立的系统，对车辆壳体是完全绝缘的，但是不排除由于长时间车辆运行后高压线老化或受潮导致的绝缘降低而使车身带电。并且车辆工况复杂，振动、温度和湿度的急剧变化，酸碱气体的腐蚀等都会引起绝缘层的损坏，使得绝缘性能下降。实时检测绝缘性能对保证人员人身安全和车辆安全运行具有重要意义。

一、绝缘检测的方法

下面以 FLUKE-1587 绝缘电阻表为例来讲解绝缘检测方法。

（1）将测试探头插入绝缘电阻表的“+”和“-”输入端子。

（2）将旋钮转至“INSULATION”（绝缘）位置。当开关调至该位置时，仪表将启动电池负载检查。如果电池未通过测试，显示屏下部将出现电池图标和“BAT”符号，提醒必须更换绝缘电阻表电池。

（3）按下“RANGE”键选择电压。

（4）将探头与待测电路连接。绝缘电阻表仪表会自动检测电路是否通电。

（5）按住探头上“TEST”键开始测试。显示屏的下端出现“TEST”图标，显示屏上会显示被测电路上所施加的测试电压，主显示位置上显示高压符号并以“MΩ”或“GΩ”为单位显示绝缘电阻值。

二、绝缘检测的注意事项

电动汽车绝缘检测操作过程中，为确保检测人员安全，必须做好以下安全防护工作。

（1）设置安全操作区域隔离装置和警示标志。

（2）检测过程中必须有安全员在现场监督。

（3）检查安全防护手套、安全鞋、眼镜设备仪器等符合安全等级要求。

（4）关闭车辆电源，拔下电动车辆钥匙并由检测人员自行随身保管，断开低压蓄电池负极，有高压检测开关的必须拔下检测开关并妥善保管。

任务四　新能源汽车高压插接件锁止结构

高压部件的绝缘接插件既可防止维修人员直接接触到高压电，还可防水、防尘，减小高压系统绝缘出现问题的可能。在电动汽车高压回路中，要求具备高压互锁（high voltage interlock loop，HVIL）功能的电气元件，主要是高压接插件、手动维修开关（manual service disconnect，MSD）等这类要求人力操作，去实现电路接通还是断开的电气接口元件。目前，市面上的高压互锁设计大多是集成于高压线束接插件。即在高压线束接插件上，额外多一组低压回路用于检测 HVIL 的回路完整性，互锁线束应从各高压零部件低压接口引出且与高压线束分开布置。具备高压互锁功能的高压接插件由壳体、高压导电件、低压信号导电件和监测器及监测线路共同组成。一般高压接插件的构造是对插的一对公头、母头上，分别固定着一对高压接插件和一对低压接插件，如图 5-13 所示。

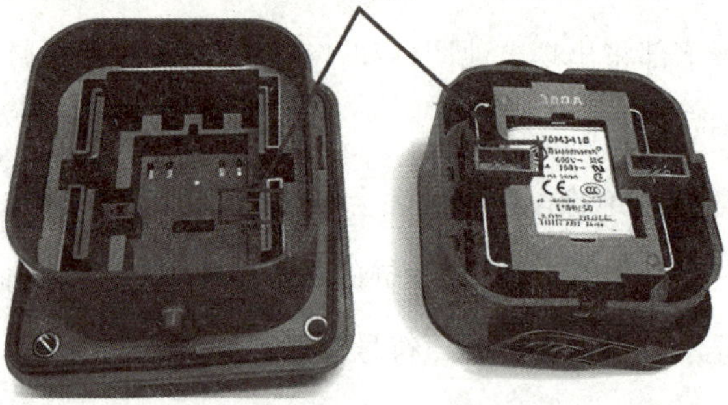

图 5-13　高压接插件锁止结构

一、高压互锁

高压互锁，也指危险电压互锁回路，就是借助一个电子控制单元（electronic control unit，ECU）和低压线束，组成一个闭合回路来监测高压系统电器、导线、导线连接器及电器保护盖等的电气完整性。若识别出回路异常断开时，则会毫秒级时间内断开高压电，保障用户安全。

1. 高压互锁的作用

高压互锁主要是用来保证高压系统安全，主要有以下三个作用。

一是，用来检测高压回路松动（会导致高压断电，整车失去动力，影响乘车安全）并在高压断电之前给整车控制器提供报警信息，预留整车系统采取应对措施的时间。

二是，在车辆上电行车之前发挥作用，检测到电路不完整，则系统无法上电，避免因为虚接等问题造成事故。

三是，防止人为误操作引发的安全事故。在高压系统工作过程中，如果没有高压互锁设计存在，手动断开高压连接点，在断开的瞬间，整个回路电压加在断点两端，电压击穿空气在两个器件之间拉弧，时间虽短，但能量很高，可能对断点周围的人员和设备造成伤害。

2. 高压互锁的分类

依据互锁防护设计角度的不同，将电动汽车的互锁分为两大类：环路互锁和功能互锁。环路互锁主要是从电气回路连续性（完整性）的角度而设计，通常主要针对高压系统，用来监测高压电气回路上是否存在断路的情况；功能互锁主要是从系统功能的角度来进行防护，如充电时电动汽车就不能意外地启动。

（1）环路互锁

在打开高压电气设备防护罩或断开高压回路的插接器时，人员可能会接触到高电压，因此，有必要对高压回路的连续性（完整性）进行监测。危险电压互锁回路即环路互锁可以很好地完成这个任务。

危险电压互锁回路是一种互锁系统，指首尾连接在自动断开装置上，通过在一个存在危险电压的回路中发送一个微弱的（安全的）电流信号以对电气回路的连续性（完整性）进行检查的电路。一旦出现电气回路的不连续（不完整），如由于开启某个插接器，自动断开装置就会启动，切断电源，以清除该处的危险电压。在充电操作中，为了保证充电接口、充电线束及电动汽车之间的可靠连接，也需要在充电系统高压回路中设计互锁回路。另外，所有在被移开后就会使人体直接暴露在危险电压中的盖子，如高压电气设备的防护盖，也必须进行互锁或采取其他保护措施。可以将防护盖的互锁设计成 HVIL 的一部分。一般来说，当 HVIL 出现不连续（不完整）的情况（如断路或打开设备防护盖等）时，就应该启动自动断开装置。环路互锁原理如图 5-14 所示。

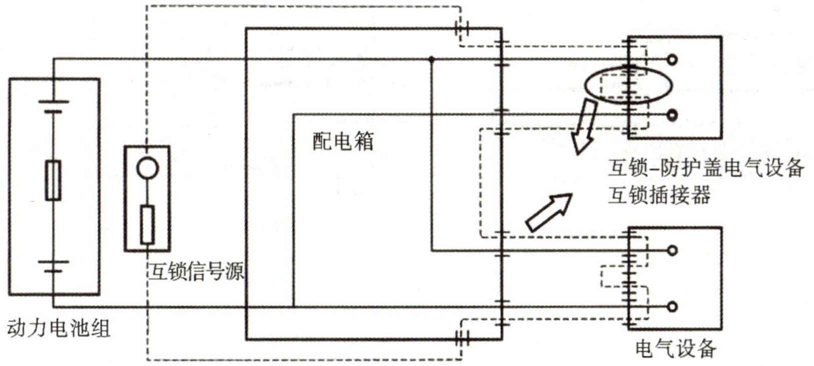

图 5-14 环路互锁原理

（2）功能互锁

当高压电路与电池包断开后（如自动断开装置或手动断开装置启动时），由于有容性储能元件及线束上本身存在的容性，高压母线仍会残留有对人体造成电击伤害的危险电压，因此有必要将高压母线的电压释放到安全范围内。根据电压和能量的情况以及电压衰减所需要的时间，不同的制造商可能有不同的方案和设计。某些电动汽车高压系统断电后采用电阻放电就是其中的一种方案。

3. 高压互锁的结构原理

高压互锁是利用低压回路的检测信号来判断高压回路每个高压接插件各自是否连接完整与紧固，确保高压回路电气的连通性与完整性。这相当于它是与高压回路并行的低压回路，每个检测节点与高压接插件一一对应。高压接插件连接器分为两部分：一个是高压端子，用于高压连接供电；一个是低压端子，即互锁端子，用于判断高压连接端子是否接到位。所以，真互锁就是代表高压接插件真的锁止好，不会有松动。

高压互锁结构包含在接插件内部，通过低压互锁端子和主回路（高压）端子的长度和位置差异，实现连接时，先连接高压端子，再连接低压端子，低压回路的断点被短接，形成完整回路。断开时，先断开低压端子，再断开高压端子。监测器负责采集低压信号回路的通断状态，发送给控制器。这样在高压回路真正实现通断以前，控制器已经掌握了这个连接器的状态。这样能提前有效地判断高压端子断开或松动。如果出现松动，电池管理器（battery management controller，BMC）会检测出高压互锁回路断开，BMC 控制电池包内部接触器断开，车辆下电。高压互锁端子断开过程如图 5-15 所示。

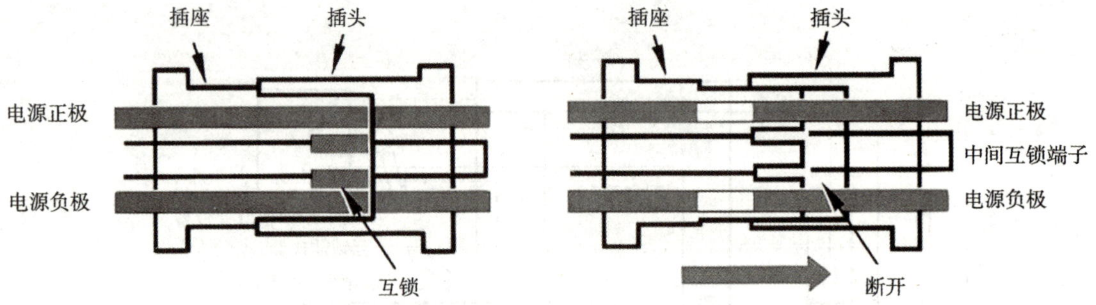

图 5-15　高压互锁端子断开过程示意

常用的做法是，低压插针短（或者位置落后），高压端子刚刚接触的状态，低压插针还有一段距离，高压端子已经对接大半，低压插针才刚接触，高压端子插接到位，低压端子也插接到位，从而控制高压回路的通断。

任务五　新能源汽车动力电池包拆检防护

既然是电池，就会有使用寿命。新能源汽车的驱动电池也不例外，本任务将从动力电池系统的结构原理、动力电池的拆装和动力电池包的检查防护三个方面介绍。

一、动力电池系统的结构原理

1. 动力电池的结构原理

动力电池按正极材料的不同可分为镍酸锂电池、锰酸锂电池、钴酸锂电池、磷酸铁锂电池、三元锂电池（镍钴锰酸锂电池和镍钴铝酸锂电池）。目前，新能源汽车大多采用磷酸铁锂电池和三元锂电池。

（1）磷酸铁锂电池的结构

磷酸铁锂电池主要由正极、负极、电解质、隔膜、正极引线、负极引线、中心端子、绝缘材料、安全阀、密封圈、正温度控制端子、电池外壳等组成。其中正极、负极、电解质以及隔膜所用材料或工艺不同，电池的性能和价格也不相同。磷酸铁锂（$LiFePO_4$）电池简称 LFP，其内部结构如图 5-16 所示。

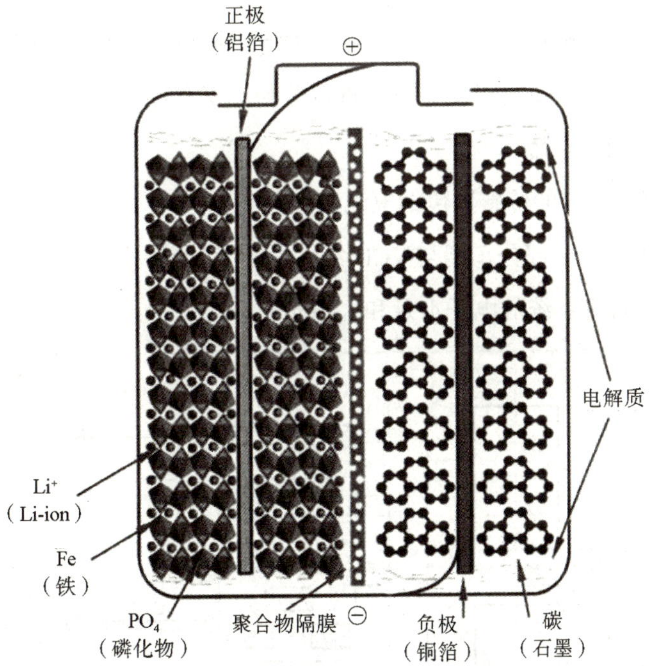

图 5-16　磷酸铁锂电池内部结构

电池充电时，正极中的锂离子脱出来，经过电解质，穿过隔膜进入负极材料中；电池放电时，锂离子又从负极中脱离出来，经过电解质，穿过隔膜回到正极材料中。

从磷酸铁锂电池的工作原理可知，磷酸铁锂电池的充放电过程需要锂离子和电子的共同参与，而且锂离子的迁移速度与电子的迁移速度要平衡，这就要求锂离子电池的正负电极必须是离子和电子的混合导体，而且其离子导电能力和电子导电能力必须一致。但是磷酸铁锂的导电性能很差，而石墨负极的导电性虽然要好一些，但是要实现大倍率放电，仍然需要改善负极的导电性，使其电子导电能力与锂离子从石墨中脱嵌的能力平衡。

（2）三元锂电池的结构

三元锂电池全称是三元聚合物锂电池，常指正极材料使用镍钴锰酸锂三元正极材料的锂电池，里面镍钴锰的比例可以根据实际需要调整，镍钴锰做正极的电池相对于钴酸锂做正极的电池安全性要高。

三元锂电池的阳极为石墨晶体，阴极通常为二氧化锂。放电时，锂变成锂离子，脱离电池阳极，到达锂电池阴极。锂离子在阳极和阴极之间移动，电极本身不发生变化。这是三元锂电池与金属锂电池本质上的差别。充电时，阴极中锂原子电离成锂离子和电子，并且锂离子向阳极运动与电子合成锂原子。放电时，锂原子从石墨晶体内阳极表面电离成锂离子和电子，并在阴极处合成锂原子。所以，在该电池中锂永远以锂离子的形态出现，不会以金属锂的形态出现。

三元锂电池循环性能好于钴酸锂电池，前期由于技术原因其标称电压只有 3.5~3.6 V，在使用范围方面有所限制，但随着配方的不断改进和结构完善，该电池的标称电压已达到 3.7 V，在容量上已经达到或超过钴酸锂电池水平。

2. BMS 电池管理单元的结构原理

动力电池管理系统（battery management system，BMS）是动力电池系统的核心，也是电动汽车中非常重要的一个电气控制子系统，负责对动力电池进行监测、安全保护和运行管理，确保电动汽车的安全行驶，提高动力电池的性能与寿命。

如图 5-17 所示，BMS 主要的传感器包括电池温度传感器、冷却液温度传感器、电流传感器、电压检测模块、高压互锁监测模块（部分车型与 VCU 集成）、绝缘监测模块等，主要的执行元件包括高压继电器、均衡控制电路、热管理系统的电子水泵和温控阀等。

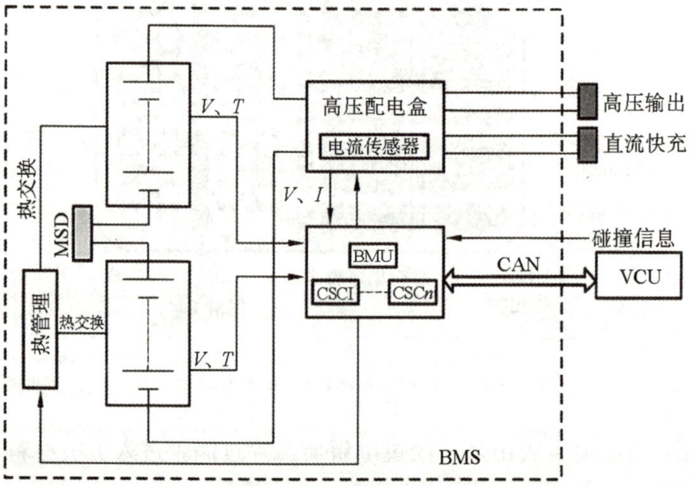

图 5-17　BMS 的组成

动力电池管理系统通过传感器及监测模块对动力电池状态进行监测、运算分析，按一定的控制策略对动力电池进行能量控制、均衡控制、故障自诊断等，并与整车控制器（vehicle control unit，VCU）、车载充发电机（OBC）、仪表等进行交互。

二、动力电池的拆装

1. 提前准备工作

（1）信息收集

必须满足一些前提才允许对动力电池进行有针对性的修理工作。这些前提条件既涉及经销商也涉及维修人员。拆卸动力电池之前，技术人员应该查看汽车厂家维修信息里有关该部件的拆卸和更换内容。有些维修信息数据库单独列出了拆卸更换程序中的具体部件和注意事项。技术人员还应当查看已发布的车辆技术服务公告，并查看是否有任何车辆技术服务公告相关的最新问题可能会影响到拆卸更换程序。

只允许在具有动力电池组维修资质的经销商处对动力电池组进行修理。在具有“基本服务”服务形式的经销商处可拆卸和安装动力电池组，但不能在动力电池组上或内部进行修理。如果根据诊断系统内的检测计划需要进行修理，必须将车辆或动力电池组运送至具有“扩展型蓄电池服务”或“全方位服务”服务形式的经销商处。

（2）工具准备

在部件拆卸或更换时可能需要使用专用维修工具。许多动力电池组，包括一些小型电池组，必须弯下身去才能顺利取下。有些电池组则必须使用起重机或专用带吊钩的电池组举升装置才能拆下来。

拆卸大型动力电池组必须使用起重设备才能拆卸。许多大型电池组必须从汽车下方进行拆卸，因为大型电池组可重达 800 lb（363 kg）以上。用于支撑和降落电池组的升降台必须能够完全承受电池组的重量。升降台的平台要足够长、足够宽，能够完全支撑电池组。许多汽车制造商对其动力电池组适用规格的升降台做了明确的介绍。

车辆制造商可能建议或要求在动力电池和升降台之间加一个托盘，以减少拆卸和安装过程中动力电池组的挠曲变形。也有很多制造商要求将电池组绑在升降台上，然后才能将其落下。在拆卸电池组之前，请务必查看生产商关于动力电池组的拆卸和存储操作步骤。

拆装动力电池的专用工具如下。

① 可移动总成升降台以及用于拆卸和安装动力电池组的适配接头套件。

② 动力电池组电池模组充电器。

③ 用于修理动力电池组后进行试运行的性能测试仪。

④ 用于拆卸和安装电池模组的起重工具。

⑤ 用于松开动力电池组内部卡子的塑料专用装配工具。

⑥ 用于整个动力电池组的起重横梁。

⑦ 隔离带。

⑧ 建议使用带发光条的黄色警示锥筒。

（3）工作区准备

拆卸动力电池组时，该技术人员必须准备一个绝缘的台面用于放置拆下来的动力电池组。如果不使用绝缘的台面，发生电解质泄漏的动力电池组就会通过工作台短接到地面造成安全隐患。

如果动力电池组的冷却系统为水冷式，在拆卸动力电池组之前必须小心确保将其冷却回路内的冷却液尽可能完全排干。技术人员应将汽车的膨胀水箱出口盖住，使水箱中的冷却液无泄漏；并在排干动力电池组的冷却液后将其冷却回路的入口和出口盖住，以确保没有异物进入或沾染该高压系统的任何暴露区域。

动力电池组修理工位必须洁净（无油脂、无污物、无碎屑）、干燥（无溢出液体）且无飞溅火花（不靠近车身维修区域）。因此必须避免紧靠车辆清洗场所（清洗车间）或车身修理工位。为了防止旁人未经授权进入工位以及无法确保高电压本质安全或出现不明状态，工作时应使用隔离带。离开工作区域时建议竖立发光黄色警告提示。

（4）准备车辆

技术人员在准备车辆时通常应做好以下工作。

① 拉上车辆的驻车制动器。

② 关闭车辆的驱动系统。

③ 等待维修手册中规定的时间长度，然后断开车辆的 12 V 辅助电池。

④ 留出足够的时间让变频器电容充分放电。

⑤ 拆下车辆的维修开关。

2. 动力电池的拆卸注意事项

（1）只允许具备动力电池组修理资质的维修人员进行这项工作。维修人员包括进行过“高电压本车型车辆作业专业人员”培训、高电压系统培训，特别是动力电池组修理培训的维修人员。

（2）有些汽车制造商要求锂离子电池组在拆卸之前必须放电到规定的荷电量（state of charge，SOC）以下。有些制造商要求技术人员在电池组拆卸之前必须检查电池组温度传感器的温度，确保电池组温度降至规定以下。

（3）进行故障查询时应在拆卸和打开动力电池组前使用诊断系统。只有符合检测计划且满足外部没有机械损伤前提条件时，才能进行动力电池拆卸。

（4）必须严格遵守维修说明中规定的工作步骤，并使用维修说明中规定的专用工具。

3. 动力电池的拆装

（1）动力蓄电池位置

一般情况下，动力蓄电池布置在整车地板下面，如图 5-18 所示。

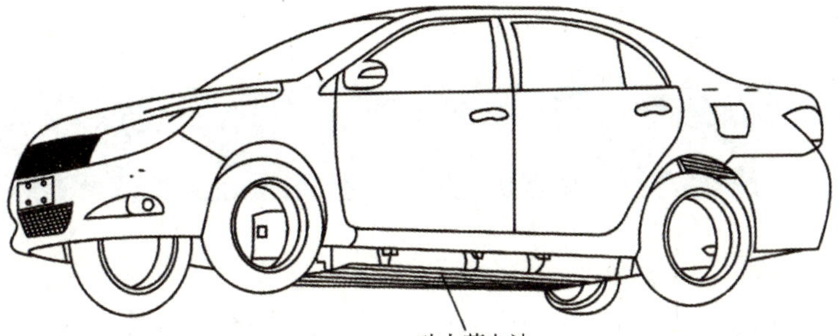

图 5-18　动力蓄电池位置示意

（2）动力电池总成拆装步骤

① 动力电池包的拆卸。第一步：高压安全断电。关闭点火开关，断开低压蓄电池负极电缆，并使用绝缘胶带包裹负极电缆。戴好绝缘手套，断开动力电池高压维修开关。第二步：举升车辆，断开动力电池低压、高压接插件；检查动力电池托盘外观是否有磕碰、裂纹等。动力电池与高压系统验电检查，确保安全断电，然后使用绝缘胶带对高压插件绝缘防护。第三步：拆卸动力电池。拆卸后护板，将左侧剪力板固定到副框架的螺母，将电池固定到车身的中心螺栓，在电池下面正确放置电池工作台。确保该工作台保持水平并且可以支撑电池的全部重量。拆卸将电池固定到车身的其余螺栓。使用辅助设备小心地降低电池总成，拆下电池总成。

② 将动力电池组安装在车上。安装动力电池以拆卸相反的步骤进行。戴好绝缘手套，用万用表测试更新的动力电池组母线是否有电压输出，没有电压输出就更换装车。在他人的帮助下使用总成升降台小心使动力电池组移回车辆下方。抬起动力电池组时必须注意锁止件和中间位置，不允许将总成升降台抬得过远。将电池抬升入位并确保电池线束连接器和定位销连接到电池，使用高压速接头安装工具，确保高压速接头正确就位。确保电池组平整、密封。安装托盘的紧固件。

如果是通过动力电池组托底和底盘之间进行电位补偿的，最后还需拧入电位补偿螺栓。

③ 电气诊断与试运行。戴好绝缘手套，接动力电池组直流母线接插件，然后接电池管理系统或电池信息采样通信线接插件，装上低压电池负极，整车上电，在诊断系统内进行动力电池组检测诊断，如写入该电池包的实际容量及 SOC、删除故障码等，最后对整车进行试运行，确保无故障。

三、动力电池包的检查防护

动力电池包的检查防护要点如下。

（1）清洁动力电池包外观。检查动力电池托盘是否有磕碰、裂纹，若有则更换电动力电池托盘。

（2）检查动力电池密封盖板上的铆钉及玻璃胶是否有脱落。

（3）检查高、低压接插件是否有腐蚀。

（4）检查动力电池接地线是否连接正常。

（5）检查动力电池包的绝缘性（正常值大于 20 MΩ）。

任务六　新能源汽车安全充电操作

新能源汽车电池的寿命不仅与电池的使用有关，也与电池的充电有关。本任务将从新能源汽车充电系统结构原理、新能源汽车安全充电注意事项和新能源汽车安全充电流程三个方面介绍。

一、新能源汽车充电系统结构原理

新能源汽车充电系统

1. 交流充电系统结构原理

交流充电主要通过交流充电桩、壁挂式充电盒以及家用便携式充电宝将外部交流电引入车辆的交流充电接口，然后通过高压电控总成的车载充发电机将 220 V 交流电转换为 650 V 高压直流电最后给动力电池充电。由于这种充电方式时间长，所以也称为交流慢充充电系统。

（1）交流慢充充电系统组成

交流慢充充电系统主要由交流充电接口、动力电池、高压电控总成、电池管理器（BMS）、车身控制模块、连接线束等组成，如图 5-19 所示。

交流充电接口端子定义如图 5-20 所示。该交流充电接口共有 7 个端子，分别为 CC、CP、PE、N、L、NC1、NC2。

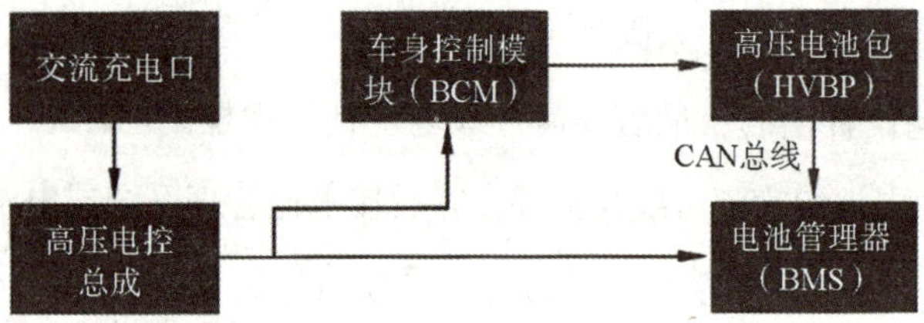

图 5-19　交流充电系统基本组成

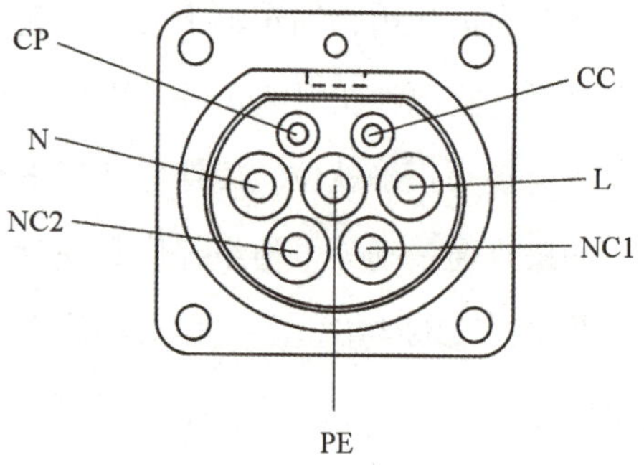

图 5-20　交流充电接口端子定义

① L：交流电源相线，其额定电流为 16 A 或 32 A。

② N：交流电源中性线，其额定电流为 16 A 或 32 A。

③ PE：设备搭铁保护脚，用于连接车辆底盘搭铁线和供电设备搭铁线。

④ CC：连接确认端子，用于确认充电线路是否与车辆插座已充分连接，通过测量内部检测点电压予以确认。当检测点电压为 9 V 时，L、N 的额定电流为 16 A；当检测点电压为 6 V 时，L、N 的额定电流为 32 A；若检测点电压为 12 V 则为断开连接。

⑤ CP：控制确认端子，车辆控制装置通过判断 CP 端子输入 PWM 占空比信号的占空比，确认供电设备当前能提供的最大充电电流值。

⑥ NC1、NC2：预留端子。

（2）交流慢充充电系统工作过程

比亚迪 e5 交流慢充充电控制电路原理如图 5-21 所示，从左至右分别是供电设备、供电接口、车辆接口和电动汽车 4 部分。交流充电与直流充电相比，单相交流电通过车辆接口先进入车载充发电机，然后进行升压处理后给动力电池充电。其充电过程大致分为以下步骤。

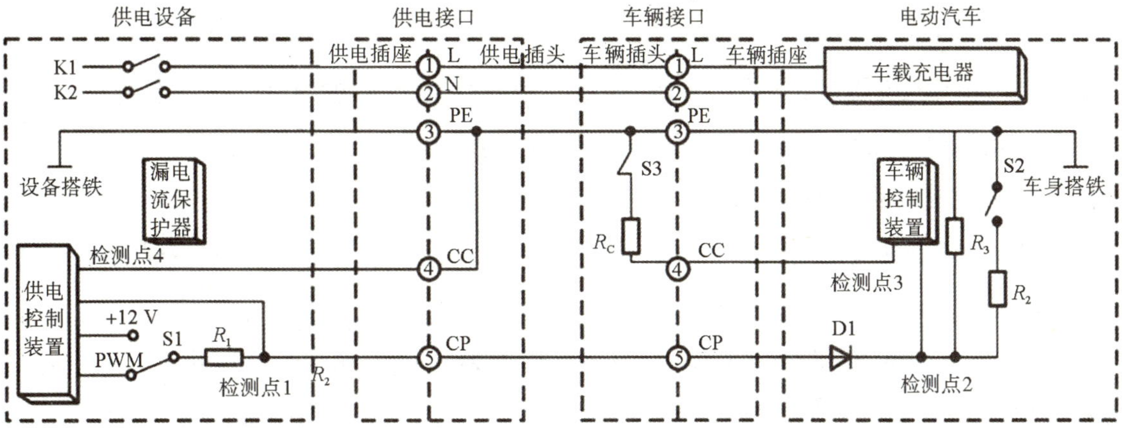

图 5-21 比亚迪 e5 交流慢充充电控制电路原理

① 充电连接确认

充电枪插入车辆接口后，供电设备端子 CC 由供电控制装置监测点 4 检测到充电连接信号，然后供电控制装置控制 S1 开关由 12 V 切换至 PWM 脉宽调制信号端子。PWM 信号经充电枪接口和车辆接口 CP 端子送至检测点 2，车辆控制装置检测到脉冲信号后，车辆控制装置确认供电设备供电能力并完成充电连接确认。

② 充电唤醒

车辆控制装置通过测定检测点 3 的 CC 与 PE 之间的电阻 R_c，其中开关 S3 为车辆插头内部开关，为常闭型开关，与机械锁止装置关联，当按下充电枪机械锁止开关，S3 会断开。通过检测 R_c 电阻，正常值为 680 Ω，确认正常后完成充电唤醒过程。

③ 供电设备给车辆充电

充电枪完好插入充电接口，充电连接正常并完成充电唤醒后，供电控制装置通过检测点 1 脉冲电压确定充电功率，接通电源 K1、K2 开关，传导线分别与车辆充电接口 L 端子和 N 端子连接，BMS（电池管理系统）控制车辆低压 IG3 继电器吸合给相关部件提供电源。BMS 得电后执行充电程序并拉低仪表充电指示灯信号，绿色充电指示灯点亮，并在显示屏显示充电信息，如 SOC 值、充电电压、充电电流、剩余充电时间等。

④ 充电过程中

在充电过程中供电控制装置和车辆控制装置周期性监测各个检测点信号。车辆控制装置通过监测检测点 2 脉冲信号调节车载充发电机输出功率。在充电过程中为了节省充电时间和保护电池，一般先采用恒流充电。当动力电池电压达到一定值或者达到单体电压额定值和限定温度时采用恒压充电，以较小电流对电池充电直至充满。在充电过程中 BMS 电池管理器周期性监测 13 个电池模组中单体电池电压、电流、温度，防止电池过充、温度过高，单体电池电压不高于 3.7 V，电池最高温度不超过 65 ℃，否则限制供电功率，甚至停止充电。

⑤ 充电结束

当 BMS 电池管理器检测到充电完成，或者达到预约充电时间以及驾驶员停止充电操作，车辆控制装置断开 S2 开关，同时开关 S1 切换至 12 V，S2 开关断开使供电控制断开 K1、K2，结束充电。

2. 直流充电系统结构原理

直流充电主要通过专用充电站的充电柜将高压直流电通过直流充电接口向动力电池充电。由于这种充电方式充电电压相对较高，充电时间较快，所以也称为直流快充充电系统。

（1）直流快充充电系统组成

直流快充充电系统主要由直流充电接口、直流充电继电器、动力电池、电池管理器 BMS、连接线束等组成，如图 5-22 所示。

直流充电接口端子定义如图 5-23 所示。该直流充电接口共有 9 个端子，分别为 DC+、DC-、A+、A-、CC1、CC2、S+、S-、PE。

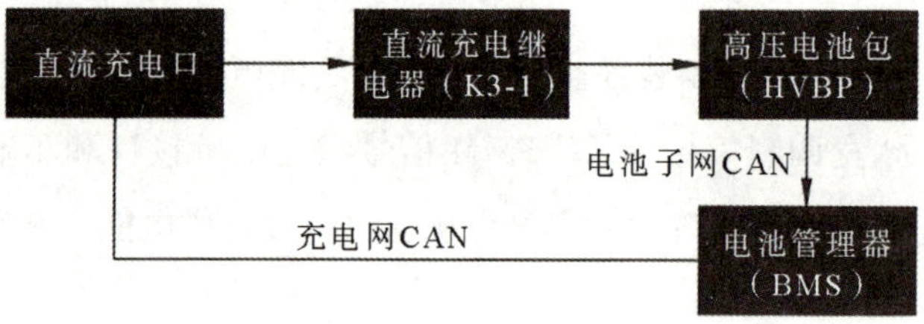

图 5-22　直流充电系统基本组成

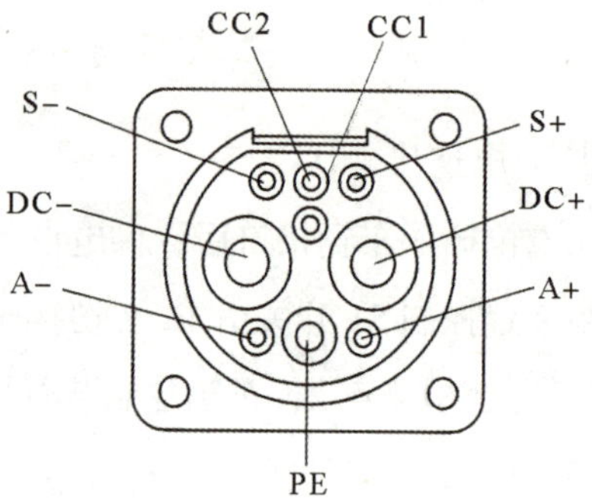

图 5-23　直流充电接口端子定义

① DC+：直流充电正极。

② DC-：直流充电负极。

③ A+：低压辅助电流正极。

④ A-：低压辅助电流负极。

⑤ CC1：连接确认端子，车身接地（1 kΩ±30 Ω）。

⑥ CC2：连接确认端子，直流充电感应信号。

⑦ S+：通信线，CAN-H。

⑧ S-：通信线，CAN-L。

⑨ PE：搭铁线。

（2）直流快充充电系统工作过程

比亚迪 e5 直流快充充电控制电路原理如图 5-24 所示，从左至右分别是非车载充发电机、车辆接口和电动汽车三部分。其充电过程大致分为准备阶段、自检阶段、充电阶段、充电结束四个过程。

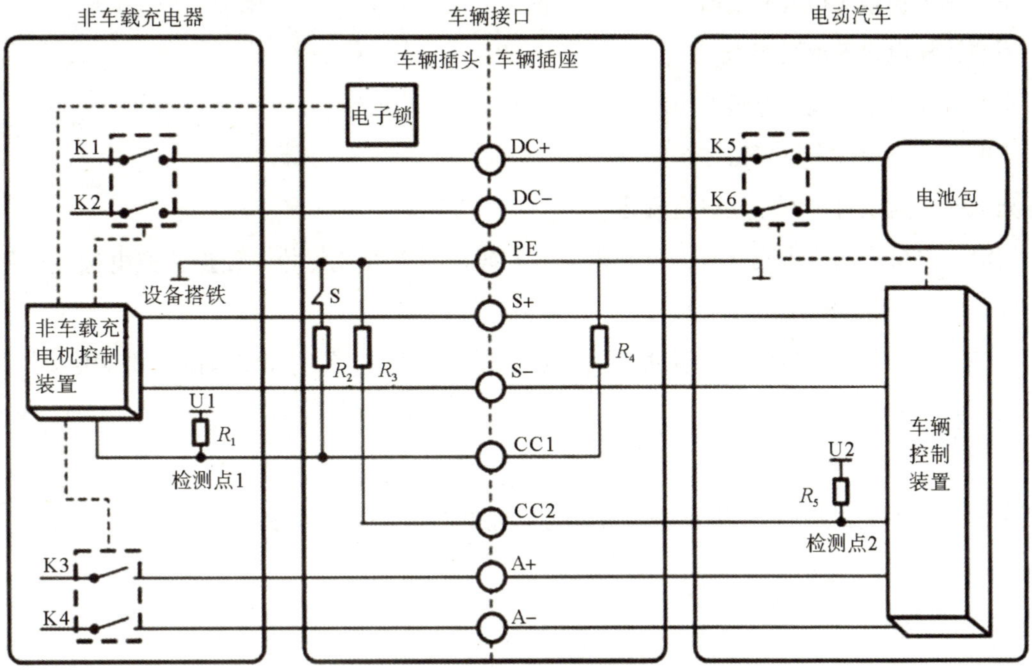

图 5-24　比亚迪 e5 直流快充充电控制电路原理

① 准备阶段。将直流充电枪插入车辆充电接口，充电桩中 U 与电阻 R_1、机械锁止开关、CC1、R_4 和车身搭铁形成工作回路，车辆控制装置中 U_2 与电阻 R_5、CC2、R_3 和车身搭铁形成电路回路，当充电桩控制装置检测到检测点 1 电压为 4 V，则确认充电线路完全连接。

② 自检阶段。充电枪线路完全连接后，充电桩控制装置控制接触器 K3/K4 闭合，将 12 V 低压电通过 A+、A−端子传输给车辆控制器。车辆控制装置 U_2 检测到检测点 2 电压为 6 V，然后车辆控制装置通过 S+、S−与充电桩控制装置进行通信，充电桩控制装置控制接触器 K1/K2 闭合，检测充电直流母线搭铁绝缘性，保证充电过程安全进行。绝缘测试完成后断开接触器 K1/K2，自检阶段完成。

③ 充电阶段。充电桩自检阶段完成后，车辆控制装置控制接触器 K5/K6 闭合形成充电回路，充电桩检测到车辆端电池电压正常，且在充电桩输出最大、最小电压范围内，控制接触器 K1/K2 闭合开始充电。在充电过程中车辆控制装置实时发送动力电池充电需求参数，充电桩根据该参数实时调整充电电压和电流，并相互发送各自的状态信息（充电模式、充电电压、充电电流、电池温度、当前 SOC、单体电池最高和最低电压等）。

④ 充电结束。车辆根据 BMS 是否达到充满状态或者是受到充电桩发来的“充电桩中止充电报文”来判断是否结束充电。满足以上条件车辆会发出“车辆中止充电报文”，在确认充电电流小于 5 A 后断开 K5/K6 接触器，充电桩控制器接收到“车辆中止充电报文”，在确认充电电流小于 5 A 后，断开 K1/K2 接触器，然后断开接触器 K3/K4，结束充电。

二、新能源汽车安全充电注意事项

（1）不要在充电插座塑料口盖打开的状态下关闭充电口盖板。

（2）不要用力拉拽或扭转充电电缆。

（3）不要让充电设备承受撞击。

（4）不要把充电设备放在靠近热源的地方。

（5）充电时，不建议人员停留在车辆内。

（6）充电时，建议将车辆停放在通风处。

（7）交流充电桩充电停止充电时，应先刷卡或扫码后再断开充电枪。便携式充电枪充电停止充电时，应先断开充电枪后再断开充电插头。

（8）交流充电设备用电功率不能超过家庭电网的负载上限，避免引起电网损坏或烧毁。

三、新能源汽车安全充电流程

新能源汽车充电桩按照接口的数量不同可分为单桩单枪充电桩和单桩多枪充电桩，一般单桩多枪的都是双枪。

1. 单枪充电操作

单枪充电桩（图 5-25）充电操作步骤如下。

（1）关闭车辆电源开关。

（2）连接充电枪至车辆充电接口。

（3）充电参数配置。

（4）操作台上查看对应终端状态（正常情况下，插枪 25 s 后自动启动充电）。

（5）操作台上显示充电中，在操作台上点击对应终端的“结束充电”按钮结束充电。

（6）操作台上显示充电已完成，拔枪结束充电。

2. 双枪充电操作

双枪充电桩（图 5-26）充电操作步骤如下。

图 5-25　单枪充电桩

图 5-26　双枪充电桩

（1）关闭车辆电源开关。

（2）分别连接两把充电枪至两辆车辆充电接口（双枪插枪间隔在 20 s 内）。

（3）充电参数配置。

（4）操作台上查看对应终端状态（正常情况下，插枪 25 s 后自动启动充电）。

（5）操作台上显示充电中，在操作台上点击对应终端的“结束充电”按钮结束充电。

（6）操作台上显示已完成，拔枪结束充电。

任务七　动力电池系统

动力电池系统主要由动力电池模组、电池管理系统、动力电池箱及辅助元器件等四部分组成，如图 5-27 所示，电池管理系统如图 5-28 所示。

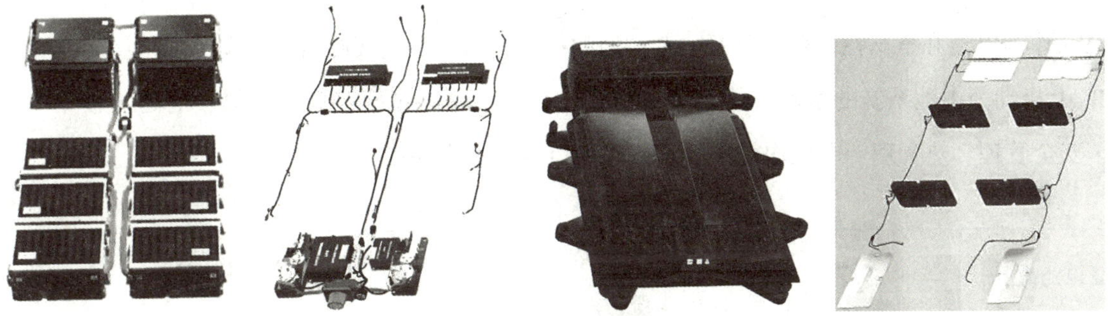

（a）动力电池模组　（b）电池管理系统　（c）动力电池箱　（d）辅助元器件

图 5-27　电动汽车动力电池系统 3D 拆解图

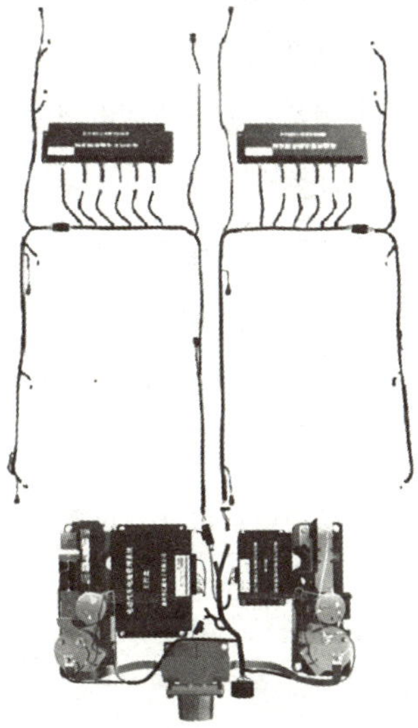

图 5-28　电池管理系统

一、动力电池模组

电池单体是构成动力电池模块的最小单元，一般由正极、负极、电解质及外壳等构成，实现电能与化学能之间的直接转换。

电池模块是一组并联的电池单体的组合，该组合的额定电压与电池单体的额定电压相等，是电池单体在物理结构和电路上连接起来的最小分组，可作为一个单元替换。

动力电池模组则是由多个电池模块或单体电芯串联组成的一个组合体。

二、电池管理系统

电池管理系统（BMS）是新能源汽车能量管理系统的核心，其主要任务是通过电压、电流及温度检测等功能实现对动力电池系统的各种控制、保护、故障报警及处理、与其他控制器通信等操作，保证电池安全可靠的使用，充分发挥电池的能力和延长使用寿命。

1. BMS 的基本功能

BMS 作为电池和整车控制器以及驾驶者沟通的桥梁，通过控制接触器控制动力电池组的充放电，并向 VCU 上报动力电池系统的基本参数及故障信息。其基本功能包括：数据采集、电池状态计算、能量管理、安全管理、热管理、电压均衡控制及人机接口等，见表 5-6。

表 5-6　动力电池管理系统的基本功能

建立电池模型	—	描述电池参数的动态变化规律，用数学方程表达，用于动力电池系统仿真
数据检测及采集	集中式或分布式检测装置	单体电池电压、电流，动力电池组总电压、总电流检测和采集，控制均衡充放电策略
能量管理	电池管理器模块	根据电池的电压、电流、荷电状态 SOC 控制电池的充放电，防止过充和过放
状态估算	电池管理器模块	根据动力电池荷电状态 SOC 和 SOH 的算法，估算电池寿命（衰减）状态
热量管理	热量检测模块及传感器	冷却系统和冷却装置（风扇或液泵）检测及控制
数据处理与通信	串行通信接口，CAN 总线	单体电池采用串行通信接口，整车管理系统采用 CAN 总线
数据显示	仪表、显示器	动力电池组实时对电压、电流、SOC、剩余电量、温度等数据显示和故障报警等
安全管理	自动断电、报警	动力电池过充、过放、过压、过流、高温等危险状态自动切断电源、报警等

2. BMS 的结构组成

BMS 不仅要保证动力电池组工作在安全区间内，提供车辆控制所需的必要信息，在出现异常时及时响应处理，并根据环境温度、电池状态、车辆需求等决定电池的充放电功率等。以北汽 EV 系列的电池管理系统为例，该电池管理系统按性质可分为硬件和软件，按功能分为数据采集单元和控制单元。

BMS 的硬件主要包括主控盒、从控盒及高压控制盒，还包括采集电压线、电流、温度等数据的电子器件。图 5-29 为北汽 EV 系列 BMS 硬件的 3D 结构图。

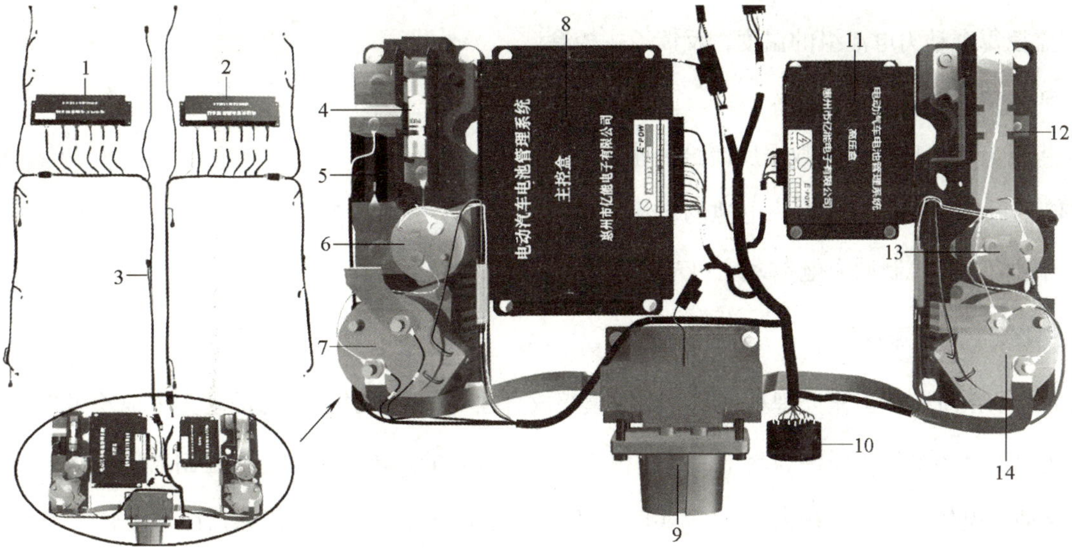

1，2-BMS 电池管理系统；3-BMS 电源控制系统；4-加热熔断器；5-高压板；6-加热继电器；7-高压负极继电器；8-BMS 主控盒；9-动力电池箱插接口；10-动力电池低压控制信号插口；11-BMS 高压控制盒；12-预充电阻；13-预充电继电器；14-高压正极继电器。

图 5-29　北汽 EV 系列 BMS 硬件的 3D 结构图

（1）高压控制盒

高压控制盒用于监控动力电池的总电压、总电流和绝缘性能。其主要功能如下。

① 监控动力电池的总电压，包括主机电气内外四个监测点。

② 检测充放电电流。

③ 监测高压绝缘性能。

④ 监控高压连接情况。

⑤ 将以上项目监控的数据反馈给主控盒。

（2）主控盒

主控盒是一个连接外部通信和内部通信的平台，其主要功能如下。

① 接收从控盒反馈的实时温度和单体电压（并计算最大值和最小值）。

② 接收高压盒反馈的总电压和电流情况。

③ 控制与整车控制器的通信。

④ 控制主正继电器。

⑤ 控制动力电池加热。

⑥ 控制充放电电流。

（3）从控盒

从控盒又称为电压和温度采集单元。它用来监控动力电池的单体电压和动力电池组的温度，其主要功能如下。

① 监控每个单体电压，反馈给主控盒。

② 监控每个动力电池组的温度，反馈给主控盒。

③ SOC 值监测。

④ 将以上项目监控到的数据反馈给主控盒。

BMS 的软件主要作用是监测电池的电压、电流、SOC 值、绝缘电阻值、温度值，通过与 VCU、充发电机的通信，来控制动力电池系统的充放电。

3. BMS 的工作原理

动力电池系统整体工作原理是将动力电池模组放置在一个密封并且屏蔽的动力电池箱里面，动力电池系统使用可靠的高压接插件与高压控制盒相连，然后输出的直流电由发电机控制器转变为三相交流高压电，驱动发电机工作；系统内的 BMS 实时采集各电芯的电压、各温度传感器的温度值、电池系统的总电压值和总电流值等数据，实时监控动力电池的工作状态，并通过 CAN 线与 VCU 或充发电机之间进行通信，对动力电池系统进行充放电等进行综合管理。

其中 BMS 的主要工作原理可简单归纳为：数据采集电路首先采集电池状态信息数据，再由电子控制单元（ECU）进行数据处理和分析，然后根据分析结果对系统内的相关功能模块发出控制指令，并向外界传递信息，如图 5-30 所示。

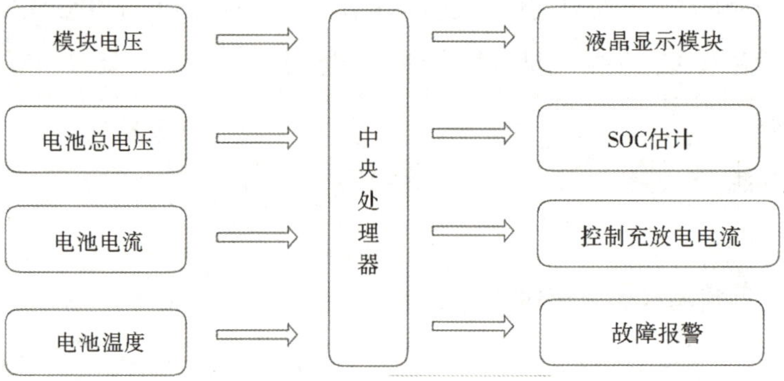

图 5-30　BMS 工作原理结构框图

BMS 一般包括电池管理子系统、电压平衡控制子系统、热管理子系统和安全防护系统四个子系统。

（1）电池管理子系统

电池管理子系统的主要功能是通过电压检测等功能实现对动力电池系统的保护、对电池状态的估计和在线故障诊断。其中电池状态估计又包括 SOC 和电池老化程度（state of health，SOH）两个方面。SOC 是电池管理系统中最重要的一个指标，其工作原理是通过各类传感器采集电池的相关参数，包括电压、电流及温度等，然后由 ECU 对数据进行分析和处理，根据结果对 SOC 进行分析，并将结果传递到驾驶员仪表板上。

（2）电压平衡控制子系统

电压平衡控制子系统主要是通过充电控制、自动均衡、继电器控制、SOC 估算、充放电管理、均衡控制、故障报警及处理、与其他控制器通信等实现电压平衡控制。

（3）热管理子系统

热管理子系统是为了确保动力电池系统能在适宜的温度下工作，以保障动力电池系统的电性能和寿命，其主要功能包括：电池温度的准确测量和监控；电池组温度过高时的有效散热和通风；低温条件下的快速加热；有害气体产生时的有效通风；保证电池组温度场的均匀分布。

（4）安全防护系统

安全保护作为整个 BMS 重要的功能，主要包括：过电流保护、过充过放保护、过温保护和绝缘监测。

① 过电流保护。由于电池有一定的内阻，当工作电流过大时，电池内部会产生热量，从而造成电池温度升高、热稳定性下降。BMS 会通过判断采集的充放电电流值是否超过安全范围来采取相应的安全保护措施。

② 过充过放保护。过充电会使电池正极晶格结构被破坏，从而导致电池容量减小，如果电压过高还会引发因正负极短路而造成的爆炸。过放电会导致放电电压低于电池放电截止电压，使电池负极上的金属集流体被溶解，电池被损坏，若继续给这种电池充电则有内部短路或漏液的危险。BMS 会判断采集的单体电池电压值是否超过充放电的限制电压，如果电压值超过限制，BMS 就会断开充放电回路从而保护电池系统。

③ 过温保护。动力电池的稳定运行需要适宜的温度。过温保护结合了热管理系统，BMS 在电池温度过高过过低时，禁止系统进行充放电。

④ 绝缘监测。动力电池系统的电压通常有几百伏，如果出现漏电，会对人员造成危险。BMS 会实时监测总正总负搭铁绝缘阻值，在该值低于安全范围时，上报故障，并断开高压电。

4. 电池管理系统的要求

《电动汽车用电池管理系统技术条件》（QC/T 8997—2011）中规定了电池管理系统的一般要求和技术要求。

（1）电池管理系统的一般要求

① 电池管理系统应能检测电池电和热相关的数据，至少应包括电池单体或者电池模块的电压、电池组回路电流和电池包内部温度等参数。

② 电池管理系统应能对动力电池的 SOC、最大充放电电流（或者功率）等状态参数进行实时估算。

③ 电池管理系统应能对电池系统进行故障诊断，并可以根据具体故障内容进行相应的故障处理，如故障码上报、实时警示和故障保护等。

④ 电池管理系统应有与车辆的其他控制器基于总线通信方式的信息交互功能。

⑤ 电池管理系统应用在具有可外接充电功能的电动汽车上时，应能通过与车载充发电机或者非车载充发电机的实时通信或者其他信号交互方式实现对充电过程的控制和管理。

（2）电池管理系统的技术要求

① 绝缘电阻。电池管理系统与动力电池相连的带电部件和其壳体之间的绝缘电阻值应不小于 2 MΩ。

② 绝缘耐压性能。电池管理系统应能经受绝缘耐压性能试验，在试验过程中应无击穿或闪络等破坏性放电现象。

③ 状态参数测量精度。电池管理系统所检测状态参数的测量精度要求见表 5-7。

表 5-7　状态参数测量精度要求

参数	总电压值	电流值	温度值	单体（模块）电压值
精度要求	≤±2%FS	≤±3%FS	≤±2 ℃	≤±0. 5%FS

三、动力电池箱

动力电池箱体通常安装在车身底盘下方，有承载及保护动力电池组及电气元件的作用，制造材料通常包括具有绝缘作用的玻璃钢和高硬度耐磨的钢等。由于汽车的运行环境多变，因此动力电池箱散热、防水、绝缘等安全设计的要求很高。例如，北汽 EV160/200 电池箱体的防护等级为 IP67。在使用过程中动力电池外部动力电池箱的好坏对动力电池内部具有较大影响，所以在维护时，需要对动力电池外部进行检查维护。

四、辅助元器件

辅助元器件主要包括动力电池系统内部的电子电器元件（如熔断器、继电器、分流器、接插件、紧急开关、烟雾传感器等）、维修开关以及电子电器元件以外的辅助元器件（如密封条、绝缘材料等）。

1. 电流传感器

电流传感器用来监测充、放电电流的大小。霍尔式电流传感器如图 5-31 所示。

霍尔元件是一种采用半导体材料制成的磁电转换器件，其原理如图 5-32 所示。霍尔电势 U_H 的大小和控制电流 I_H、磁通密度 B 的乘积成正比，通过测量霍尔电势的大小，可以间接测量载流导体电流的大小。

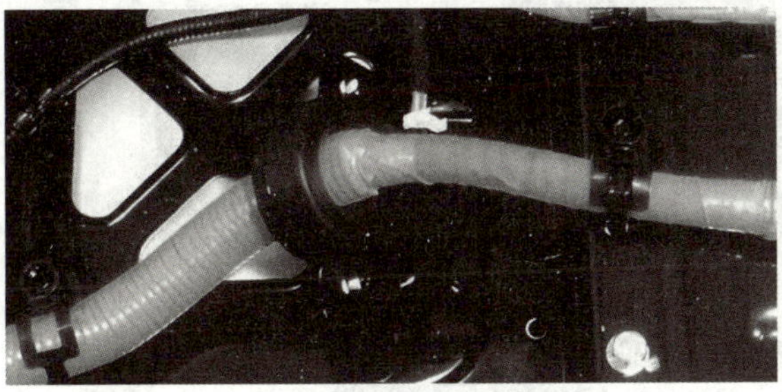

图 5-31　霍尔式电流传感器

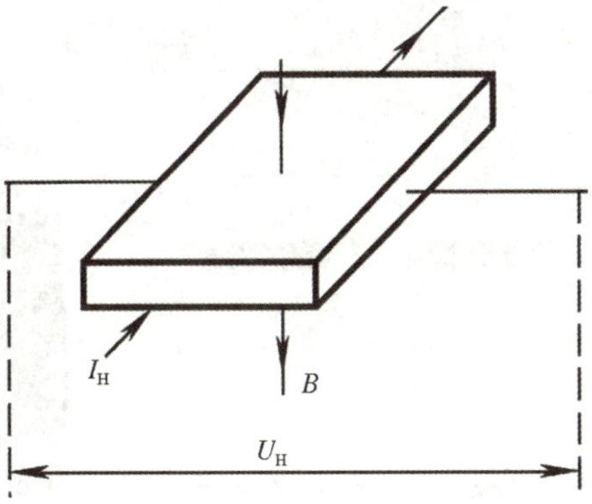

图 5-32　霍尔元件原理图

2. 维修开关

电动汽车所用的大多是高于 300 V 的高压电，如果电路出现过载或短路，容易引起电气元件的损坏，如果操作不当，更易酿成电击危险。维修开关安装在电路大电流主干线上，通常位于动力电池组箱体的中间位置，如图 5-33 所示。

维修开关是保证电动汽车高压电气安全的关键部件，在紧急情况或进行高压系统、动力电池维护维修保养等操作时，应将其断开，以保障维修人员的安全。

3. 熔断器

熔断器是为了保护高压系统的安全。当高压系统出现短路时，熔断器将会断开。维修开关内装有电压 500 V（250 A）熔断器，如图 5-34 所示。

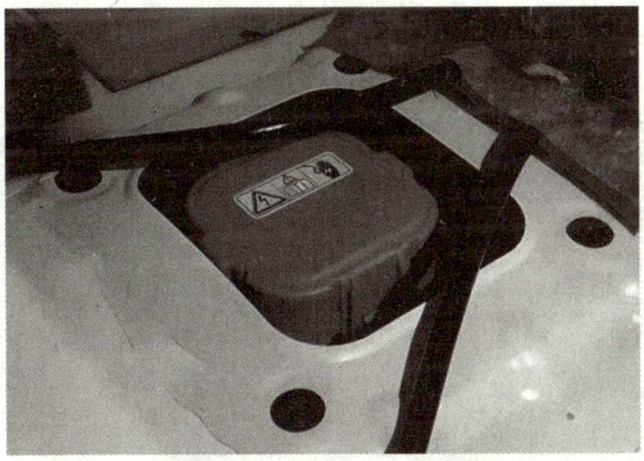

图 5-33　维修开关

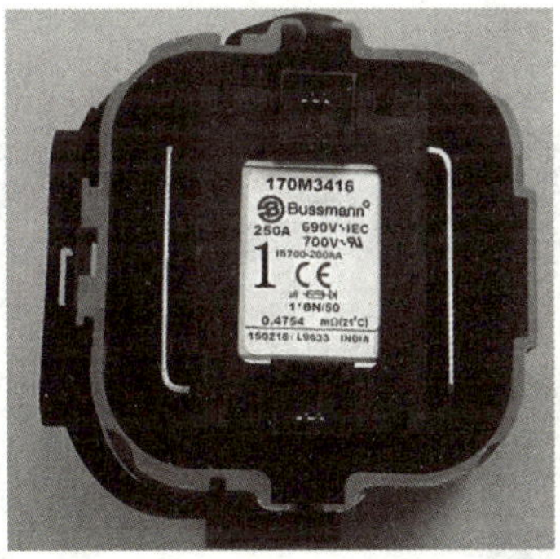

图 5-34　熔断器

4. 加热继电器和加热熔断器

加热继电器和加热熔断器用于动力电池热管理系统。加热熔断器与加热膜串接在一起，加热继电器受 BMS 控制，在温度低于设定值时接通，对动力电池系统进行加热，如图 5-35 所示。

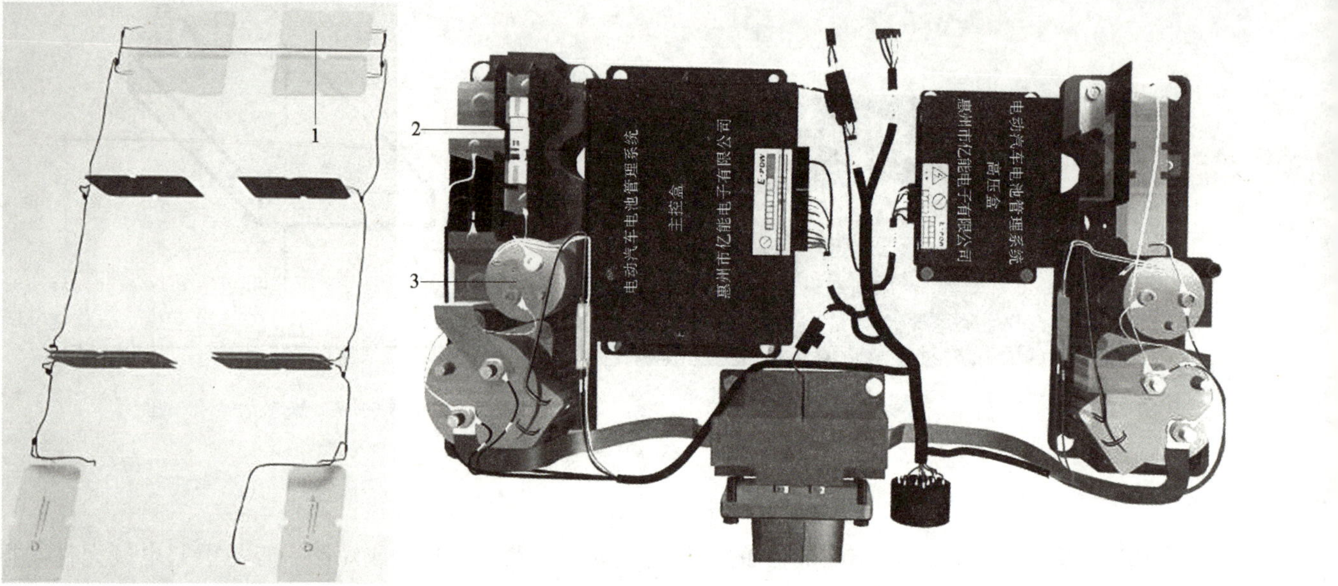

1-加热膜片；2-加热熔断器；3-加热继电器。

图 5-35　加热继电器和加热熔断器

5. 继电器集成器

继电器集成器将高压正极继电器、高压负极继电器、预充电继电器和预充电阻进行了集成，如图 5-36 所示。

高压正极继电器和高压负极继电器为主继电器，控制回路的通断。

预充电继电器和预充电阻由 BMS 控制闭合和断开，在充放电初期闭合进行预充电，当预充完成后断开。

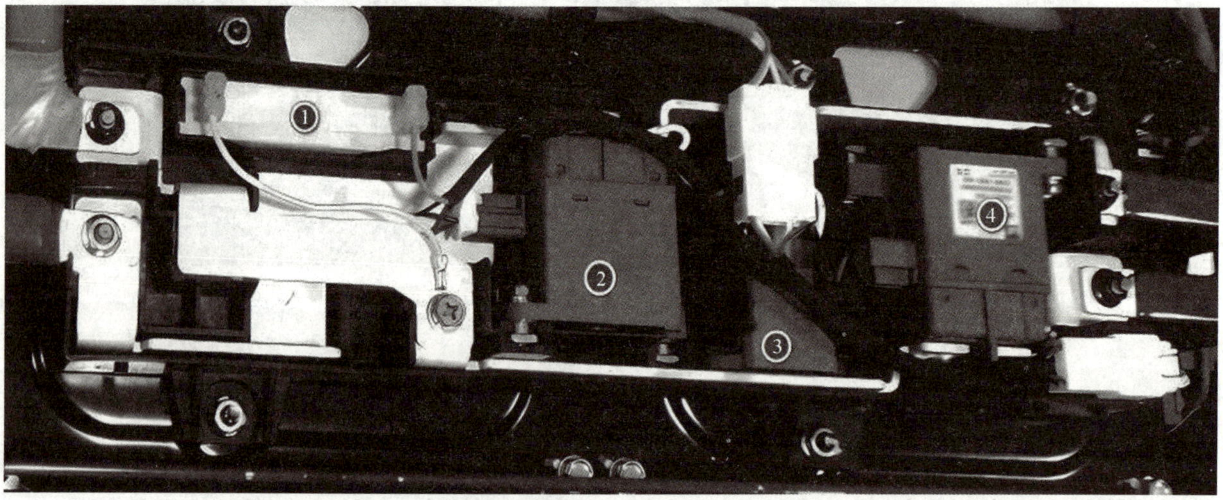

1-预充电阻；2-高压正极继电器；3-预充电继电器；4-高压负极继电器。

图 5-36　继电器集成器

任务八 交流发电机

发电机可分为直流发电机和交流发电机，由于交流发电机在许多方面优于直流发电机，所以直流发发电机已被淘汰，目前所有汽车均采用交流发电机。

一、发电机的分类

交流发电机按照不同的分类方法分为以下几类。

1. 按总体结构分类

（1）普通交流发电机。使用时需要配装电压调节器的发电机，如 JF132（EQ140）。

（2）整体式交流发电机。发电机和调节器制成一个整体的发电机，如别克轿车的发动机上装配的是 CS 型发电机（包括 CS-121、CS-130 和 CS-144 三种不同的型号）。

（3）带泵交流发电机。和汽车制动系统用真空助力泵安装在一起的发电机，如 JFZB292 发电机。

（4）无刷交流发电机。不需要电刷的发电机，如 JFW1913。

（5）永磁交流发电机。磁极为永磁铁制成的发电机。

2. 按整流器结构分类

（1）六管交流发电机。如 JF1522，东风汽车用。

（2）八管交流发电机。如 JFZ1542，天津夏利汽车用。

（3）九管交流发电机。如日本日立、三菱、马自达汽车用。

（4）十一管交流发电机。如 JFZ1913Z，奥迪、桑塔纳汽车用。

3. 按磁场绕组搭铁形式分类

（1）内搭铁型交流发电机。磁场绕组的一端（负极）直接搭铁（和壳体相联）。

（2）外搭铁型交流发电机。磁场绕组的一端（负极）接入调节器，通过调节器后再搭铁。

二、交流发电机的结构

交流发电机由转子（磁场）、定子（电枢）、电刷与滑环机构、三相桥式整流器、电压调节器、轴承、风扇和前后端盖等组成，如图 5-37 所示。

1. 转子

转子是磁极部分，用来产生旋转磁场。转子由爪极、磁轭（铁芯）、励磁绕组、集电环（滑环）、转子轴等组成，如图 5-38 所示。

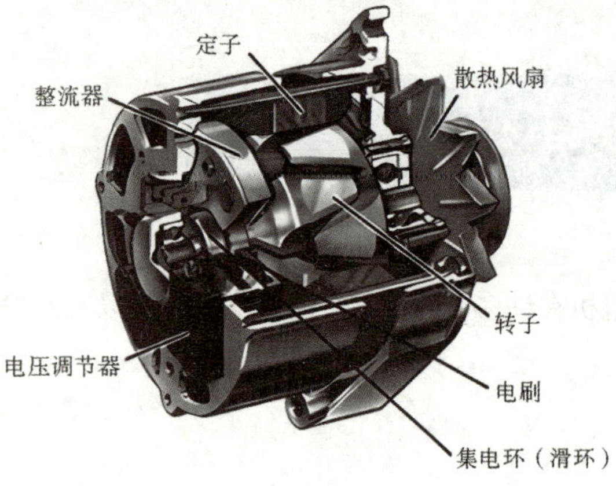

图 5-37　交流发电机的结构

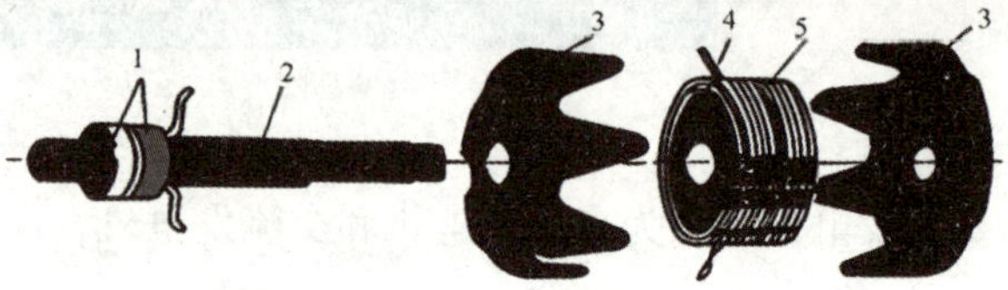

1-集电环（滑环）；2-转子轴；3-爪极；
4-磁轭（铁芯）；5-励磁绕组。
图 5-38　交流发电机转子的组成

转子轴上压装着两块低碳钢制成的爪极，两块爪极各有四至八个鸟嘴形磁极（国产多为六个），爪极空腔内装有励磁绕组（转子线圈）和导磁用的磁轭（铁芯）。

集电环（滑环）由两个彼此绝缘的铜环组成，集电环压装在转子轴上并与轴绝缘。励磁绕组的两端分别从内侧爪极的两个小孔中引出，其中一端焊在内侧滑环上，另一端焊接在外侧滑环上，两个铜环分别与发电机的两个电刷接触。

当两集电环通入直流电时（通过电刷），励磁绕组中就有电流通过，并产生轴向磁通，使爪极一块被磁化为 N 极，另一块被磁化为 S 极，从而形成六对相互交错的磁极。当转子转动时，就形成了旋转的磁场，如图 5-39 所示。

2. 定子总成

定子总成是发电机的电枢部分，用来产生感应电动势。电枢由定子铁芯和定子绕组组成，固定在前后端盖之间，如图 5-40 所示。

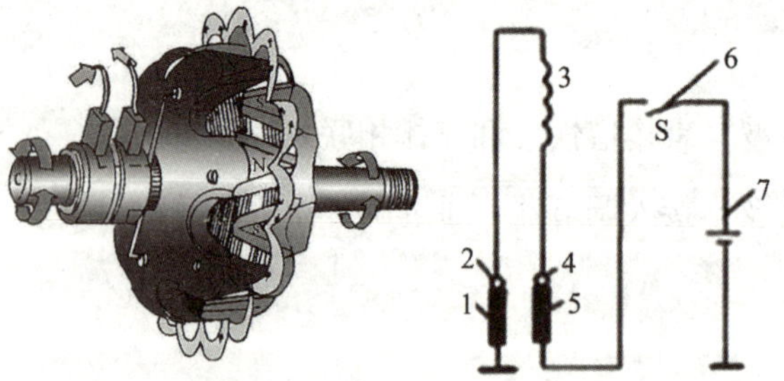

（a）磁场的磁力线分布　（b）磁场电路原理
1、5-电刷；2、4-集电环；3-励磁绕组；6-点火开关；7-蓄电池。
图 5-39　转子磁场的磁力线分布与磁场电路原理

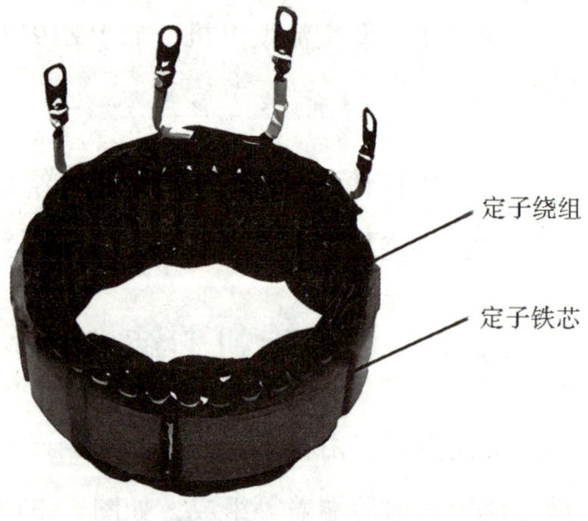

图 5-40　交流发电面的定子总成

（1）定子铁芯。由内圈带槽的硅钢片叠成，定子绕组的导线就嵌放在铁芯的槽中。

（2）定子绕组。三相绕组采用星形接法或三角形接法，定子绕组在转子产生的旋转磁场作用下，感应并输出三相正弦交流电动势。

定子三相绕组的不同接法的特点如下。

① 星形接法。如图 5-41（a）所示，引出四个端子，将每相绕组的末端接在一起形成一个中性点，从中性点引出一根线，再从每相的始端各引出一根线。星形接法的发电机低速充电性能好。

② 三角形接法。如图 5-41（b）所示，将三相绕组的始、末端依次相连接，再从三个连接点引出三个端子，适于大功率发电机采用。

三相绕组必须按一定要求绕制，才能使之获得频率相同、幅值相等、相位互差 120°的三相电动势。

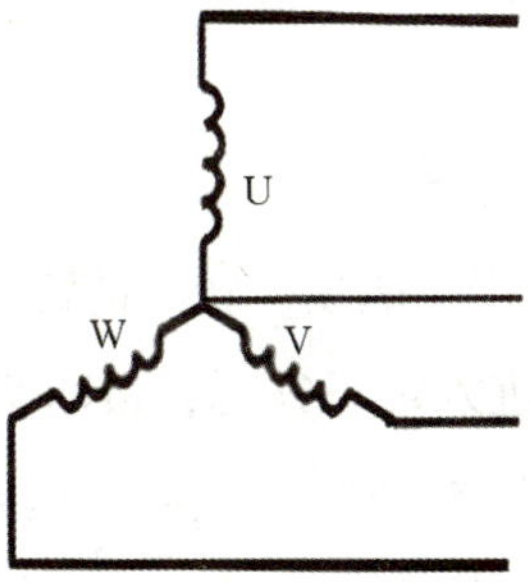

（a）星形接法

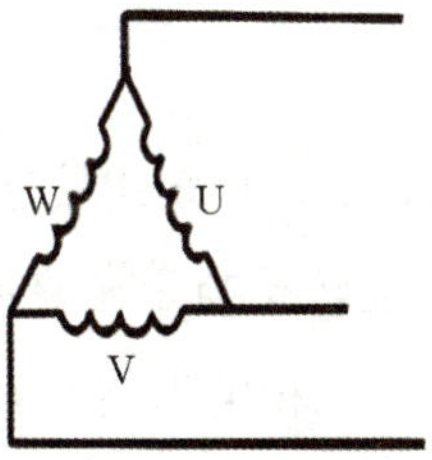

（b）三角形接法

图 5-41　三相绕组的接法

3. 整流器

整流器的作用是将电枢绕组产生的三相交流电变换为直流电。

4. 电压调节器

电压调节器是在发电机转速变化时，自动控制发电机电压，使其保持恒定，防止发电机电压过高而烧坏用电设备和导致蓄电池过量充电，同时，也防止发电机电压过低而导致用电设备工作失常和蓄电池充电不足。

5. 前后端盖

前后端盖一般由铝合金铸成，因为铝合金为非导磁材料，可减少漏磁，且具有质量轻、散热性好的优点。在前后端盖的轴承孔内嵌有钢套，以提高轴承孔的机械强度和耐磨性。

6. 电刷装置

电刷装置安装在后端盖上，由电刷、电刷架和电刷弹簧组成。电刷是由铜粉和石墨粉压装而成的。两只电刷装在电刷架的方孔内，通过弹簧与集电环紧密接触，将电源通过集电环引入励磁绕组。

三、交流发电机的工作原理

1. 交流发电机的工作原理

交流发电机电路图及波形图如图 5-42 所示。

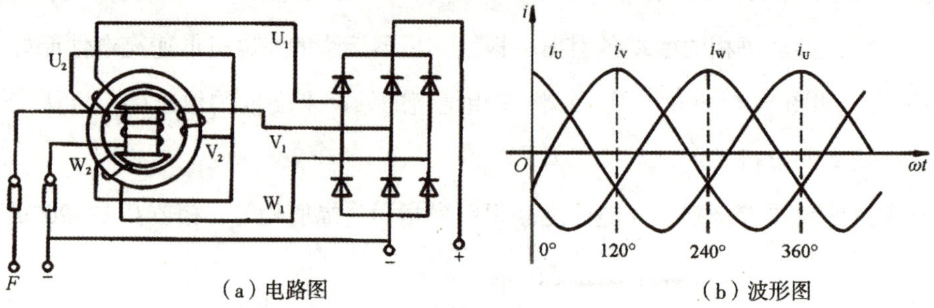

图 5-42　交流发电机电路图及波形图

发电机的转子为磁极，当磁极绕组接通直流电源时将产生磁场，转子的磁爪被磁化为 N 极和 S 极。其磁力线由 N 极出发，穿过转子与定子之间很小的气隙进入定子铁芯，最后又通过气隙回到相邻的 S 极。发电机的定子为电枢，三相电枢绕组在铁芯上彼此相差 120°。当转子旋转时，产生一个旋转的磁场，由于定子绕组与磁力线有相对的切割运动，所以在三相绕组中产生频率相同、幅值相等、相位相差 120°的正弦电动势 e_U、e_V、e_W。

$$e_U = E_m\sin(\omega t) = \sqrt{2}E\sin(\omega t) \quad (5-1)$$

$$e_V = E_m\sin(\omega t - 120°) = \sqrt{2}E\sin(\omega t - 120°) \quad (5-2)$$

$$e_W = E_m\sin(\omega t - 240°) = \sqrt{2}E\sin(\omega t - 240°) \quad (5-3)$$

$$E = 4.44KfN\Phi \quad (5-4)$$

式中　K——绕组系数；

f——电动势频率；

N——每相绕组的匝数；

Φ——每极磁通。

$$f = pn/60 \quad (5-5)$$

式中　p——磁极对数；

n——发电机转速。

可见，三相电动势是对称的。

由式（5-5）可推知

$$E = C_K\Phi n \quad (5-6)$$

式中，$C_K = 4.44KN\dfrac{p}{60}$ 称为结构常数。

在忽略电阻压降的情况下，每相的感应电压 $U \approx E = C_K\Phi n$。

在结构常数一定时，每相绕组产生的电压、电动势与转速和磁通量乘积成正比，转速越高、磁通量越大，电压、电动势也越高，相反，电压、电动势越小。

2. 交流发电机的励磁方式

发电机励磁绕组产生磁场，称为励磁，发电机的励磁有他励和自励两种方式。由蓄电池向励磁绕组供电的方式，称为他励；由发电机产生的电压向励磁绕组供电的方式，称为自励。

一般汽车用发电机在刚开始发电时，磁场绕组由蓄电池供电产生磁场，属于他励；待发电机旋转起来，输出电压等于或高于蓄电池电压，一般发电机的转速达到 1 000 r/min 左右时，发电机向励磁绕组供电，励磁方式由他励变为自励。

四、交流发电机的型号

根据中华人民共和国汽车行业标准《汽车电器设备产品型号编制方法》（QC/T 73—1993）的规定，汽车交流发电机型号组成如下。

（1）产品代号。产品代号用中文字母表示，如 JF—普通交流发电机，JFZ—整体式（调节器内置）交流发电机，JFB—带泵的交流发电机，JFW—无刷交流发电机。

（2）电压等级代号。电压等级代号用一位阿拉伯数字表示，如 1 表示 12 V 系统，2 表示 24 V 系统，6 表示 6 V 系统。

（3）电流等级代号。电流等级代号也用一位阿拉伯数字表示。

（4）设计序号。设计序号用 1~2 位阿拉伯数字表示，表示产品设计的先后顺序。

（5）变形代号。交流发电机以调整臂位置作为变形代号，从驱动端看，调整臂在左边用 Z 表示，调整臂在右端用 Y 表示，调整臂在中间不加标记。

注意：进口发电机不符合上述标准。

任务九　新能源汽车高压系统安全设计

新能源汽车的高压系统安全，关系着新能源汽车从生产到销售再到使用的每一个环节，本节将从等电位连接和高压互锁两个方面来介绍。

一、等电位连接

新能源汽车的等电位连接可以采用将电气设备的外露导电部件直接或通过保护导体与车辆底盘相连接的方法进行。

等电位连接示意图如图 5-43 所示，该方法是将高压电气设备外壳与车辆底盘直接连接。采用等电位连接后，高压用电设备外壳和车身（地）为相同电位，当高压用电设备正极发生对外壳漏电故障时，即使检修人员接触漏电设备外壳，由于人体被等电位连接线短路，也不会有危险的电流流过，从而避免人员被电击。

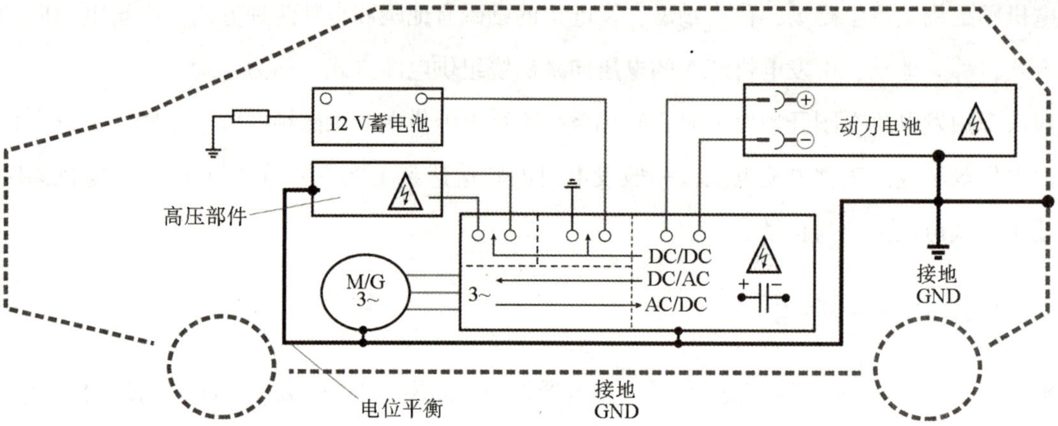

图 5-43　等电位连接示意图

二、高压互锁

1. 高压互锁分类

（1）机械互锁

机械互锁通过物理结构实现安全互锁，主要用于确保在特定条件下高压系统才会接通。其主要特点有以下两个方面。

① 物理结构：通常使用机械开关或锁定装置。

② 应用场景：多用于电池舱盖、充电接口等部件。

当电池舱盖关闭或充电接口正确连接时，机械互锁系统才允许高压电源接通；如果未闭合，则自动切断电源。

（2）电气互锁

电气互锁依赖电路设计和传感器实现，实时监测电气状态。其主要特点有以下两个方面。

① 实时监测：通过电流、温度传感器等，持续检测高压系统的状态。

② 快速响应：在检测到异常时，能够迅速切断高压电源。

电气互锁通过继电器或接触器控制高压电源的通断。当传感器检测到故障（如短路、过压）时，系统会立即断开高压电源。

（3）软件互锁

软件互锁依赖车辆控制系统中的逻辑实现，通过 ECU（电子控制单元）进行管理。其主要特点有以下两个方面。

① 灵活性高：可以根据不同的工作状态进行灵活调整和控制。

② 逻辑复杂：能够实现复杂的逻辑判断，确保安全。

车辆在不同模式下（如行驶、充电、停车）由软件控制高压电源的接通和断开。系统会根据多个传感器的数据判断是否允许高压电源接通。

（4）综合互锁系统

综合互锁将机械、电气和软件互锁相结合，形成多层次的安全保护机制。其主要特点有以下两个方面。

① 多重保护：提供多个安全层级，确保系统的可靠性和安全性。

② 适应性强：能够适应不同工作环境和场景。

综合互锁通过综合使用机械锁、传感器监测及软件控制，形成一个完整的安全防护体系。例如，在充电时，只有在机械锁闭合且电气状态正常的情况下，软件才能允许高压电源接通。

高压互锁系统是新能源汽车安全管理的核心，通过多种类型的互锁机制，确保高压电源的安全性，降低意外风险。每种类型的互锁都有其独特的功能和适用场景，综合使用能够实现更高的安全保障。

2. 先导电路

新能源汽车的高压系统设计了高压互锁（也称为低压先导线路）功能，只有先导线路导通，高压才能接通。在车辆发生碰撞、断开高压插接器等情况下，先导线路会断开，高压系统也随之断电。

高压互锁回路即先导电路，通过使用电气小信号来检查整个高压系统导线、插接器及高压用电设备外壳（保护盖）是否正确连接或被打开。当识别到高压系统某个插接器断开或用电设备外壳被打开时及时切断高压电。高压互锁原理如图 5-44 所示，比亚迪 e5 高压互锁原理如图 5-45 所示。

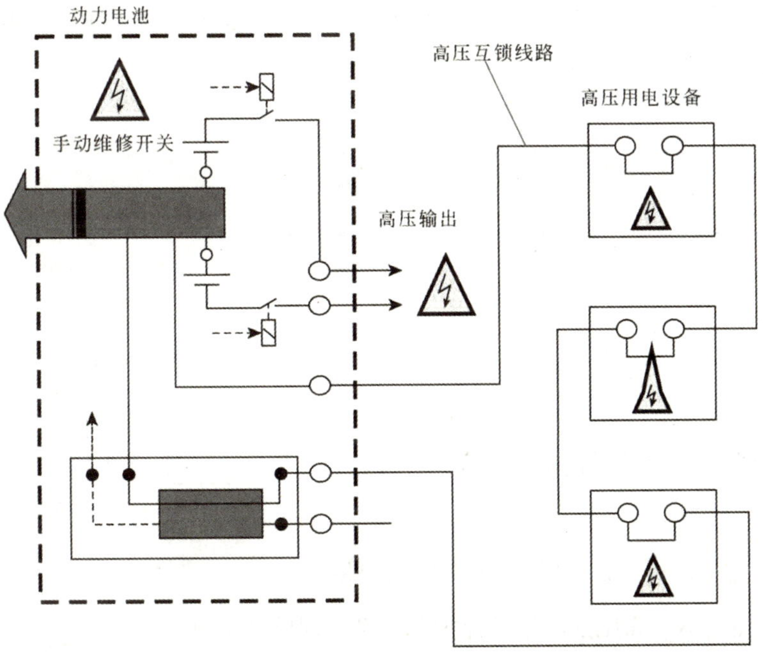

图 5-44　高压互锁原理

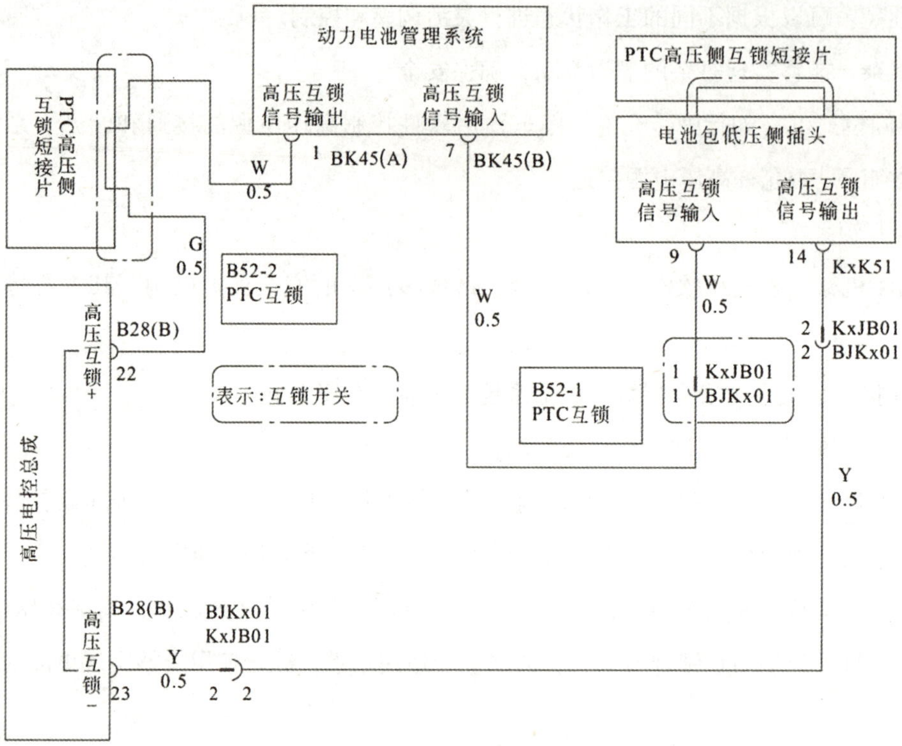

图 5-45 比亚迪 e5 高压互锁原理

项目小结

本项目主要介绍了新能源汽车高压安全技术专业知识，首先介绍了高压断电操作、部件认知、绝缘检测方法和注意事项、插接件锁止结构的认知与操作技能；其次介绍了动力电池包拆检防护和安全充电操作流程。通过本项目的学习，读者不仅提升了在新能源汽车行业中的技术水平和安全意识，还为未来的专业发展奠定了坚实的基础。

课后练习

一、填空题

1. 新能源汽车的动力电池主要有________、________、钴酸锂电池、磷酸铁锂电池、锰酸锂电池、钴酸锂电池和________。

2. 新能源汽车的高压接插件锁止结构主要由________、________、低压信号导电件和________及监测线路组成。

3. 新能源汽车的高压互锁主要是用来检测高压回路的________，包括整个________、导线、连接器、DC/DC、发电机控制器、高压配电箱及保护盖等系统回路的电气连接________。

4. 新能源汽车的高压部件上标有国际标准危险电压警告标识，如________或________的高压触电警告图标。

二、简答题

1. 新能源汽车的高压断电流程包括哪些步骤？
2. 新能源汽车的高压部件包括哪些？
3. 新能源汽车的高压互锁主要有那几种？
4. 新能源汽车的动力电池如何进行包拆检防护？
5. 新能源汽车的安全充电应该注意哪些事项？

项目六

高压安全法规要求

项目导读

本项目旨在系统学习和遵守高压安全法规要求，包括国家高压法规要求、售后维修人员资质要求以及高压中止标准操作流程等内容。通过深入理解和实践，确保学生在高压环境下的安全操作和法规遵从，提升学生在新能源汽车领域的专业素养和技术应用能力。

学习目标

知识目标

◆熟悉国家高压法规的内容。

◆明确售后维修人员的资质要求。

技能目标

◆能够叙述高压终止标准操作流程。

素质目标

◆培养学生安全操作意识，养成安全用电、节约用电的习惯；树立珍视生命、科学抢救的职业意识。

◆通过互联网了解我国电力事业的发展情况，牢固树立爱国意识，培养学生民族自尊心和自豪感。

◆细致探究电路连接和检测要求，培养学生养成刻苦钻研、精益求精的职业精神。

思政目标

◆通过本项目的学习，培养学生遵守国家高压法规的意识和能力，强化学生在高压环境中的安全操作技能和职业道德素养。通过系统学习和实践操作，确保学生能够理解和实施高电压互锁回路、自放电电路、短路熔断保护电路、绝缘监控电路等法规要求，推动行业安全标准的实施和提升。

任务工单

1. 任务描述

许宁是新能源汽车维修专业的学生，面临着未来就业，他需要考取相关就业资格证书，并且还需要学习相关法律法规。请你根据本项目内容来和许宁一起讨论吧。

2. 寻找成员

以 3~5 人为一组，选出组长并进行任务分工，将小组成员及分工情况填入表 6-1 中。

表 6-1　小组成员及分工情况

小组成员	姓名	学号	任务分工
组长			
组员			

3. 制订计划

（1）查阅相关资料，制订工作计划，并将其填入表 6-2 中。

表 6-2　工作计划

序号	工作内容	负责人

（2）将操作过程中所需的工具和耗材等填入表 6-3 中。

表 6-3　操作过程中所需的工具和耗材等清单

序号	名称	型号与规格	单位	数量	备注

4. 进行决策

（1）小组成员针对各自的工作计划展开讨论，并选出最佳工作计划。

（2）指导教师根据各小组提交的工作计划给出评价。

（3）各小组成员根据指导教师的评价对工作计划进行调整，调整合格后的工作计划即为最终实施方案。

5. 工作实施

根据最终实施方案，进行新能源汽车电学实训。按实际操作过程，将实施内容、遇到的问题及解决办法等记录于表 6-4 中。

表 6-4　工作实施过程记录表

序号	实施内容	遇到的问题及解决办法	结果

6. 考核评价

各组展示任务完成情况，并完成表 6-5 所示的考核评价表。

表 6-5　考核评价表

评价项目	评价内容	分值	评价分值		
			自评	互评	师评
职业素养考核项目	穿戴规范、整洁	6 分			
	安全意识、责任意识及服从意识强	6 分			
	积极参加教学活动，按时完成任务工单	10 分			
	团队合作、沟通交流能力强	6 分			
	劳动纪律良好	6 分			
	维护场地、设备及工具等干净整洁	6 分			
专业能力考核项目	专业知识查找及时、准确	10 分			
	掌握国家高压法律法规	20 分			
	操作熟练，工作效率高	10 分			
	熟悉各种高压电路规定	20 分			
合计		100 分			
总评	自评(20%)+互评(20%)+师评(60%)=	综合等级	指导教师（签名）：		

任务一　国家高压法规要求

俗话说无规矩不成方圆，若想新能源汽车高压电路的设计与研发能够安全持续的发展下去，必须按照相关规定一丝不苟的执行。本任务将讲述高电压互锁回路、高电压自放电电路、短路熔断保护电路和绝缘监控电路的相关规定。

一、高电压互锁回路

高电压组件的带电工作部件带有盖板或壳体，以防直接接触。与高电压导线的导体类似，高电压组件的导体通过绝缘层或绝缘的插头壳体防止接触。售后服务人员进行高电压组件方面的工作前，必须通过执行安全规定关闭高电压系统，使所有带电部件都处于无电压状态，以无危险地作业。如果售后服务人员忘记按规定关闭系统，则有一个附加安全措施自动关闭高电压系统。

高电压互锁回路用于监测高电压组件盖板的位置（图 6-1）。如果没有完全按照高压断电与启用流程进行操作且拆除高电压组件盖板，则混合动力模块电子装置会指令接触器断开。接触器断开后，系统会断电以防止意外触电事故的发生。

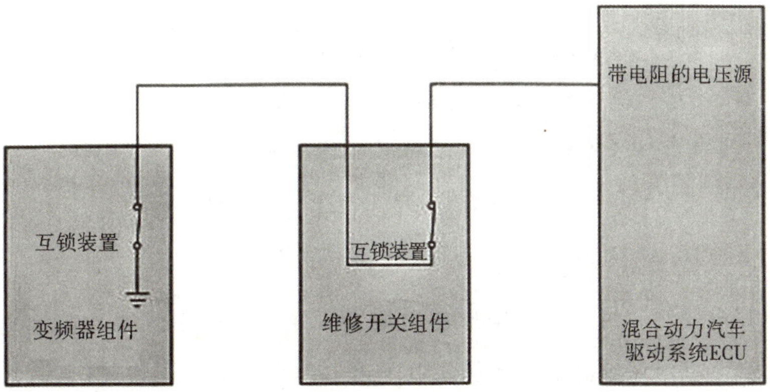

图 6-1　高压互锁回路

第一个任务是高压切断双重保护。安全盖板和插头内分别有一个跨接线。对高电压安全插头而言，插上高电压插头后，高电压互锁回路内的跨接线闭合；拔下插头后，跨接线使高电压互锁回路断开。如果装上安全盖板，则高电压互锁回路内的跨接线闭合；如果取下安全盖板并因此隔离跨接线，则高电压互锁回路断开。

第二个任务是分析互锁信号电路（图 6-2），断开安全盖板或高电压安全插头，或发现接收到的信号与所发出的高电压互锁信号存在较大偏差（信号电平、对地或对正极短路），则电子装置促使高电压系统关闭。

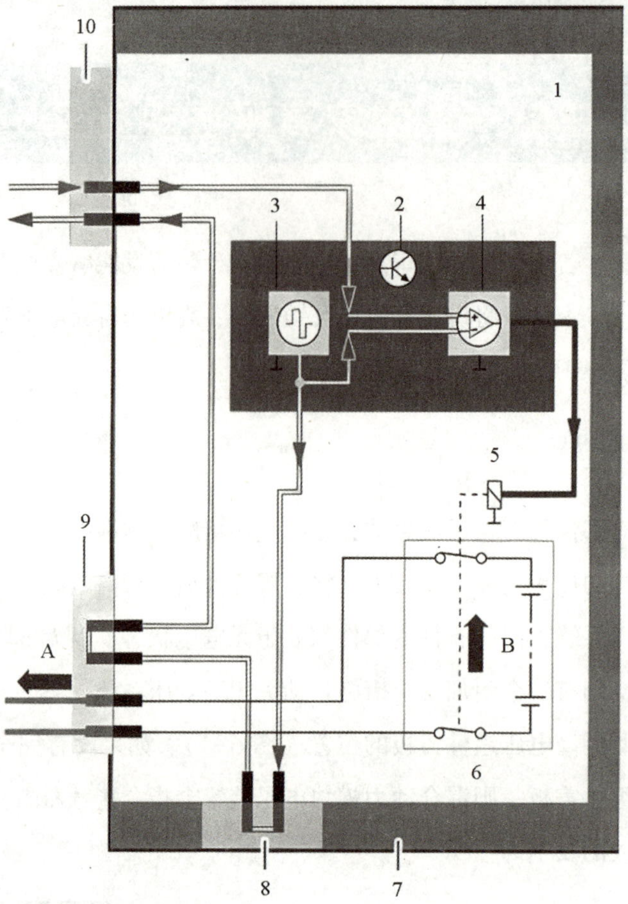

1-高电压蓄电池控制单元；2-混合动力模块电子装置；3-互锁信号发生器；
4-互锁信号分析电路；5-接触器；6-高电压蓄电池组；7-安全盖板；8-跨接线；
9-高电压安全插头（含跨接线）；10-高电压安全插头检测导线的低压插头；
A-拔下高电压安全插头（含跨接线）；B-接触器触点断开。

图 6-2　互锁信号电路

电子装置可能是高电压组件（例如高电压蓄电池）控制单元的组成部分。互锁信号的发生器和分析电路也可能分布在两个高电压组件上（例如高电压蓄电池和供电电子装置）。借此关闭高电压系统内所有电源，从而保证断开高电压互锁电路后最迟 5 min 时，整个高电压系统内不再有危险电压。

二、高电压自放电电路

即使断电时打开了高电压蓄电池的接触器，供电电子装置内的电容器也可能使高电压车载网络内的电压保持在某一数值，该电压可能危及接触部件的人。因此高电压系统每次断电时都要让高电压电路放电。图 6-3 为借助高电压组件的简化电路图展现了系统放电的原理。新能源汽车中的实际放电电路可能与该图不同。

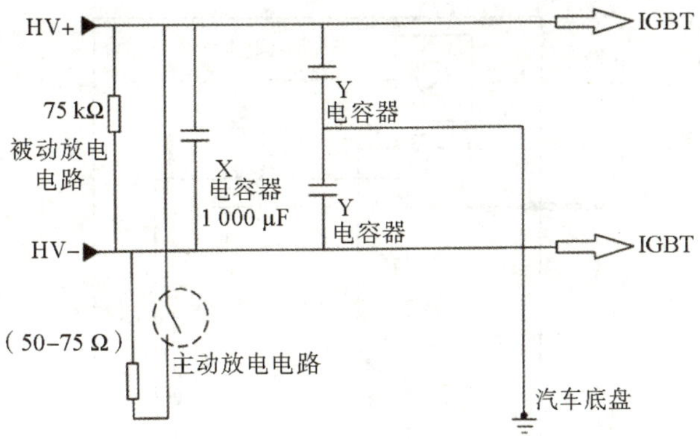

图 6–3　高电压自放电电路

通过图 6–3 可以看出供电电子装置中使用的电容器与高电压导线并联。如果打开高电压蓄电池的接触器，则此时的电压仍与高电压导线上之前的电压相同。电容器存储电能并使电压保持在该数值。因为事先关闭所有高电压用电器，所以在没有附加措施的情况下电容器无法放电。这里使用电容器放电电路来降低高电压导线上的电压。该电路由所谓的一个被动和一个主动放电电阻组成。

被动放电电阻始终与电容器并联。打开高电压蓄电池内的接触器后，放电电流立即从电容器通过被动放电电阻流走。但是，即使在高电压系统工作时，电流也会通过被动放电电阻流走。为使此时产生的功率损失保持在较低程度，被动放电电阻的设计阻值相对较高，一般为几十千欧姆。所用电容器的电容值为数百到一千微法。因此，被动放电时电压降到零的时间可能为数分钟。该系统的设计方案是，最迟 5 min 后电容器通过被动放电电阻放电到非危险电压。

但是，被动放电只是主动放电电阻不运行时的一项附加安全措施。高电压蓄电池的接触器关闭后，关闭高电压系统时供电电子装置控制主动放电电路上开关的关闭。主动放电电阻的阻值为几十欧姆，因此放电速度明显较快。这种设计可确保最迟 5 s 后高电压电路主动放电结束。

新能源汽车中通常有一个主动放电电阻，该电阻位于供电电子装置内。关闭高电压系统时，不仅供电电子装置内的电容器通过该电阻放电，其他高电压组件（例如 DC/DC 转换器和电动空调压缩机）内的电容器也通过该电阻放电。因为高电压导线和其他高电压组件中的电容器并联，所以可以采用这种主动放电形式。

除主动放电电阻外，带电容器的每个高电压组件内还有被动放电电阻。确保主动放电成功结束前，即使主动放电失败或高电压组件之间的高电压导线断路，电容器也能放电。

三、短路熔断保护电路

高电压车载网络内的两个高电压蓄电池导线之间短路会产生很高的短路电流，后果很严重，可能会产生电弧，造成高电压导线或高电压蓄电池毁坏，直至发生火灾。为避免出现这种后果，新能源汽车的高电压车载网络中采用了用于识别短路的熔断器，电流过载时控制系统会自动切断高压电路（图 6–4）。

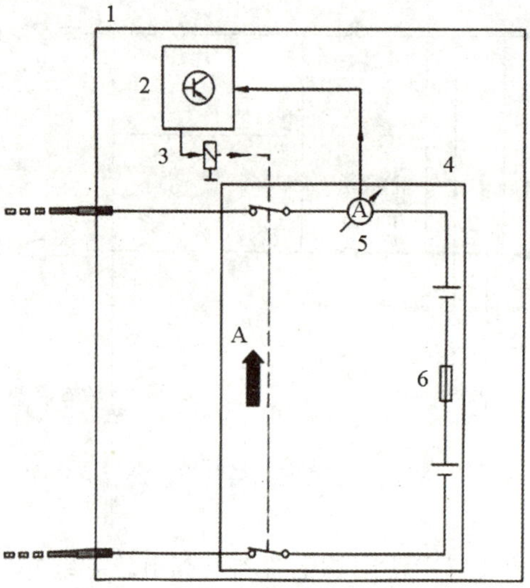

1-高电压蓄电池单元；2-BMS（高电压蓄电池单元的控制单元）；3-接触器；

4-高电压蓄电池；5-电流传感器；6-熔断器；A-短路监控响应时打开接触器触点。

图 6-4　短路熔断保护电路

高电压蓄电池单元的控制单元识别到电流超过允许值时，高电压蓄电池内的接触器触点会打开。这些开关触点的设计方案是，即使在短路造成电流强度很高时也能打开，但是会因此造成使用寿命明显降低。

四、绝缘监控电路

绝缘监控电路

对于高电压系统中的高压组件，由于内部破损或潮湿，可能会传递给外壳一个电势。如果两个外壳同时具有不同的电势，则两者间会形成具有危险性的电压。如果手触及这两个组件，则可能有触电危险（图 6-5）。

因此所有高电压系统组件都通过一根电压平衡线连到车辆的接地端。即使手触到两个有接地故障的组件，也不会有触电危险（图 6-6）。

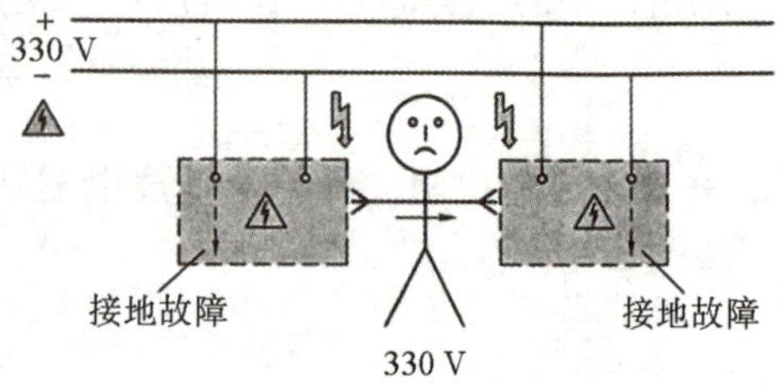

图 6-5　发生高电压组件接地故障时的危险

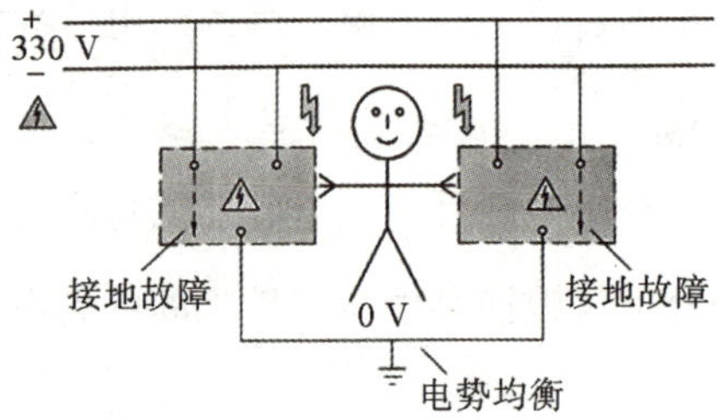

图 6-6　各高电压组件的电势平衡

电压平衡线的截面积必须足够大且长度尽量短，以允许可能的最大故障电流通过它放电。电压平衡线和每个高电压组件都有连接。搭铁连接处要与高电压组件紧密贴合，搭铁阻抗值小于 0.2 Ω。如高电压组件上有防锈漆等则需刮除后再连接，必须保证电压平衡线清洁且未氧化。

提示：高电压组件的导电壳体必须与接地连接（导电）。如果维修高电压组件或更换车身部件，则组装时需注意：必须按规定恢复与车身之间的导电连接，并严格遵守维修说明。要使用规定的连接元件（例如自攻螺钉）并符合拧紧力矩要求。

如果只有一个高电压组件接地故障，由于连接至电源的电路未闭合，接触壳体时没有电流流过身体。即使身体其他部位与车身（接地）接触，电路也不会闭合 。 只有同时接触高电压车载网络的两个带电导线时，电流才会流过身体。这意味着高电压组件可能产生危险电压，但无法识别。

高电压车载网络采用绝缘监控电路，以识别所有高电压组件与可导电壳体或与接地之间危险的绝缘故障。如果壳体/接地与另一个高电压组件之间存在危险电压，则说明有危险的绝缘故障。通过新能源汽车的安全系统，自诊断过程会检测绝缘电阻。如果发生故障，则会通过仪表板向驾驶人发出提示信息，出于安全原因，高电压系统也会同时关闭。

任务二　售后维修人员资质要求

以下是 VDA（德国汽车制造商协会）对高电压系统的定义，适用的目标市场是欧盟。

（1）高电压系统指 25 V 以上，不超过 1 000 V 的交流电压系统。

（2）高电压系统的正极和负极都没有连通至车辆接地端或直接接地。

（3）高电压系统周围为隔离区域。

由 DIN/VDE 的技术定义（我国执行此标准）如下。

（1）高电压指高于 1 000 V 的电压。

（2）低电压指低于 1 000 V 的电压。

（3）12 V 的车载电源电压属于“微电压”。

高电压系统的安全操作措施如下。

（1）带电接触点不能暴露在外，以防触电。

（2）高电压区域实施保护措施。

（3）高电压连接断开时，自动切断高压电源。

一、一级资质（接受电气作业指导的人员）

只要新能源汽车的高电压系统运行正常，每位售后技术人员都可进行一般性修理工作（例如更换油液和轮胎）。开始工作前必须由高电压工程师指导维修人员了解高电压系统带来的危害，维修人员必须熟悉高电压组件的标记和安全操纵车辆的方法。

一级资质人员是在接受了充分的作业指导后有足够能力从事一定高电压系统作业的人员，指导内容包括所分配的任务、不当作业时的潜在危险及必要的防护装置和安全措施。如有必要，一级资质人员还可以接受在职培训，并获得相应培训证书。一级资质人员必须书面确认相关指导说明。

一级资质人员示例如下。

（1）售后服务顾问在配备高电压系统的车辆上进行目检，需要识别高电压车辆包含哪些组件，同时要能识别这种车辆。

（2）维修车间技工进行与高电压系统无关的常规保养或维修工作。该技工必须了解高电压系统的危险性，同时要能识别这种车辆。

（3）书面指导列在“学员信息”目录下（用户须知的重要信息包含在车辆使用说明书中）。

提示： 仅进行混合动力汽车或新能源汽车基础培训（一级资质）的售后服务人员不具备进行高电压组件作业的资质。

（4）所有需要在高电压车辆上作业的维修人员至少应具备一级资质。

（5）一级资质人员须了解高电压系统的基本结构、允许工作范围及高电压系统的危险性。

（6）高电压工程师必须以口头和书面的形式给一级资质人员提供相关信息。

（7）高电压工程师和一级资质人员都必须在书面操作说明上签字。

二、二级资质（高电压工程师）

进行高电压组件方面作业的维修人员必须经过相应的培训认证。维修人员经过培训认证后成为新能源汽车高电压系统的电气专业人员（高电压工程师）。这些专业人员能够判断高电压系统带来的电气危害，并能够确定针对高电压系统的保护措施，能够断开车辆上的高压电源，并在工作期间保持断开状态。培训认证范围主要取决于维修人员的前期培训情况和实际经验。一方面必须通过理论和实际培训认证证明该维修人员具备工作能力和专业知识，另一方面还必须经过相关车型的具体认证。在我国，每个厂家对二级资质认证主要包括两方面。

具备国家安监局颁发的《特种作业操作证（低压电工证）》，如图 6-7 所示。

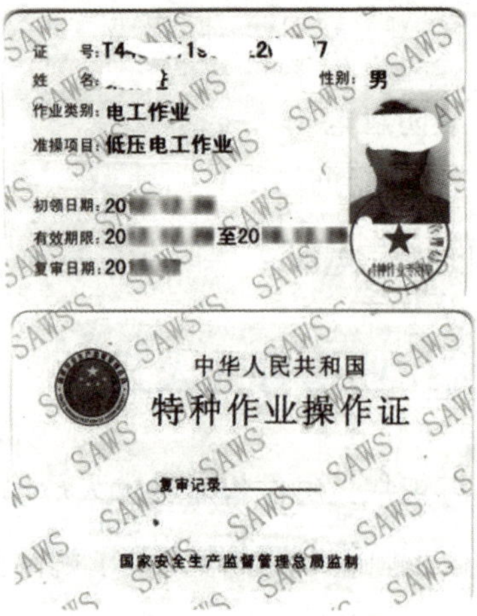

图 6-7　低压电工证

必须经过厂家新能源车型培训，并通过考核。

宝马品牌的二级资质人员认证内容和作业范围见表 6-6。

表 6-6　宝马二级资质人员认证内容和作业范围

资质等级	二级-1	二级-2
认证项目	宝马高电压技师	宝马高电压技师+高电压蓄电池认证
认证内容	混合动力基础知识+具体车辆高电压组件培训（认证，按混合动力代系）	二级-1+具体车辆高电压蓄电池代系培训（认证）
作业范围	更换发电机、HV 电池组、供电电子装置等总成，不能维修检测	二级-1 的全部作业；可拆解 HV 电池组并更换电池包（不能拆解原电池）及与 HV 电池相关的管理系统

提示：只有满足以下所有条件的售后服务人员才能对带标记高电压组件进行作业——具备资质，遵守安全规定，严格按照维修说明操作。

如果必须进行针对高电压组件的作业，则一定要确保整个设备完全断电，只允许经过专门培训的人员（高电压工程师）开展这些工作。

上述操作权限仅指在断电状态下的高电压设备上作业。

只有满足所有前提条件，相应证书持有者才有权对相应高电压组件或高电压蓄电池进行修理作业。

三、三级资质

三级资质主要指能够在带电状态下进行高电压系统作业，例如进行接触电阻故障的检测和相关零部件的维修。目前主流新能源汽车品牌在国内只授予到二级资质，即不能带高压电进行作业。

任务三　高压中止（切断回路）标准操作流程

DIN/VDE0105 规定的五条高电压系统作业安全规范如下。

（1）断开高压系统（断电）。

（2）防止高电压系统再激活（保护）。

（3）确定高压系统断电（确认）。

（4）接地和短路。

（5）遮盖或阻隔临近的带电部件。

目前高电压系统不可接地（除使用维修车间充电器给高压蓄电池充电外）。由于目前尚不具备短路技术，因此规范（4）用途不大。

因为新能源汽车只使用高电压蓄电池，其他高压组件都是由高压蓄电池供电的，所以规范（5）不适用于最新车型。但必须对外露的插口进行遮盖，高电压组件和插头必须有防接触和防尘措施。

综上所述，在带高电压系统的最新车型中只使用规范（1）~（3）。

一、车辆下电

如果车辆没有出现影响技术人员进行诊断和维修的特殊事故，则技术人员的检查工作通常会从检查汽车的驱动系统开始。为安全起见，首先查看驱动系统电源是否切断（如丰田普锐斯 READY 变为 OFF），确认下电后就可以开始进行维修作业了。如果汽车的仪表板不能显示，则技术人员可能需要采取其他措施来确定驱动系统已处于断电状态。

车辆断电后，技术人员还必须保管好车辆的钥匙或秘钥卡，以防止其他人启动车辆。有些配备远程无钥匙启动（remote keyless start，RKS）系统的汽车厂家要求所有钥匙或秘钥卡在进行车辆维修作业过程中，必须与车辆保持 4.6 m 远的距离。如果作业车辆配有远程无钥匙启动系统，则应检查该厂家提供的维修信息，查找关于远程无钥匙启动系统的安全注意事项。

在正常情况下，如果没有发生驱动系统故障，则切断混合动力汽车和新能源汽车的电源会导致蓄电池组高压继电器断开及变频器高压电容放电。技术人员不能想当然地认为车辆下电之后这些情况一定会发生。技术人员必须验证车辆的高压系统是否处于不能启动的禁用状态，此后才能继续进行作业。

二、断开车辆 12 V 辅助蓄电池

对于有些特殊的维修作业，在混合动力汽车或新能源汽车被切断电源后，技术人员会根据维修信息的指引来断开车上的 12 V 蓄电池负极连接线。混合动力汽车和新能源汽车中的很多 12 V 辅助蓄电池（以及很多传统内燃机汽车上配备的 12 V 蓄电池）必须根据汽车厂家的维修作业程序进行断开操作。

将 12 V 辅助蓄电池重新连接后，技术人员可能还要继续进行其他有关操作。例如有些汽车制造商警告技术人员，在 12 V 辅助蓄电池重新连接后，不得马上将其断开，否则会损坏车辆导航系统或其他系统。

三、电容放电间隔时间

混合动力汽车和新能源汽车的变频器中都安装了高压电容。高压电容在车辆运行时，一端与动力电池包的高压母线相连，另一端连接到相应的变频器。

如果在汽车断电且高压电池包的高压继电器已断开后，变频器的电容仍然保持充电状态，则动力电池高压母线和变频器上可能仍有高压电。为避免这种情况发生，混合动力汽车和新能源汽车的变频器上设计了对变频器进行放电的电路，一旦汽车断电，该放电电路就会开始工作。

对不同的车辆而言，电容放电所需时间不尽相同，通常车辆的放电间隔时间为 5 min 或 10 min。具体车型的准确放电间隔时间可以通过汽车厂家的维修信息来了解。技术人员必须在汽车动力驱动系统断电后再等待足够长的时间，才能接触高压连接部件，如汽车的维修开关。

四、切断动力电池组（拆卸维修开关）

进行高电压组件方面的工作时，售后服务人员可能接触高电压导线的接口等部件。为了在工作期间不会给售后服务人员的健康带来威胁，高电压组件上不允许带危险电压。最简单的方法是切断动力电池组，即拆卸维修开关。

混合动力汽车和新能源汽车的维修开关是一种安全装置，专为汽车高压系统需要紧急禁用时设计。只有出现下列情形时才能拆下维修开关。

（1）车辆已被下电。

（2）变频器电容已充分放电。

原则上有两种方式拆下维修开关，如图 6-8 所示。

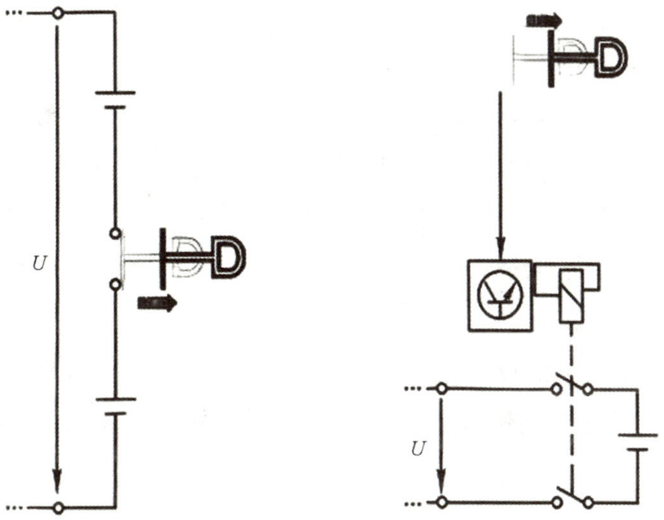

(a) 安全插头串联在高压蓄电池组中　　(b) 电子系统识别到拉出安全插头

图 6-8　拆下维修开关

如图 6-8（a）所示，拉起一个插头即可断开串联蓄电池组的连接。因此可从外面接触到的高电压蓄电池上不再有电压。可用于断开高电压系统的插头称为“高电压安全插头”或“售后服务时断开高压系统”。维修开关被拆下后会出现断路情况，将汽车高压蓄电池分成两部分，防止汽车电气驱动系统通电。但是动力电池包的两个部分仍单独保持有电状态，即存在危险。

除断开串联动力电池包外，目前还使用另一种工作原理的高电压安全插头，如图 6-8（b）所示。该高电压安全插头是控制单元的一个控制输入端，只要识别到拉起高电压安全插头，控制单元就会立即中断接触器的供电，随后接触器触点自动打开。其作用与断开串联动力电池包时相同。拉起高电压安全插头后，动力电池包的电极上不再有危险电压。

很多维修开关上还设计了冗余的低压互锁装置。维修开关被部分或全部拆下时，该互锁装置作为一种电路与控制模块断开，或将电路断开。有些维修开关还装有高压电阻，与汽车动力电池包串联。

维修开关呈橙色，位于动力电池包附近。维修开关通常位于以下部位附近：车厢、装货区、行李箱。维修开关通常采用隐蔽式设计，技术人员如要对维修开关进行维护作业，需取下内部零部件或将行李箱的垫子向后翻起来。维修开关的位置包括但不限于以下几种情况。

（1）行李箱，内饰面板或衬板的背后。

（2）豪华客车的货物存放区，在货舱底板上。

（3）豪华客车的货物存放区，在货舱底板下。

（4）后排乘客座椅附近，内饰面板或衬板背后。

（5）底盘中心区域后部，防护罩下方。

发动机舱盖下面（在动力电池包位于发动机舱盖下面的情况下）。

虽然维修开关通常采用不导电的材料制成以保护维修开关电路，但是在拆下开关前仍然无法确定其实际状况。技术人员通常要戴上高压绝缘手套，再戴上皮制保护套，然后才能拆卸维修开关。

五、防止高电压系统再激活（保护）

汽车维修开关拆下后，技术人员应将其妥善保存于口袋或工具箱中，确保不会被其他人拿去重新安装上。售后服务人员拉起高电压安全插头后，还要固定住高电压系统以防重新接通。一种解决方案是拆下维修塞，并放在自己的口袋中，将维修塞槽用绝缘胶布贴起来。另一种方案是使用标准挂锁，如图 6-9 所示。随后锁上高电压安全插头，以防其重新插上。售后服务人员必须小心保存挂锁的钥匙，直至高电压系统方面的工作结束。

必须将钥匙从挂锁上拔下。进行高电压系统方面的工作期间，必须小心保管好钥匙（例如放在自己的裤子口袋内），确保其他人拿不到钥匙。通过这项措施可以确保其他人无法使高电压系统重新运行，直至工作结束。

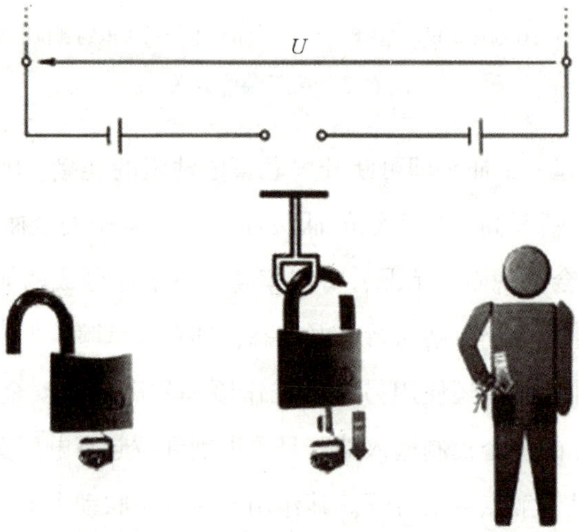

图 6-9　固定住高电压系统以防重新接通

六、确定高压系统断电（确认）

关闭汽车电源后，断开其 12 V 辅助蓄电池的连接，为变频器的电容留出足够的时间放电。对于某个具体系统，为保证能够安全地对其进行维修作业，技术人员必须根据汽车厂家的维修信息指示，使用电压表来确定两个检测点之间有无电压，或电压是否安全。如果该系统此前已经做了断电处理，则理论上不存在电压，或即使有电压，其电压值也应该很小。汽车厂家维修信息对理想的电压规定如下。

（1）0 V。

（2）12 V 或更小。

（3）小于 30 V。

在大多数情况下，如果高电压系统已正确断电，则技术人员测量出的电压值应该小于 1 V。

为确认某个高电压部件或连接部件已下电，技术人员应戴上高压绝缘手套，在指定的测量点测量电压。如果所用的测量仪表不能自动调节量程，则技术人员应确保选取了该仪表的合适挡位。为做进一步安全测量，技术人员可将鳄鱼夹接在仪表表笔的端部，将另一头的每个夹子夹在到高电压电路的测量连接点上，每次只测一个测量点。如果两个测量连接点处都没有电压，则该高电压部件可以安全断开，汽车制造商会对这一步骤做详细说明。技术人员也可能要确认多个部位没有电压。高电压系统的某一点处没有电压并不代表其他部位或其他部件也处于断电状态。

另外，在一些新能源汽车中，未规范针对这一步骤所使用的测量技术。高电压系统设计要求可以自动确定系统无电压。几个高电压组件借助测量电压的集成式元件自动测量电压。测量结果通过总线系统传输给组合仪表。如果所有测量结果都表明电压值低于危险限值，则组合仪表显示高电压系统的电压已成功降低，或处于无电压状态。

在检查控制符号中，高电压危险符号（闪电）带有斜线。这也直观地表示不再有危险电压。不同新能源汽车车型，显示方式可能与此不同。必须借助相应车型的维修手册或培训材料确定显示内容。进行高电压组件方面的工作前，售后服务人员要注意执行第三条安全规定（DIN/VDE 0105 规定的 5 条高压系统作业安全规范），借此检查是否按规定断开了高电压系统（断电），并确保高电压系统不会危害在车辆上工作的人员。

项目小结

本项目主要介绍了国家高压法规要求，首先介绍了高电压互锁回路、自放电电路、短路熔断保护电路和绝缘监控电路等内容；其次介绍了售后维修人员的资质要求和高压中止标准操作流程，进一步提升了在新能源汽车安全技术应用和实际操作中的能力和素质。通过本项目的学习，读者不仅增强了对高压安全法规的遵从和实施能力，还为行业安全运行和发展贡献了力量。

课 后 练 习

一、填空题

1. 在高压系统中，高电压组件的带电部件带有________，以防止________。

2. 高电压互锁回路用于监测高电压组件________的位置。

3. 在新能源汽车中，高电压系统的电源关闭后，供电电子装置内的________通过主动放电电阻放电，以降低________上的电压。

4. 在新能源汽车中，如果高电压组件的导电壳体与接地之间存在________，则说明有危险的________。

5. 新能源汽车的高压系统作业安全规范包括断开________（断电）、防止高电压系统再激活（保护）、确定高压系统断电（确认）、接地和________、遮盖或阻隔临近的带电部件。

二、简答题

1. 在新能源汽车的高电压系统中，如何确保高电压组件的安全操作？

2. 新能源汽车的高压系统作业安全规范包括哪些内容？

3. 在新能源汽车中，如何进行高压系统的电容放电间隔时间？

4. 在新能源汽车中，如何进行高电压组件方面的工作？

5. 新能源汽车的高压系统作业安全规范有哪些要求？

参 考 文 献

[1] 欧卫新. 新能源汽车电学基础与高压安全(活页式)[M]. 成都：西南交通大学出版社，2023.

[2] 黄文进，尹爱华. 新能源汽车电学基础与高压安全[M]. 北京：机械工业出版社，2023.

[3] 吴荣辉，金朝昆. 新能源汽车高压安全与防护[M]. 北京：机械工业出版社，2022.

[4] 孙建俊，谭逸萍. 新能源汽车高压安全防护与应急处理[M]. 北京：机械工业出版社，2022.

[5] 吴书龙，何宇漾. 新能源汽车电气技术[M]. 北京：机械工业出版社，2023.

[6] 张杨. 新能源汽车高压防护与安全操作[M]. 北京：机械工业出版社，2023.

[7] 宋广辉，马瑞兰，苗润路. 新能源汽车电学基础与高压安全[M]. 北京：人民交通出版社，2024.

[8] 段春艳. 新能源汽车电学基础与高压安全[M]. 北京：人民交通出版社，2024.

[9] 林敏祥，洪靖茹. 新能源汽车电学基础与高压安全[M]. 西安：西安交通大学出版社，2023.